Learning Algorithms

똑똑한 코드 작성을 위한
실전 알고리즘

똑똑한 코드 작성을 위한 실전 알고리즘

파이썬 예제로 문제 해결 전략 익히기

초판 1쇄 발행 2022년 5월 20일

지은이 조지 하이네만 / **옮긴이** 윤대석 / **펴낸이** 김태헌
펴낸곳 한빛미디어(주) / **주소** 서울시 서대문구 연희로2길 62 한빛미디어(주) IT출판부
전화 02-325-5544 / **팩스** 02-336-7124
등록 1999년 6월 24일 제25100-2017-000058호 / **ISBN** 979-11-6224-564-4 93000

총괄 전정아 / **책임편집** 서현 / **기획 · 편집** 최민이
디자인 표지 박정우 내지 박정화 / **전산편집** 백지선
영업 김형진, 김진불, 조유미, 김선아 / **마케팅** 박상용, 송경석, 한종진, 이행은, 고광일, 성화정 / **제작** 박성우, 김정우

이 책에 대한 의견이나 오탈자 및 잘못된 내용에 대한 수정 정보는 한빛미디어(주)의 홈페이지나 아래 이메일로 알려주십시오. 잘못된 책은 구입하신 서점에서 교환해드립니다. 책값은 뒤표지에 표시되어 있습니다.

한빛미디어 홈페이지 www.hanbit.co.kr / 이메일 ask@hanbit.co.kr

지금 하지 않으면 할 수 없는 일이 있습니다.
책으로 펴내고 싶은 아이디어나 원고를 메일(writer@hanbit.co.kr)로 보내주세요.
한빛미디어(주)는 여러분의 소중한 경험과 지식을 기다리고 있습니다.

Learning Algorithms

똑똑한 코드 작성을 위한
실전 알고리즘

O'REILLY® **IB** 한빛미디어
Hanbit Media, Inc.

지은이 · 옮긴이 소개

지은이 **조지 하이네만**^{George Heineman}

소프트웨어 엔지니어링 및 알고리즘 분야에서 20여 년간 경험을 쌓은 컴퓨터공학과 교수다.
『Algorithms in a Nutshell, 2nd ed.』(O'reilly, 2016)의 저자이며 오라일리 사파리에서
〈Exploring Algorithms in Python〉, 〈Working with Algorithms in Python〉을 비롯한
동영상 강의를 다수 제작했다. 논리 및 수학 퍼즐에 관심이 많아 스도쿠의 변형인 Sujiken 퍼
즐과 Trexagon 퍼즐을 발명했다.

옮긴이 **윤대석**^{daeseok.youn@gmail.com}

12년간 임베디드 리눅스 커널 개발, 윈도우 애플리케이션 개발, 리얼타임 운영체제에서의 BSP
개발, 백엔드 개발 등 다양한 개발 경험이 있으며 항상 기본에 충실하고자 노력하는 엔지니어
다. 알고리즘과 운영체제를 꾸준히 공부하고 있으며, 오픈 소스 리눅스 커널 분석 및 수정 활동
에 참여하고 있다. 한빛미디어에서 『쓰면서 익히는 알고리즘과 자료구조』(2021)를 집필하고
『러닝 Go』(2022)를 번역했다.

알고리즘은 컴퓨터 과학의 핵심이자 정보화 시대의 필수 요소다. 매일 일어나는 수십억 건의 인터넷 요청에 응답하기 위한 검색 엔진에 사용되며, 인터넷에서 통신할 때 개인정보를 보호해 준다. 또한 알고리즘은 맞춤형 광고부터 온라인 가격 견적까지 수많은 분야에서 소비자에게 점점 더 많이 노출되고, 뉴스 미디어는 알고리즘이 무엇이며 무엇을 할 수 있는지에 관한 논의로 가득하다.

STEM(과학Science, 기술Technology, 공학Engineering, 수학Mathematics)의 큰 성장은 지속적인 성장이라는 새로운 물결과 글로벌 경제 분야의 혁신에 힘을 실어주고 있다. 하지만 의학, 공학 및 정부의 발전에 필요한 알고리즘을 발견하고 적용할 수 있는 컴퓨터 과학자는 충분치 않다. 발전을 위해서는 각 분야와 학문 내 문제를 해결하는 데 알고리즘을 적용할 수 있는 사람이 늘어나야 한다.

알고리즘을 시작하는 데 4년제 컴퓨터 과학 학위는 필요하지 않다. 안타깝게도 대부분의 온라인 자료와 교과서는 학부생을 대상으로 구성되어 수학적 증명과 컴퓨터 과학 개념을 강조한다. 이러한 교과서는 매우 다양한 알고리즘을 설명하며 수많은 변형과 고도로 전문화된 사례를 제시하기에 지나치게 어려울 수 있다. 첫 장도 보기 힘들어하는 독자가 많을뿐더러 이런 책을 보는 건 스펠링을 익히려고 사전 전체를 읽는 일과 같다. 만약 스펠링을 자주 틀리는 영어 단어 100개를 요약하고 규칙과 예외를 설명하는 책이 있다면 스펠링을 훨씬 효율적으로 익힐 수 있을 것이다. 이와 비슷하게 다양한 분야의 기반 지식과 경험을 가진 사람들이 업무에 알고리즘을 적용하기 위해서는 그들의 요구에 더 집중적으로 잘 고안된 참고서가 필요하다.

이 책은 코드에 당장 적용해 효율을 향상해주는 다양한 알고리즘을 소개하며 파이썬으로 작성된 예제 코드를 제공한다. 파이썬은 데이터 과학, 생물정보학, 공학을 비롯해 다양한 분야에서 사용되며 가장 인기 있고 사용자 친화적인 프로그래밍 언어 중 하나다. 본문에서는 알고리즘을 시각화한 그림과 상세한 설명으로 독자가 기본 개념을 쉽게 이해하도록 돕는다.

이 책은 컴퓨터 과학에서 사용하는 자료구조와 기본 알고리즘을 알려주어 더 효율적인 프로그램을 작성하도록 돕는다. 코딩 인터뷰를 준비하는 개발자와 지망생에게도 유용한 가이드가 될 것이다. 이 책이 당신에게 알고리즘을 배우는 여정을 계속하기 위한 영감을 주길 바란다.

즈비 갈릴리 Zvi Galil
조지아 공과대학교
명예 컴퓨팅 학장 겸
프레더릭 G. 스토리 의장
애틀랜타, 2021년 5월

현업에서 소프트웨어 개발을 하던 초창기에는 알고리즘 학습에 대한 요구가 크지 않았다. 그도 그럴 것이 잘 구성된 프레임워크를 이용하거나 라이브러리가 제공하는 함수를 잘 파악하고 이용하면 대부분 원하는 동작을 하는 소프트웨어를 개발할 수 있었다. 내부 알고리즘의 성능이 어떤지는 그리 중요하게 여기지 않았다. 어떤 입력으로 어떻게 출력하는지만 중요했을 뿐이다. 물론 개인적인 소견이지만 말이다.

그렇게 순탄하게 개발 경력을 쌓던 중, 몇몇 대형 IT 회사에서 알고리즘 문제 해결 능력으로 개발자를 채용하기 시작했다(요즘에는 대부분의 IT 회사가 알고리즘 문제를 출제하는 것으로 알고 있다). 그때부터 실력을 향상하고 좀 더 나은 경력을 쌓고자 알고리즘에 관심을 두고 공부해보기로 마음먹었다. 사실 알고리즘은 어려울뿐더러 공부를 해도 효용이 없을 것 같다는 의구심이 들기도 했다. 내용이 이미 잘 구현된 채로 제공되는 라이브러리나 프레임워크가 있었기 때문이다. 그럼에도 조금씩 시간을 들여 꾸준히 공부하고 좋은 기회로 여러 IT 기업에 이직을 시도했는데, 알고리즘에 대한 질문을 받고 해결하면서 느낀 점이 있다. 알고리즘을 학습함으로써 추후 해결하고자 하는 문제를 다양한 시각으로 풀어내는 능력을 키울 수 있고, 좀 더 효율적인 소프트웨어를 개발할 수 있다는 점이다. 이런 이유만 보더라도 스스로의 성장을 위해 알고리즘 학습을 시작해야 한다.

학습 도구는 너무도 많고 다양하다. 알고리즘 관련 도서, 온라인 학습 플랫폼, 블로그 등이 있지만 잘 고르지 않으면 너무 어려워서 포기하게 되거나 너무 쉬워서 흥미를 잃기 십상이다. 다른 학습과 마찬가지로 알고리즘도 자신의 수준에 맞게 자료를 수집하고 차근차근 다음 단계로 넘어가면서 오랜 시간 끈기 있게 학습해야 한다.

이 책은 알고리즘이 어떻게 구성되는지 단계별로 꼼꼼히 설명해 기초를 실전에 잘 적용하도록 이끌어준다. 가장 많이 활용되는 핵심적인 부분을 주로 다루며 복잡한 부분은 친절하게 그림과 함께 설명한다. 알고리즘 분야는 방대하고 학습할 내용이 많지만 이 책을 시작으로 범위를 넓혀간다면 좋은 개발자가 되지 않을까 한다. 책에서 다루는 내용은 알고리즘을 처음 접하는 사람뿐 아니라 개발을 어느 정도 해왔던 사람에게도 유용하다. 개인적 소견으로는 알고리즘을 학습할 때 어떤 언어를 사용하는지는 크게 중요치 않다. 저자는 설명과 예제를 파이썬으로 작성했는데, 프로그래밍 언어를 처음 접하거나 다른 언어에 익숙한 사람이라도 쉽게 접근할 수 있다는 장점이 있다.

알고리즘 학습은 개발 역량을 키우는 데 아주 중요하다. 알고리즘에 관한 지식은 당면한 과제에 대해 좀 더 효율적으로 구현을 할 수 있는 힘이 되고, 기존 구현된 내용을 더 깊이 있게 들여다보는 능력을 키워준다고 믿는다. 온라인과 다양한 서적을 통해 자신에게 맞는 학습 방법을 찾아보도록 하자. 조금씩 나아가다 보면 어렵고 불필요하다고만 생각했던 학습이 개발 역량을 향상하는 데 큰 도움을 줄 것이다.

윤대석

서울, 2022년 5월

이 책에 대하여

대상 독자

이 책을 읽는 독자라면 파이썬 같은 프로그래밍 언어에 관한 기본 지식이 있을 것이다. 프로그래밍 경험이 없다면 먼저 프로그래밍 언어를 배우고 나서 책으로 돌아오길 권장한다. 이 책에서는 프로그래머와 비프로그래머 모두가 접근하기에 용이한 파이썬을 사용한다.

알고리즘은 소프트웨어 응용 프로그램에서 빈번히 발생하는 일반적인 문제를 해결하도록 설계되었다. 필자는 학부생에게 알고리즘을 가르칠 때 알고리즘 개념과 학생들의 배경지식 사이의 간극을 줄이고자 노력했다. 많은 교과서가 알고리즘을 너무 어렵고 간략하게 설명해왔다. 학습 자료를 탐색하는 방법을 안내해주지 않으면 학생들이 스스로 알고리즘을 배우기는 어렵다.

다음 페이지의 [그림 P-1]을 통해 필자가 이 책을 집필하는 목표를 설명하고자 한다. 그림에 나열한 여러 자료구조는 32비트 정숫값 혹은 64비트 부동소수점숫값과 같이 크기가 고정된 기본 타입을 사용해 정보를 구성하는 방법을 보여준다. 이진 배열 탐색과 같은 일부 알고리즘은 자료구조에서 직접 작동한다. 반면에 그래프 알고리즘을 비롯해 좀 더 복잡한 알고리즘은 앞으로 필요에 따라 소개할 스택이나 우선순위 큐와 같은 기본 추상 데이터 타입에 의존한다. 이런 데이터 타입은 알맞은 자료구조를 선택하면 효율적으로 구현되는 기본 연산을 제공한다. 책이 끝날 무렵에는 다양한 알고리즘이 어떻게 성능을 달성하는지 이해하게 될 것이다. 책에서는 알고리즘을 설명하면서 파이썬으로 전체 구현을 보여주거나 효율적인 구현을 제공하는 서드 파티 파이썬 패키지를 참조하도록 안내한다.

책에서 제공하는 코드를 보면 각 장마다 book.py 파이썬 파일이 있고, 코드를 실행하면 책에 나온 표와 같은 성능 결과를 얻을 수 있다. 성능은 장비나 경우에 따라 다를 수 있지만 전반적인 추세는 유사할 것이다.

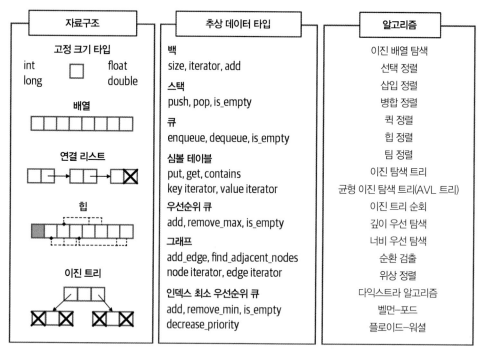

그림 P-1 책에서 다루는 내용

각 장 마지막에는 새로 배운 것을 검증하기 위한 연습 문제가 있다. 책의 깃허브에서 필자가 작성한 샘플 솔루션을 제공하지만 먼저 스스로 문제를 해결해보기를 권장한다.

예제 코드

이 책에서 사용하는 코드는 깃허브(*http://github.com/heineman/LearningAlgorithms*)에서 제공한다. 코드는 파이썬 3.4 이상 버전에서 잘 동작한다. 관련이 있는 경우, __str__()나 __len__()과 같은 더블 언더스코어 메서드를 사용해 파이썬의 모범 사례를 따르도록 했다. 코드 예제에서는 지면에 출력할 코드의 너비를 줄이고자 두 칸 들여쓰기를 사용했지만 깃허브에는 표준 네 칸 들여쓰기로 작성했다. 몇 가지 코드 형태에서 `if j == lo: break`와 같은 축약된 한 줄 if 문을 사용해 코드 포맷을 지정했다.

코드는 외부에서 사용 가능한 오픈 소스 파이썬 라이브러리 세 가지를 사용한다.

- NumPy(*https://www.numpy.org*) 버전 1.19.5
- SciPy(*https://www.scipy.org*) 버전 1.6.0
- NetworkX(*https://networkx.org*) 버전 2.5

NumPy와 SciPy는 가장 일반적으로 사용되는 오픈 소스 파이썬 라이브러리이며 폭넓은 참여자를 보유하고 있다. 이 책에서는 해당 라이브러리를 사용해 경험적 런타임 성능을 분석했다. NetworkX는 7장에서 다룰 그래프를 처리하기 위한 넓은 범위의 효율적인 알고리즘을 제공한다. 또한 바로 사용할 수 있는 그래프 데이터 타입 구현을 제공한다. 이런 라이브러리를 사용하면 불필요하게 도구를 재개발하는 수고를 덜 수 있다. 라이브러리를 설치하지 않았더라도 대안을 제공하므로 문제없다.

책에 나오는 모든 시간 결과는 코드 조각의 반복 실행에 `timeit` 모듈을 사용한 것이다. 종종 정확한 측정을 위해 코드 조각을 여러 번 반복해서 실행하며, 성능은 모든 실행의 평균이 아니라 최소 시간으로 결정한다. 이 방법은 일반적으로 성능을 정확히 측정하는 데 가장 효율적이다. 성능이 외부 요인(예를 들면 운영체제에서 실행되는 다른 태스크)의 영향을 받는 경우 평균을 하면 시간 결과가 왜곡될 수 있기 때문이다.

알고리즘의 성능이 입력값에 매우 민감한 경우에는(5장 삽입 정렬과 같이) 모든 성능 실행에 걸쳐 평균을 취함을 분명히 밝힐 것이다.

깃허브는 1만 줄이 넘는 파이썬 코드와, 모든 테스트 케이스를 수행하고 책에 제시된 표를 계산하는 스크립트를 포함한다. 이를 사용해 대부분의 도표와 그래프를 생성할 수 있다. 코드는 파이썬 독스트링^{docstring} 변환을 사용해 문서화되어 있으며 코드 커버리지는 95%다(*https://coverage.readthedocs.io* 사용).

감사의 말

필자에게 알고리즘 연구는 컴퓨터 과학에서 가장 중요한 부분이다. 이 책을 여러분에게 보여줄 기회를 얻어 매우 감사한 마음이다. 또한 아직 진행 중인 다른 책 프로젝트를 지원해준 아내 제니퍼Jennifer와 이제 프로그래밍을 배울 수 있는 나이가 된 두 아들 니콜라스Nicholas와 알렉산더Alexander에게도 감사한다.

오라일리 편집자인 멀리사 두필드Melissa Duffield, 세라 그레이Sarah Grey, 베스 켈리Beth Kelly와 버지니아 윌슨Virginia Wilson은 필자를 도와 책의 구성을 개선해주었다. 필자의 기술 리뷰어인 로라 헬리웰Laura Helliwell, 찰리 러버링Charlie Lovering, 헬렌 스콧Helen Scott, 스탠리 셀코우Stanley Selkow와 오라 벨라르드Aura Velarde는 내용의 일관성을 유지하고 알고리즘 구현 및 설명의 품질을 높이는 데 도움을 주었다. 남아 있는 결점은 모두 필자의 책임이다.

조지 하이네만George Heineman

CONTENTS

CHAPTER 1 문제 해결

CHAPTER 2 알고리즘 분석

CONTENTS

CHAPTER **3** 해싱

CONTENTS

문제 해결

이 장에서 배울 내용은 다음과 같다.

- 문제를 해결하는 여러 알고리즘
- 크기가 N인 문제 인스턴스에서 알고리즘의 성능을 고려하는 방법
- 주어진 문제 인스턴스를 해결할 때, 주요 작업이 수행된 횟수를 세는 방법
- 문제 인스턴스를 두 배씩 늘리며 증가 기준을 결정하는 방법
- 크기가 N인 문제 인스턴스에서 알고리즘이 주요 작업을 수행한 횟수를 세어 시간 복잡도를 측정하는 방법
- 크기가 N인 문제 인스턴스에서 알고리즘이 요구하는 메모리 양을 결정해 공간 복잡도를 측정하는 방법

1.1 알고리즘이란

알고리즘 동작 방식을 설명하는 일은 스토리텔링과 같다. 각 알고리즘은 참신한 개념 혹은 원래 해결책을 뛰어넘는 혁신을 가져온다. 이번 장에서는 간단한 문제에 대한 몇 가지 해결책을 탐구해보면서 알고리즘 성능에 영향을 미치는 요소들을 알아본다. 그 과정에서 알고리즘의 구현과 독립적으로 성능을 분석하는 기술을 소개하되, 실제 구현을 통한 경험적인 증거를 제공할 것이다.

문제 해결 방법의 예시를 살펴보자. 정렬되지 않은 리스트에서 가장 큰 값을 찾으려면 어떻게 해야 할까? [그림 1-1]에서 각 파이썬 리스트는 문제 인스턴스, 즉 알고리즘에 의해 처리될 입력이다. 정답은 오른쪽에 나타난다. 이 알고리즘은 어떻게 구현할까? 다른 문제 인스턴스에서는 어떻게 동작할까? 값이 백만 개인 리스트에서 가장 큰 값을 찾으려면 시간이 얼마나 걸릴지 예측할 수 있을까?

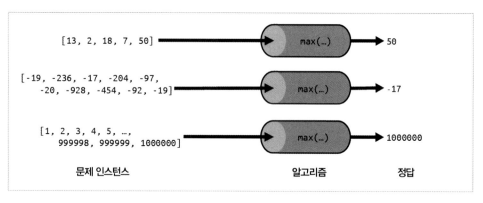

그림 1-1 알고리즘으로 세 가지 문제 인스턴스 처리하기

알고리즘은 단순한 문제 해결 방법 이상이다. 또한 프로그램은 예측 가능한 시간에 완료되어야 한다. 내장 파이썬 함수인 max()는 이미 이 문제를 해결한다. 임의 데이터가 포함된 문제 인스턴스에서 알고리즘 성능을 예측하기는 어려울 수 있으므로, 신중하게 구성된 문제 인스턴스를 식별할 가치가 있다.

다음 페이지의 [표 1-1]은 크기가 N인 두 종류의 문제 인스턴스에 max()를 수행한 시간 결과를 보여준다. 하나는 정수를 오름차순으로 포함하는 리스트이고 다른 하나는 정수를 내림차순으로 포함하는 리스트다. 실제 실행 결과는 컴퓨팅 시스템의 구성에 따라 다른 결과를 생성할 수 있지만 우리는 다음 두 가지 사항을 확인할 수 있다.

- N이 충분히 크다면 max()의 수행 시간은 오름차순 값일 때가 내림차순 값일 때보다 항상 느리다.

- 다음 행에서 N이 10배 증가하면 max()의 수행 시간도 10배 정도 증가하는 것으로 보인다. 실제 성능 시험에서 약간의 편차는 있다.

해당 문제에서 최댓값이 반환되고 입력은 변경되지 않는다. 경우에 따라 알고리즘은 새 값을 계산하는 대신 문제 인스턴스를 직접 업데이트한다. 예를 들면 5장에서 살펴볼 리스트 내 값의 정렬이 있다. 이 책에서 N은 문제 인스턴스의 크기를 나타낸다.

표 1-1 크기가 N인 두 종류의 문제 인스턴스에 max() 실행하기(밀리초)

N	오름차순	내림차순
100	0.001	0.001
1,000	0.013	0.013
10,000	0.135	0.125
100,000	1.367	1.276
1,000,000	14.278	13.419

해당 결과의 시간에 관해 살펴보자.

- 다양한 컴퓨팅 플랫폼과 프로그래밍 언어가 사용될 수 있으므로 T(100,000)의 값, 즉 알고리즘이 100,000인 문제 인스턴스를 해결하는 데 필요한 시간을 미리 예측할 수는 없다.

- 하지만 경험적으로 T(10,000)이 결정되면, 어느 정도 부정확할 수는 있지만 T(100,000)도 예측할 수 있다(문제 인스턴스를 해결하는 데 드는 시간이 10배다).

알고리즘을 설계할 때 주요 과제는 알고리즘의 정확성과 **모든 입력**에 대한 동작을 보장하는 것이다. 2장에서는 알고리즘을 분석하는 방법과, 동일한 문제를 해결하는 서로 다른 알고리즘의 행동을 비교하는 방법을 다룬다. 알고리즘 분석 분야는 실생활에서 발생하는 문제에 대한 연구와 관련 있다. 알고리즘 수학은 이해하기 어려울 수 있지만, 구체적인 예제를 통해 추상적인 개념을 실생활 문제와 연결해 살펴본다.

알고리즘의 효율성을 판단하는 표준 방법은 알고리즘이 필요한 컴퓨팅 작업 수를 계산하는 것이다. 하지만 이것은 매우 어렵다! 컴퓨터는 수학적 계산(더하기와 곱하기 등)을 처리하고, 값을 CPU 레지스트리에 할당하고, 두 값을 서로 비교하도록 하는 기계 명령어machine instruction를 실행하는 중앙처리장치(CPU)를 가진다. C, C++ 등 최신 프로그래밍 언어는 기계 명령어로 컴파일되며 파이썬, 자바 등은 중간 바이트 코드 표현으로 컴파일된다. 파이썬 인터프리터 interpreter(이것 자체는 C 프로그램이다)는 바이트 코드를 실행하는 반면 min(), max()와 같은 내장 함수들은 C에서 구현되어 궁극적으로 실행을 위한 기계 명령어로 컴파일된다.

다재다능한 배열

배열은 연속적인 메모리 블록에 N개 값을 저장한다. 프로그래머가 여러 값을 저장하는 데 사용하는, 가장 오래되고 신뢰할 수 있는 자료구조 중 하나다. 다음 그림은 정수 8개가 있는 배열을 나타낸다.

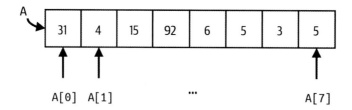

배열 A에는 값 8개가 위치별로 인덱싱되어 있다. 예를 들어 A[0]=31이고 A[7]=5이다. A의 값은 문자열, 다른 복잡한 객체 등 어떤 타입이든 될 수 있다.

다음은 배열에 관해 알아야 할 중요 사항이다.

- 첫 번째 값인 A[0]은 인덱스 위치 0에 있다. 마지막 값은 A[N-1]이고 N은 배열의 크기다.

- 각 배열은 길이가 고정되어 있다. 파이썬과 자바는 C와 달리 배열 길이를 런타임에 프로그래머가 결정할 수 있다.

- 0과 N-1 사이 정수인 인덱스 위치 i로 각 위치 A[i]를 읽거나 업데이트할 수 있다.

- 배열은 확장(혹은 축소)할 수 없다. 대신에 원하는 크기의 배열을 새로 할당하고, 남아 있어야 하는 이전 값을 복사해야 한다.

배열은 이처럼 단순하면서도 데이터를 구조화하는 데 매우 다양하고 효율적으로 사용된다. 파이썬의 list 객체는 시간이 지나면서 크기가 커지고 줄어들 수 있어 더 강력하지만 배열로 간주될 수 있다.

최근 CPU는 1초에 **수십억** 개 명령을 실행할 수 있기 때문에, 알고리즘을 위한 기계 명령어가 수행된 총 횟수를 계산하기는 거의 불가능하다! 대신에 '배열 내 두 값이 서로 비교된 횟수'나 '함수가 호출된 횟수'와 같이 각 알고리즘에서 주요 연산이 수행된 횟수를 계산하자. max()에서 주요 연산은 '미만(<) 연산자가 호출된 횟수'다. 2장에서 이 계산 원리를 확장할 것이다.

이제 max() 알고리즘의 동작을 자세히 살펴보자.

1.2 리스트에서 가장 큰 값 찾기

[코드 1-1]의 파이썬 구현에는 결함이 있다. 적어도 하나의 값을 가지는 리스트 A에서 각 값을 my_max와 비교하고 더 큰 값이 있으면 my_max를 업데이트함으로써 가장 큰 값을 찾는다.

코드 1-1 리스트에서 가장 큰 값을 찾는 코드 – 결함이 있는 코드

```
def flawed(A):
    my_max = 0            ❶
    for v in A:           ❷
        if my_max < v:
            my_max = v    ❸
    return my_max
```

❶ my_max는 최댓값을 가진 변수다. 이 예제에서는 0으로 초기화한다.

❷ for 루프에서 A의 각 요소를 순회해 저장할 변수 v를 정의한다. if 문은 각 v 값에 대해 한 번 실행한다.

❸ v가 my_max보다 크면 my_max를 업데이트한다.

솔루션의 핵심은 두 수를 비교해 값이 다른 하나보다 작은지 확인하는 미만 연산자(<)다. 다음 페이지의 [그림 1-2]를 보면, v가 A에서 연속적인 값을 취함에 따라 my_max가 3회 업데이트되어 A에서 가장 큰 값이 결정된다. flawed()는 A에서 각 값에 대해 6회 미만으로 실행해 가장 큰 값을 결정한다. 크기가 N인 문제 인스턴스에서 flawed()는 미만 연산을 N회 실행한다.

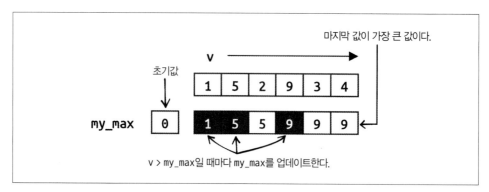

그림 1-2 flawed() 실행의 시각화

이 구현은 A에 0보다 큰 수가 적어도 한 개 있다고 가정하므로 결함이 있다. flawed([-5, -3, -11])을 수행하면 잘못된 값인 0을 반환한다. 자주 사용하는 해결책은 my_max를 float('-inf')와 같이 가능한 가장 작은 값으로 초기화하는 것이다. 그런데 이 접근은 A가 빈 리스트인 경우에도 가장 작은 값으로 설정된 값을 반환하므로 여전히 결함이 있다. 이제 이 결함을 수정해보자.

TIP 파이썬에서 range(x, y) 문은 x에서 y까지 1씩 커지는 정수를 생성하되 y는 포함하지 않는다. 또한 range(x, y, -1)은 x에서 y까지 1씩 작아지는 정수를 생성하되, 마찬가지로 y는 포함하지 않는다. 따라서 list(range(1,7))은 [1,2,3,4,5,6]을, list(range(5,0,-1))은 [5,4,3,2,1]을 생성한다. list(range(1,10,2))와 같이 값들 간의 차이를 2로 주어 [1,3,5,7,9]를 생성할 수도 있다.

1.3 주요 연산 횟수 계산하기

이제 수정된 코드를 보자. 가장 큰 값은 실제로 반드시 A에 포함되어 있으므로 [코드 1-2]에서 수정된 largest() 함수는 may_max 값으로 A의 첫 번째 값을 선택한 뒤 나머지 값들이 모두 해당 값보다 큰지를 확인한다.

```
def largest(A):
  my_max = A[0]                    ❶
  for idx in range(1, len(A)):     ❷
    if my_max < A[idx]:
      my_max = A[idx]              ❸
  return my_max
```

❶ my_max를 인덱스 0으로 얻을 수 있는 A의 첫 번째 값으로 설정한다.

❷ idx는 1에서 len(A)까지 1씩 커지는 값을 취하되 len(A)는 포함하지 않는다.

❸ A의 idx 위치에 있는 값이 my_max보다 크면 my_max를 업데이트한다.

> **WARNING_** 빈 리스트로 largest()나 max()를 수행하면 ValueError: list index out of range 예외가 발생한다. 이 런타임 예외는 개발자가 설정한 오류인데, largest()는 값이 적어도 하나 있는 리스트가 필요하다는 점을 이해하지 못한 것이다.

알고리즘의 파이썬 구현을 수정했는데, 새로운 알고리즘에서 미만 연산이 몇 번 실행되었는지 결정할 수 있는가? 그렇다! N−1회 실행되었다. 알고리즘의 결함을 수정하고 성능을 향상했다 (물론 아주 조금일 뿐이지만).

미만 연산을 사용한 횟수를 계산하는 것이 왜 중요할까? 두 값을 비교할 때 사용한 주요 연산이기 때문이다. 프로그램의 for나 while 문 같은 것들은 사용된 프로그래밍 언어 기반으로 구현하는 동안 임의의 선택을 한다. 다음 장에서 이 아이디어를 확장할 것이지만 지금은 주요 연산을 계산하는 것만으로 충분하다.

1.4 모델로 알고리즘 성능 예측하기

누군가가 같은 문제에 대해 다른 알고리즘을 제시한다면? 어느 것을 사용할지 어떻게 결정할까? [코드 1-3]의 alternate() 알고리즘을 보자. A에 있는 각 값을 반복적으로 확인해 리스트 내 다른 값들보다 크거나 같은지 비교한다. 이 알고리즘이 옳은 결과를 반환할지, 크기가 N인 문제에서 미만 연산을 몇 번 수행할지 확인해보자.

코드 1-3 A에서 가장 큰 값의 위치를 찾는 다른 접근법

```
def alternate(A):
  for v in A:
    v_is_largest = True            ❶
    for x in A:
      if v < x:
        v_is_largest = False       ❷
        break
    if v_is_largest:
      return v                     ❸
  return None                      ❹
```

❶ A를 순회할 때, 각 값 v는 가장 큰 값이 될 수 있다.

❷ v가 다른 값(x)보다 작으면 순회를 멈추고 v는 가장 큰 값이 아닌 것으로 기록한다.

❸ v_is_largest가 True이면 v가 A에서 최댓값이므로 v를 반환한다.

❹ A가 빈 리스트이면 None을 반환한다.

alternate()는 A에서 모든 x 값보다 작지 않은 v 값을 찾는다. 구현에 중첩 for 루프를 사용한다. 이번에는 x에 대한 내부 for 루프가 v보다 큰 x가 발견되자마자 중단되므로, 미만(<) 연산이 얼마나 사용되었는지 계산하기가 그리 간단하지 않다. 또한 v에 대한 for 루프는 최댓값을 찾으면 중단된다. [그림 1-3]은 리스트 예제에 alternate()를 실행한 과정을 시각화한다.

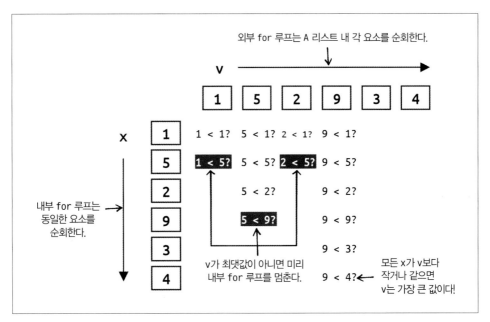

그림 1-3 alternate() 실행의 시각화

이 문제 인스턴스에서는 미만 연산이 14회 수행되었다. 하지만 이 총 횟수는 리스트 A 내 특정 값들에 의존적임을 알 수 있다. 값의 순서가 달랐더라면 어떻게 되었을까? 미만 연산을 보다 적게 필요로 하는 값의 배열을 생각할 수 있을까? 그런 문제 인스턴스는 alternate()를 실행 하기에 **최상의 경우**로 간주될 것이다. 예를 들어, A의 첫 번째 값이 모든 N개 값보다 크다면 미 만 연산을 호출한 총 횟수는 항상 N이다. 이를 요약해보자.

- 최상의 경우: 알고리즘에 의해 수행되는 작업이 가장 적게 필요한, 크기가 N인 문제 인스턴스
- 최악의 경우: 알고리즘에 의해 수행되는 작업이 가장 많이 필요한, 크기가 N인 문제 인스턴스

alternate()에 대한 미만 연산이 가장 많이 필요한 **최악의 경우**에 해당하는 문제 인스턴스를 찾아보자. 가장 큰 값이 A의 마지막에 위치하면 총 비교 횟수가 증가하듯, A의 값들이 오름차순 으로 나타난다면 alternate()에 대한 최악의 문제 인스턴스라고 할 수 있다. 다음 페이지의 [그림 1-4]는 최상의 경우와 최악의 경우를 시각화한다. 최상의 경우는 p=[9,5,2,1,3,4]이 고 최악의 경우는 p=[1,2,3,4,5,9]다.

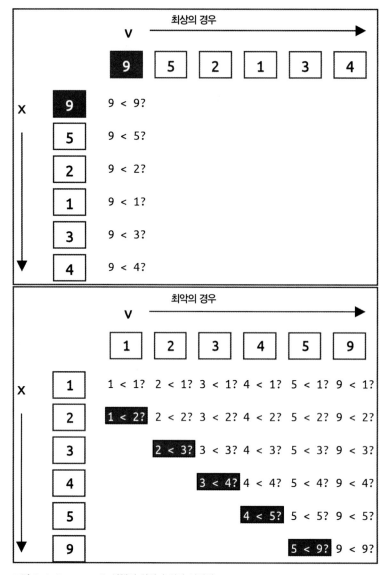

그림 1-4 alternate() 실행의 최상과 최악 시각화

최상의 경우에는 미만 연산이 6회 실행되었다. 값이 N개이면 최상의 경우에 미만 연산의 총 실행 횟수는 N이 된다. 최악의 경우는 조금 더 복잡하다. [그림 1-4]에서 볼 수 있듯 값이 N개인 리스트가 오름차순으로 정렬되어 있을 때 미만 연산이 총 26회 호출되었다. 약간의 수학을 사용하면 값이 N개일 때 미만 연산 실행 횟수는 항상 $(N^2+3N-2)/2$이다.

[표 1-2]는 크기가 N인 최악의 문제 인스턴스에서 largest()와 alternate()를 사용한 경험적 증거를 나타낸다.

표 1-2 최악의 문제 인스턴스로 largest()와 alternate() 비교하기

N	largest() 미만 연산 실행 횟수	alternate() 미만 연산 실행 횟수	largest() 수행 완료 시간(밀리초)	alternate() 수행 완료 시간(밀리초)
8	7	43	0.001	0.001
16	15	151	0.001	0.003
32	31	559	0.002	0.011
64	63	2,143	0.003	0.040
128	127	8,383	0.006	0.153
256	255	33,151	0.012	0.599
512	511	131,839	0.026	2.381
1,024	1,023	525,823	0.053	9.512
2,048	2,047	2,100,223	0.108	38.161

문제 인스턴스가 작을 경우 나빠 보이지 않지만, 문제 인스턴스의 크기가 두 배로 증가함에 따라 alternate()에 대한 미만 실행 횟수는 기본적으로 네 배가 되어 largest()에 대한 횟수를 능가한다. [표 1-2]의 다음 두 열은 두 구현을 크기가 N인 문제 인스턴스에 100회 임의 실행한 성능을 보여준다. alternative() 수행 완료 시간도 네 배로 증가한다.

> **NOTE_** 알고리즘이 크기가 N인 문제 인스턴스를 처리하는 데 요구하는 시간을 측정했으며, 여러 번 수행한 뒤 가장 빠른 완료 시간을 선택했다. 모든 수행의 총 실행 시간을 단순히 평균하면 결과가 왜곡될 수 있으므로 빠른 완료 시간을 선택하는 편이 좋다.

책 전반에 걸쳐서 [표 1-2]와 같이 주요 연산(여기서는 미만 연산)의 총 실행 횟수뿐 아니라 런타임 성능을 보여줄 것이다. 각 행은 각기 다른 문제 인스턴스의 크기인 N을 나타낸다. 표를 위에서 아래로 읽으면 문제 인스턴스의 크기가 두 배가 될 때 각 행의 값이 어떻게 변하는지 볼 수 있다.

미만 연산 실행 횟수는 largest()와 alternate()의 행동을 설명해준다. N이 두 배가 될 때 미만 연산 실행 횟수는 largest()는 두 배가 되지만 alternate()는 네 배가 된다. 이런 양상

은 일관되므로 이 정보를 이용하면 더 큰 문제 인스턴스에서 두 알고리즘의 런타임 성능을 예측할 수 있다. [그림 1-5]는 alternate()의 런타임 성능(오른쪽 y축)과 미만 연산 실행 횟수(왼쪽 y축)를 표시해 서로 얼마나 직접적인 상관관계가 있는지 보여준다.

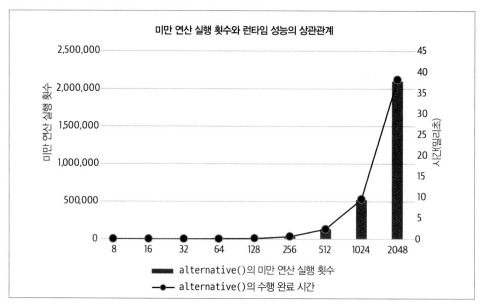

그림 1-5 미만 연산 실행 횟수와 런타임 성능 간의 관계

축하한다! 당신은 지금 막 알고리즘적 분석의 주요 단계를 수행했다. 주요 연산이 실행된 횟수를 계산해 두 알고리즘의 상대적인 성능을 판단한 것이다. 이제 당신은 확실히 두 가지 변형을 모두 구현할 수 있으며 크기가 두 배인 문제 인스턴스에서 각각의 런타임 성능을 측정할 수 있다. 다만 해당 모델이 이 동작을 예측하고 두 알고리즘 중에서 largest()가 더 효율적임을 보여주므로 실제로 해볼 필요는 없다.

largest()와 max()는 같은 알고리즘의 구현이지만 [표 1-3]에서 보여주듯 largest()는 항상 max()보다 상당히 느리다(일반적으로 네 배). 그 이유는 파이썬이 인터프리터 언어이기 때문이다. 인터프리터에 의해 실행되는 중간 바이트 코드로 컴파일된다는 의미다. max()와 같은 내장 함수는 인터프리터 내에 구현되므로 같은 목적으로 작성한 파이썬 코드보다 성능이 좋다. 관찰할 것은 모든 경우에 N이 두 배가 될 때마다, 최상과 최악의 경우 모두 largest()와 max()의 성능이 두 배 증가한다는 점이다.

[표 1-3]은 문제 인스턴스의 크기가 증가함에 따라, 해결하는 데 필요한 시간을 예측할 수 있음을 보여준다. 크기가 N인 문제 인스턴스의 최상과 최악의 경우 largest()나 max()의 런타임 성능을 안다면, N이 두 배가 될 때 런타임 성능도 두 배가 된다고 예측할 수 있다. 이제 문제를 약간 변경해 더 흥미롭게 만들어보자.

표 1-3 최악과 최상의 경우 largest()와 max()의 성능

N	largest() 최악의 경우	max() 최악의 경우	largest() 최상의 경우	max() 최상의 경우
4,096	0.20	0.05	0.14	0.05
8,192	0.40	0.11	0.29	0.10
16,384	0.80	0.21	0.57	0.19
32,768	1.60	0.41	1.14	0.39
65,536	3.21	0.85	2.28	0.78
131,072	6.46	1.73	4.59	1.59
262,144	13.06	3.50	9.32	3.24
524,288	26.17	7.00	18.74	6.50

1.5 리스트에서 가장 큰 두 수 찾기

리스트에서 가장 큰 두 수를 찾는 알고리즘을 고안하자. 몇 가지 조정으로 기존 largest() 알고리즘을 수정해본다. [코드 1-4]의 해답을 보기 전에 먼저 시도해보기를 권장한다.

코드 1-4 largest() 접근을 수정해서 가장 큰 두 수 찾기

```
def largest_two(A):
  my_max,second = A[:2]          ❶
  if my_max < second:
    my_max,second = second,my_max

  for idx in range(2, len(A)):
    if my_max < A[idx]:          ❷
      my_max,second = A[idx],my_max
    elif second < A[idx]:        ❸
      second = A[idx]
  return (my_max, second)
```

❶ my_max와 second는 A의 처음 두 값으로 각각 설정된다.

❷ A[idx]가 새로 찾은 최댓값이라면 my_max를 A[idx]로 설정하고 이전 my_max는 second에 넣는다.

❸ A[idx]가 second보다 크다면(하지만 my_max보다 작다면) second만 업데이트한다.

largest_two()는 A에서 처음 두 값을 이용해 my_max와 second를 적절한 순서대로 계산하는 것이 largest()와 비슷하게 느껴진다. 그리고 각각 A의 남은 값(N-2개가 남는다)으로 A[idx]가 my_max보다 크다면 my_max와 second를 조정하고, 다른 경우에는 second만 확인해서 필요하다면 업데이트한다.

다시 한번 언급하지만 미만 연산(<) 실행 횟수를 계산하는 일은 문제 인스턴스의 값에 따라 다르므로 조금 더 복잡하다.

largest_two()는 for 루프 내 if 문의 조건이 True일 때 가장 적은 미만 연산을 수행한다. A에 값이 오름차순으로 저장되어 있으면 미만 연산은 항상 참이므로 N-2회 수행하게 된다. 함수의 초반에 미만 연산을 사용했으므로 잊지 말고 1을 더하자. 따라서 최상의 경우에 가장 큰 두 값을 결정하는 데는 N-1회의 실행이 필요하다. elif 조건에서 미만 연산은 최상의 경우에는 사용할 일이 없다.

largest_two()에 대한 최악의 경우 문제 인스턴스를 구성할 수 있겠는가? 직접 한번 구성해보자. 이는 for 루프 내에 if 조건의 미만 연산이 False일 때 발생한다.

largest_two()는 A의 값이 내림차순일 때 미만 연산을 가장 많이 실행한다. 특히 최악의 경우에 미만 연산은 for의 매 루프마다 두 번씩 사용되어 1+2×(N-2)=2N-3회가 된다. 어쩐지 이것이 맞다는 느낌이 드는가? 그 이유는 A에서 가장 큰 값을 찾기 위해 미만 연산을 N-1회 사용해야 한다면, 두 번째로 큰 값을 찾으려면 미만 연산이 추가적으로 N-2회(가장 큰 값은 당연히 제외하고) 더 필요하다고 생각하기 때문이다.

largest_two()의 동작을 요약해보자.

- 최상의 경우에 두 값을 찾기 위해 미만 연산을 N-1회 수행한다.
- 최악의 경우에 두 값을 찾기 위해 미만 연산을 2N-3회 수행한다.

이제 마무리되었는가? 리스트에서 가장 큰 두 수를 찾는 문제를 해결하기 위한 '최상'의 알고리즘인가? 우리는 다음과 같은 요인을 기반으로, 한 알고리즘을 다른 알고리즘보다 선호할 수 있다.

필요한 추가 저장 공간

알고리즘은 원본 문제 인스턴스의 복사본을 만들 필요가 있는가?

프로그래밍 수고

프로그래머는 코드를 몇 줄 작성해야 하는가?

가변 입력

알고리즘은 문제 인스턴스에서 제공된 입력 자체를 수정하는가, 혹은 그대로 두는가?

속도

알고리즘은 제공된 입력과는 별개로 완료에 더 나은 결과를 내는가?

이제 정확히 같은 문제를 해결하는 세 가지 알고리즘을 조사해보자. [코드 1-5]의 sorting_two()는 A의 값을 내림차순으로 담고 있는 리스트를 새로 생성하고 처음 두 값을 꺼내어 튜플로 반환한다. double_two()는 max()를 사용해 A의 최댓값을 찾고, A의 복사본에서 최댓값을 제거한 뒤, 제거된 리스트에서 다시 max()를 사용해 두 번째로 큰 수를 찾는다. mutable_two()는 A에서 가장 큰 값의 위치를 찾고 A에서 최댓값을 제거한다. 그리고 my_max 값을 원래 위치에 재삽입하기 전에, A에 남은 값 중에서 가장 큰 값을 second로 설정한다. 처음 두 알고리즘은 추가적인 저장 공간을 필요로 하는 반면 세 번째 알고리즘은 입력을 수정한다. 세 알고리즘은 모두 값이 하나 이상인 문제 인스턴스에서만 동작한다.

```
def sorting_two(A):
    return tuple(sorted(A, reverse=True)[:2])        ❶

def double_two(A):
    my_max = max(A)                                  ❷
    copy = list(A)
    copy.remove(my_max)                              ❸
    return (my_max, max(copy))                       ❹

def mutable_two(A):
    idx = max(range(len(A)), key=A.__getitem__)      ❺
    my_max = A[idx]                                  ❻
    del A[idx]
    second = max(A)                                  ❼
    A.insert(idx, my_max)                            ❽
    return (my_max, second)
```

❶ A를 내림차순으로 정렬한 리스트를 새로 만들고 처음 두 값을 반환한다.

❷ max() 내장 함수를 사용해 가장 큰 값을 찾는다.

❸ 원본 A의 복사본을 생성하고 my_max를 제거한다.

❹ copy에서 가장 큰 값과 my_max를 포함하는 튜플을 반환한다.

❺ A에서 가장 큰 값 자체가 아닌 가장 큰 값의 위치 인덱스를 찾는 파이썬 트릭이다.

❻ my_max 값을 저장하고 A에서 해당 값을 제거한다.

❼ max()를 사용해 남은 값 중에서 가장 큰 값을 찾는다.

❽ 원래 위치에 my_max를 삽입해 A를 원복한다.

이러한 접근은 이미 있는 파이썬 라이브러리를 사용하므로 미만 연산을 직접 활용하지 않는다. sorting_two()와 double_two()는 불필요해 보이는 A 배열의 복사본을 만드는데, largest_two()에서는 없었던 과정이다. 게다가 가장 큰 값 두 개만 찾으면 되는데 전체 리스트를 정렬하는 일은 지나쳐 보일 수 있다. 런타임 성능을 분석할 때 실행 횟수를 계산했던 것과 마찬가지로 이번에는 알고리즘에서 사용되는 추가 저장 공간을 평가해본다. 두 접근 방식 모두 저장 공간의 양이 N에 정비례한다. 세 번째 접근 mutable_two()는 간단히 A의 최댓값을 A에서 지우고 나중에 다시 추가해준다. 호출자는 원본 리스트가 수정된 것을 알게 된다면 놀랄 것이다.

약간의 파이썬 전문 지식이 있으면 특수한 RecordedItem 클래스[1]를 사용해 미만 연산이 몇 번이나 호출되었는지 정확히 계산할 수 있다. [표 1-4]를 보면 double_two()가 값이 오름차순일 때 가장 많은 미만 연산자를 수행하는 반면에 largest_two()를 비롯한 나머지는 내림차순일 때 가장 많은 미만 연산자를 수행한다. 마지막 열인 '교대'는 524,288개 값 중 짝수는 오름차순으로 배치되고 홀수는 그 사이사이에 내림차순으로 배치된다. 예를 들어, N=8이면 입력은 [0, 7, 2, 5, 4, 3, 6, 1]이 된다.

표 1-4 오름차순 및 내림차순 값 524,288개에 대한 각 접근의 성능

알고리즘	오름차순	내림차순	교대
largest_two	524,287	1,048,573	1,048,573
sorting_two	524,287	524,287	2,948,953
double_two	1,572,860	1,048,573	1,048,573
mutable_two	1,048,573	1,048,573	1,048,573
tournament_two	524,305	524,305	524,305

다음 절에서 설명할 tournament_two() 알고리즘은 입력에 상관없이 미만 연산 실행 횟수가 가장 적다. 농구 팬에게는 해당 로직이 익숙할 것이다.

> **WARNING_** 주어진 문제를 해결하는 알고리즘에 대한 최악의 문제 인스턴스를 결정했다면, 동일한 문제를 해결하는 다른 알고리즘은 그 인스턴스로부터 그렇게 부정적인 영향을 받지는 않을 것이다. 알고리즘마다 서로 다른 약점이 있으며, 약점은 면밀한 분석을 통해 알아낼 수 있다.

1.6 토너먼트 알고리즘

싱글 엘리미네이션 토너먼트single-elimination tournament는 여러 팀이 챔피언이 되려고 경쟁하는 대회 방식이다. 이상적으로 팀의 수는 16이나 64 같은 2의 거듭제곱이다. 토너먼트는 남은 팀끼리 짝을 지어 경기를 하는 일련의 라운드로 구성된다. 패자는 탈락하고 승자는 다음 라운드로 진출한다. 마지막에 남은 팀이 토너먼트의 챔피언이 된다.

---

1 RecordedItem 래퍼 클래스는 __lt__() 미만 연산자(혹은 __gt__() 초과 연산자)가 수행된 횟수를 계산하도록 재정의할 수 있다.

N=8이고 p=[3, 1, 4, 1, 5, 9, 2, 6]인 문제 인스턴스를 고려해보자. [그림 1-6]은 싱글 엘리미네이션 토너먼트의 첫 라운드에 8개의 이웃 값이 미만 연산을 사용해 진행하는 경우를 나타낸다. 큰 값은 토너먼트에서 다음 라운드로 진출한다.[2] 8강에서 4개 값이 탈락해 [3, 4, 9, 6]이 남는다. 4강에서는 [4, 9]가 진출하고 결국에 9가 챔피언이 된다.

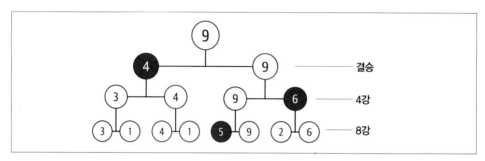

그림 1-6 초기값이 8개인 토너먼트

이 토너먼트에서 미만 연산이 7회 실행되었는데(한 경기당 한 번씩), 이는 앞서 논의한 대로 N−1회의 미만 연산으로 가장 큰 값이 발견됨을 의미하므로 걱정할 필요가 없다. N−1회의 시합을 각각 저장한다면 두 번째로 큰 값을 빠르게 찾을 수 있다. 이어서 그 방법을 살펴보자.

9가 챔피언으로 선언되면 두 번째로 큰 값이 어디에 '숨을' 수 있을까? 결승전에서 9에게 진 4를 두 번째 큰 값의 후보자로 시작해보자. 단, 가장 큰 값인 9는 이전에 두 번의 시합을 거쳤으며 이때 9에게 진 값을 각각 확인해봐야 한다. 4강에서는 6이었고 8강에서는 5였다. 따라서 두 번째로 큰 값은 6이다.

초기값이 8개일 때 6이 두 번째로 큰 값인지 확인하려면 미만 연산 실행이 2회(4<6?과 6<5?)만 추가로 있으면 된다. 8=2^3이고 3−1=2회 비교가 필요함은 우연이 아니다. N=2^K일 때 K는 라운드 수이며 K−1회 비교가 필요하다.

초기값이 8=2^3개일 때 토너먼트 알고리즘은 3라운드 토너먼트를 구성한다. [그림 1-7]은 값 32개로 구성된 5라운드 토너먼트를 시각화한다. 토너먼트에서 값이 두 배가 될 때마다 라운드는 하나씩만 늘어난다. 다시 말해 새로운 라운드 K마다 값이 2^K개 추가된다. 64개 값 중 가장 큰 값을 찾고 싶은가? 2^6=64이므로 라운드는 6개만 있으면 된다.

---

2 시합에서 두 항목이 동일한 값이면 둘 중 하나만 진출한다.

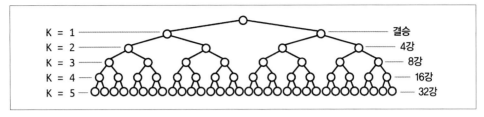

그림 1-7 초기값이 32개인 토너먼트

어떤 N에 대한 라운드 수를 결정하는 데는 지수함수의 반대인 **로그함수** log()를 사용한다. 초기값이 N=8개이면 2^3=8이고 $\log_2(8)$=3이므로 토너먼트에 필요한 라운드 수는 3이 된다. 이 책과 전통적인 컴퓨터 과학에서 log() 연산자는 밑수가 2이다.

TIP 휴대용 계산기는 대부분 log()의 밑수를 10으로 계산한다. 함수 ln()은 밑수가 e(대략 2.718)인 자연로그를 나타낸다. 계산기(혹은 마이크로소프트 엑셀)로 밑수가 2인 log(N)을 빠르게 계산하려면 log(N)/log(2)로 계산하면 된다.

N이 64나 65,536처럼 2의 거듭제곱일 때 토너먼트의 라운드 수는 log(N)이 된다. 이는 추가 미만 연산 실행 횟수가 log(N)-1임을 의미한다. [코드 1-6]에 구현된 알고리즘은 모든 시합의 결과를 기록하기 위해 추가적인 저장 공간을 사용해 미만 연산 실행을 최소화했다.

코드 1-6 토너먼트를 통해 A에서 가장 큰 두 수를 찾는 알고리즘

```
def tournament_two(A):
  N = len(A)
  winner = [None] * (N-1)          ❶
  loser = [None] * (N-1)
  prior = [-1] * (N-1)             ❷

  idx = 0
  for i in range(0, N, 2):         ❸
    if A[i] < A[i+1]:
      winner[idx] = A[i+1]
      loser[idx] = A[i]
    else:
      winner[idx] = A[i]
      loser[idx] = A[i+1]
    idx += 1
```

```
    m = 0                        ❹
    while idx < N-1:
      if winner[m] < winner[m+1]:   ❺
        winner[idx] = winner[m+1]
        loser[idx]  = winner[m]
        prior[idx]  = m+1
      else:
        winner[idx] = winner[m]
        loser[idx]  = winner[m+1]
        prior[idx]  = m
      m += 2                      ❻
      idx += 1

    largest = winner[m]
    second  = loser[m]            ❼
    m = prior[m]
    while m >= 0:
      if second < loser[m]:        ❽
        second = loser[m]
      m = prior[m]

    return (largest, second)
```

---

❶ 배열에 시합 idx의 승자와 패자를 저장한다. 이 토너먼트에서 그 수는 N-1이 된다.

❷ 시합 m에서 값이 진출할 때 prior[m]은 이전 시합을 기록한다. 초기 시합이면 -1을 기록한다.

❸ 미만 연산을 N/2회 사용해 처음 N/2개 승자/패자 쌍을 설정한다. 이는 가장 낮은 단계의 시합을 나타낸다.

❹ 승자끼리 짝을 지어 새로운 승자를 찾고, 일치하는 인덱스의 prior에 기록한다.

❺ 미만 연산 N/2-1회가 추가로 필요하다.

❻ 다음 승자 짝을 찾기 위해 m을 2만큼 이동시킨다. idx가 N-1에 도달하면 winner[m]이 가장 큰 값이 된다.

❼ 두 번째로 큰 수의 후보 값으로 초기화한다. 다만, 실제로 두 번째로 큰 수를 찾으려면 largest 값에 진 모든 값을 반드시 확인해야 한다.

❽ log(N)-1보다 많은 미만 연산 실행은 없다.

[그림 1-8]은 알고리즘 실행을 보여준다. 초기 단계 후에 원본 배열 A의 N개 값들은 N/2개의 승자(winners)와 패자(losers)로 분리된다. [그림 1-6]의 예시에는 4개 쌍이 있다. while 루프의 각 상위 단계를 진행하는 동안 두 개의 연속적인 시합 m과 m+1의 승자/패자는 각각 winner[idx]와 loser[idx]에 넣는다. prior[idx]는 승자가 된(오른쪽에서 왼쪽으로 화

살표를 그린 것처럼) 이전 시합을 기록한다. 세 단계 후에, 모든 시합 정보는 저장되고 알고리즘은 승자의 이전 패자들을 모두 조사한다. 화살표가 멈출 때까지 뒤로 따라감으로써 시각화할 수 있다. 두 번째로 큰 값의 후보는 loser[6]에 있다. 미만 연산 두 번(각각 loser[5], loser[2] 값과 실행)만으로 가장 큰 값이 결정된다.

지금까지 살펴본 tournament_two() 알고리즘은 2의 거듭제곱인 N에 대해 $N-1+\log(N)-1=N+\log(N)-2$회의 미만 연산 실행으로 A에서 가장 큰 수와 두 번째로 큰 수를 계산한다. 그렇다면 tournament_two()는 실용적일까? largest_two()보다 성능이 좋을까? 단지 미만 연산 실행 횟수만 계산한다면 tournament_two()가 더 빠를 것이다. largest_two()는 크기가 N=65,536인 문제에서 미만 연산이 131,069회 필요한 반면에 tournament_two()는 단지 65,536+16-2=65,550회가 필요하므로 절반 정도만 실행된다. 하지만 더 살펴볼 것이 있다.

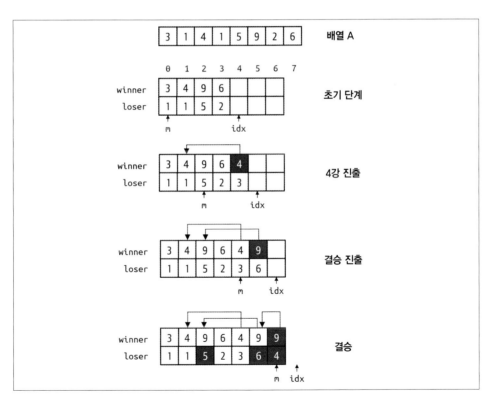

그림 1-8 토너먼트 알고리즘의 단계별 실행

[표 1-5]는 tournament_two()가 다른 알고리즘들보다 상당이 느리다는 것을 보여준다! 임의
문제 인스턴스 100개를 해결하는 데 걸린 시간을 기록해보자(크기 N은 1,024부터 2,097,152
까지다). [표 1-5]는 알고리즘별 성능 결과를 보여준다. 당신의 컴퓨터에서 예제 코드를 실행
해보면 개별 결과는 다를 수 있지만, 각 열의 전체적인 추세는 비슷할 것이다.

표 1-5 알고리즘의 런타임 성능 비교하기(밀리초)

N	double_two	mutable_two	largest_two	sorting_two	tournament_two
1,024	0.00	0.01	0.01	0.01	0.03
2,048	0.01	0.01	0.01	0.02	0.05
4,096	0.01	0.02	0.03	0.03	0.10
8,192	0.03	0.05	0.05	0.08	0.21
16,384	0.06	0.09	0.11	0.18	0.43
32,768	0.12	0.20	0.22	0.40	0.90
65,536	0.30	0.39	0.44	0.89	1.79
131,072	0.55	0.81	0.91	1.94	3.59
262,144	1.42	1.76	1.93	4.36	7.51
524,288	6.79	6.29	5.82	11.44	18.49
1,048,576	16.82	16.69	14.43	29.45	42.55
2,097,152	35.96	38.10	31.71	66.14	⋯

[표 1-5]는 숫자가 많아 보기 힘들 수 있다. 같은 함수를 더 적은 메모리와 더 느린 컴퓨터에서
수행하면 결과는 상당히 다를 수 있다. 하지만 몇 가지 경향은 어떤 컴퓨터에서 실행하든 상관
없이 나타나야 한다. 대부분은 열을 위에서 아래로 읽어보면, 문제 크기가 두 배가 될 때 실행
시간도 두 배가 된다.

[표 1-5]에는 예상치 못한 상황이 몇 가지 있다. double_two()는 다섯 가지 알고리즘 중에서
가장 빠르게 시작하지만 결국에는(N>262,144일 때부터) largest_two()가 가장 빨라진다.
영리한 tournament_two() 접근은 훨씬 더 큰 저장 배열을 할당해야 하므로 가장 느리다. 너
무 느려서 가장 큰 문제 인스턴스에는 실행조차 하지 않았다.

[그림 1-9]는 문제 인스턴스 크기 증가에 따른 런타임 성능 추세를 시각화한다.

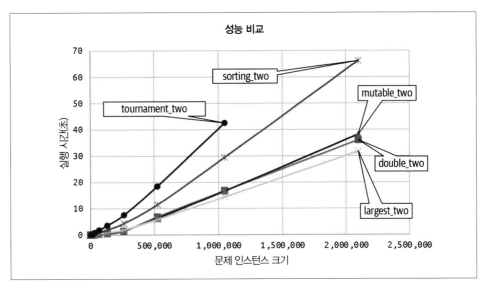

그림 1-9 런타임 성능 비교

[그림 1-9]는 다섯 가지 접근의 런타임 성능에 관한 세부사항을 나타낸다.

- `mutable_two()`, `double_two()`, `largest_two()`의 성능은 나머지 두 접근에 비해 서로 유사하다. 세 접근이 꽤 예측 가능해 보이는 직선 궤적 위에 있어, 마치 모두 같은 '종류'에 속한 것처럼 보인다.
- `tournament_two()`는 가장 비효율적이고 다른 것들과 눈에 띄게 다르게 움직인다. 데이터 포인트가 너무 적다는 점을 감안할 때, 더 비효율적으로 '상향 곡선'을 그릴지 혹은 직선으로 갈지는 분명하지 않다.
- `sorting_two()`는 `tournament_two()`보다 괜찮아 보이지만 나머지 세 접근보다는 느리다. 곡선이 더 위로 휘어질지 혹은 곧게 진행할지 알 수 없다.

이러한 선이 만들어진 이유를 이해하려면 알고리즘의 고유한 **복잡성**complexity을 설명하는 두 가지 기본 개념을 배워야 한다. 다음 절에서 이어서 알아보자.

1.7 시간 복잡도와 공간 복잡도

프로그래밍 언어마다 차이가 있고 자바나 파이썬 등 일부 언어는 인터프리터에 의해 실행되므로 기본 연산이 실행된 횟수를 계산하기 어려울 수 있다. 하지만 이를 계산해보면, 알고리즘에 의해 기본 연산이 수행된 횟수가 문제 인스턴스 N에 따라 달라짐을 알 수 있다.

시간 복잡도time complexity의 목표는 알고리즘에 의해 기본 연산이 수행된 횟수를 문제 인스턴스의 크기인 N의 함수로 계산하는 C(N)을 찾는 것이다.

각 기본적인 연산은 작업을 실행하는 CPU를 기반으로 고정된 시간 t만큼 소비한다고 가정해 알고리즘이 수행되는 시간을 T(N)=t×C(N)으로 모델링할 수 있다. [코드 1-7]은 프로그램의 **구조**가 중요하다는 통찰을 가져야 한다는 것을 보여준다. **f0, f1, f2, f3**에 대해 입력 크기 N을 기반으로 ct=ct+1 연산이 정확히 몇 번 실행되는지 계산할 수 있다. [표 1-6]은 몇 가지 N 값에 대한 횟수를 보여준다.

코드 1-7 성능 프로필이 서로 다른 네 가지 함수

```
def f0(N):        def f1(N):           def f2(N):              def f3(N):
  ct = 0            ct = 0               ct = 0                  ct = 0
  ct = ct + 1       for i in range(N):   for i in range(N):      for i in range(N):
  ct = ct + 1         ct = ct + 1          ct = ct + 1            for j in range(N):
  return ct         return ct              ct = ct + 1              ct = ct + 1
                                           ct = ct + 1          return ct
                                           ct = ct + 1
                                           ct = ct + 1
                                           ct = ct + 1
                                           ct = ct + 1
                                         return ct
```

f0에 대한 횟수는 N에 독립적으로 항상 같다. **f2**에 대한 횟수는 항상 **f1**의 일곱 배이며, **f1**과 **f2** 모두 N이 두 배가 되면 두 배로 증가한다. 대조적으로 **f3**에 대한 횟수는 더 빠르게 증가한다. 이전에 보았듯 N이 두 배가 되면 **f3(N)**은 네 배가 된다. **f1**과 **f2**는 **f3**보다 서로 더 비슷하다. 다음 장에서는 알고리즘 성능 평가 시 **for** 루프와 중첩 **for** 루프의 중요성을 설명한다.

표 1-6 네 가지 함수의 연산 실행 횟수

N	f0	f1	f2	f3
512	2	512	3,584	262,144
1,024	2	1,024	7,168	1,048,576
2,048	2	2,048	14,336	4,194,304

알고리즘을 평가할 때는 **공간 복잡도**space complexity도 고려해야 한다. 공간 복잡도는 문제 인스턴스의 크기 N에 기반해 알고리즘에 필요한 추가 메모리 공간을 나타낸다. **메모리**는 컴퓨터의 램RAM 혹은 파일 시스템에 저장되는 데이터의 일반적인 용어다. largest_two()는 최소 공간 요구 사항을 가지며 두 변수 my_max와 second 및 반복자 변수 idx를 사용한다. 문제 인스턴스의 크기와 상관없이 추가 공간은 변하지 않는다. 이는 공간 복잡도가 문제 인스턴스에 독립적이거나 상수라는 의미다. mutable_two()는 비슷한 동작을 보인다. 대조적으로 tournament_two()는 winner, loser, prior라는 3개 배열을 할당하며 이 배열들은 크기가 N-1이다. 총 추가 공간은 N이 증가함에 따라 문제 인스턴스의 크기에 정비례[3]하는 방식으로 증가한다. 토너먼트 구조를 구성하면 largest_two()와 비교할 때 tournament_two()가 느려지게 된다. double_two()와 sorting_two()는 입력 A의 복사본을 만드는데, 이는 알고리즘이 저장 공간을 largest_two()보다는 tournament_two()와 같이 사용한다는 의미다. 이 책 전반에서 각 알고리즘의 시간 복잡도와 공간 복잡도를 모두 평가할 것이다.

[표 1-5]를 보면 largest_two() 열의 시간 결과가 다음 행에서 약 두 배가 됨을 알 수 있다. double_two()와 mutable_two()는 이미 관찰했듯 비슷한 성향을 보인다. 총 시간이 문제 인스턴스 크기에 정비례하며 다음 행에서는 두 배가 된다. 이 함수들은 sorting_two()보다 효율적이므로 중요한 관찰이다. sorting_two()는 보다 덜 효율적인 궤적을 따르는 것으로 보인다. tournament_two()는 런타임 성능이 두 배 이상으로 여전히 가장 비효율적이고, 너무 빠르게 증가해 큰 문제 인스턴스에는 실행해보지 않아도 될 정도다.

필자는 컴퓨터 과학자로서 시간과 공간 복잡도를 고려하면 largest_two()와 mutable_two()의 성능 곡선이 '비슷하게 보인다'라고만 할 수 없다. 이 아이디어를 정형화하기 위한 형식 이론과 표기법이 필요하다. 다음 장에서는 알고리즘 동작을 올바르게 분석하는 데 필요한 수학적 도구를 살펴보자.

1.8 요약

이 장에서는 풍부하고 다양한 알고리즘 분야를 소개했다. 알고리즘이 수행하는 주요 연산의 수를 계산함으로써 문제 인스턴스의 크기 N에 대한 알고리즘의 성능을 모델링하는 방법을 알아

---

3 즉, 문제 인스턴스를 인코딩하는 데이터 외의 저장 공간으로, 알고리즘의 공간 복잡도에 포함되지 않는다.

봤다. 또한 이제 경험적으로 알고리즘 구현의 런타임 성능을 평가할 수 있다. 두 경우 모두 문제 인스턴스 N이 두 배로 증가함에 따라 알고리즘의 증가 기준order of growth을 결정할 수 있다.

다음과 같은 주요 개념 몇 가지를 소개했다.

- 시간 복잡도: 크기가 N인 문제 인스턴스에서 알고리즘에 의해 실행된 주요 연산의 수를 계산해 측정.
- 공간 복잡도: 크기가 N인 문제 인스턴스에서 알고리즘을 실행하는 데 필요한 메모리의 양으로 측정.

다음 장에서는 알고리즘을 올바르게 분석하는 데 필요한 기술을 설명하기 위해, 점근적 분석asymptotic analysis의 수학적 도구를 소개한다.

1.9 연습 문제

1. **회문 검출기(Palindrome word detector)**: 회문palindrome word은 앞에서부터 읽든 뒤에서부터 읽든 동일하게 읽히는 단어다. 예를 들면 'madam'과 같다. N개 문자로 구성된 단어가 회문인지 아닌지 검증하는 알고리즘을 고안해보자. [코드 1-8]에 있는 두 가지 대안을 능가하는 성능을 경험적으로 확인하자.

코드 1-8 성능 프로필이 서로 다른 네 가지 함수

```
def is_palindrome1(w):
    """입력으로 주어진 w와 w의 역방향 슬라이스를 생성해 같은지 비교한다."""
    return w[::-1] == w

def is_palindrome2(w):
    """맨 앞과 끝 문자열이 같다면 해당 문자를 잘라내고,
    다르다면 False를 반환한다."""
    while len(w) > 1:
        if w[0] != w[-1]:      # 일치하지 않으면 False를 반환한다.
            return False
        w = w[1:-1]            # 처음과 끝 문자를 w에서 잘라내고, 반복한다.

    return True                # 이 시점에서는 해당 문자가 회문임이 보장된다.
```

이 문제에 대한 코드가 동작하면 공백, 구두점 및 대소문자 혼합이 있는 회문 문자열을 검출하도록 수정하라. 예를 들어, 다음 문자열을 회문으로 분류해야 한다. "A man, a plan, a canal. Panama!"

2. **선형 시간 중앙값(linear time median)**: 리스트(단순함을 위해 리스트의 크기는 홀수라고
   가정)에서 효율적으로 중앙값을 찾는 훌륭한 알고리즘이 있다. [코드 1-9]를 살펴보고 이
   장에서 보여준 RecordedItem 값을 사용해 미만 연산이 실행된 횟수를 계산해보자. 이 구
   현은 처리할 때 리스트를 재정렬한다.

코드 1-9 정렬되지 않은 리스트에서 중앙값을 계산하는 선형 시간 알고리즘

```python
def partition(A, lo, hi, idx):
    """A[idx] 값을 사용해 분할한다."""
    if lo == hi: return lo

    A[idx],A[lo] = A[lo],A[idx]      # A 내 lo와 idx 위치의 값을 서로 교환한다.
    i = lo
    j = hi + 1
    while True:
        while True:
            i += 1
            if i == hi: break
            if A[lo] < A[i]: break

        while True:
            j -= 1
            if j == lo: break
            if A[j] < A[lo]: break

        if i >= j: break
        A[i],A[j] = A[j],A[i]

    A[lo],A[j] = A[j],A[lo]
    return j

def linear_median(A):
    """
    리스트의 중앙값을 반환하는 효율적인 구현은
    A에 있는 값이 홀수 개라고 가정한다.
    이 알고리즘은 A의 값을 재배열한다.
    """
    lo = 0
    hi = len(A) - 1
    mid = hi // 2
```

```
    while lo < hi:
        idx = random.randint(lo, hi)      # 임의의 유효한 인덱스를 선택한다.
        j = partition(A, lo, hi, idx)

        if j == mid:
            return A[j]
        if j < mid:
            lo = j+1
        else:
            hi = j-1
    return A[lo]
```

다른 접근을 구현해보자. 입력에서 정렬된 리스트를 생성하고 중앙값을 선택하도록 구현하자(추가 저장 공간이 필요하다). 표를 만들어 linear_median()과 런타임 성능을 비교하자.

3. **계수 정렬(counting sort)**: 리스트 A에 0과 M 사이 음이 아닌 정수만 있음을 안다면 다음 알고리즘은 크기가 M인 추가 저장 공간만을 사용해 A를 올바르게 정렬할 것이다.

[코드 1-10]에는 while 루프 내에 for 루프를 포함하는 중첩된 루프가 있다. 하지만 당신은 A[pos+idx] = v는 N회만 수행함을 증명할 수 있어야 한다.

코드 1-10 선형 시간 계수 정렬 알고리즘

```
def counting_sort(A, M):
    counts = [0] * M
    for v in A:
        counts[v] += 1

    pos = 0
    v = 0
    while pos < len(A):
        for idx in range(counts[v]):
            A[pos+idx] = v
        pos += counts[v]
        v += 1
```

성능을 분석해 N이 두 배가 되면 0과 M 사이 정수 N개를 정렬하는 데 걸리는 시간도 두 배가 됨을 증명하자.

내부의 for 루프를 제거하고, 하위 리스트를 교체하는 파이썬 기능으로 sublist[left: right] = [2,3,4]를 사용해 연산의 성능을 향상하자. 변경하고 경험적으로 검증해 N의 크기가 두 배가 되더라도 속도는 30% 향상되도록 하자.

4. 토너먼트 알고리즘이 홀수 개 값으로 작동하도록 수정하자.

5. [코드 1–11]이 A에서 가장 큰 두 값을 올바르게 찾을 수 있을까?

코드 1-11 정렬되지 않은 리스트에서 가장 큰 두 값 계산하기

```
def two_largest_attempt(A):
  m1 = max(A[:len(A)//2])
  m2 = max(A[len(A)//2:])
  if m1 < m2:
    return (m2, m1)
  return (m1, m2)
```

이 코드가 언제 정상적으로 동작하고 언제 실패하는지 설명해보자.

CHAPTER 2

알고리즘 분석

이 장에서 배울 내용은 다음과 같다.

- 빅오 표기법을 사용해 알고리즘 성능을 분류하는 방법(시간이나 저장 공간)

- 다음을 비롯한 여러 성능 등급

  - $O(1)$ 혹은 상수

  - $O(\log N)$ 혹은 로그

  - $O(N)$ 혹은 선형

  - $O(N\log N)$[1]

  - $O(N^2)$ 혹은 제곱

- 점근적 분석을 이용해 크기가 N인 문제 인스턴스를 처리하는 알고리즘에 필요한 시간(혹은 저장 공간)을 N으로 추정하는 방법

- 값이 오름차순으로 정렬된 배열로 작업하는 방법

- 이진 배열 탐색 알고리즘으로 정렬된 배열에서 값을 찾는 방법

이번 장에서는 이론가와 실무자가 알고리즘의 계산 성능과 자원 사용 측면에서 성능을 모델링하는 데 사용하는 용어와 표기법을 소개한다. 당신이 소프트웨어 프로그램의 런타임 성능을 평

---

1 엔-로그-엔(en-log-en)과 같이 3음절로 발음한다.

가할 때 완벽하게 만족한다면 해당 애플리케이션을 현상 유지하며 계속 사용할 수 있다. 하지만 런타임 성능을 개선하고 싶다면, 이 책이 프로그램의 자료구조와 알고리즘과 함께, 어디서 시작해야 할지 보여줄 것이다. 우리는 다음과 같은 질문에 직면한다.

특정 문제를 가장 효율적인 방법으로 해결하는가?

성능을 상당히 향상하는 다른 알고리즘이 있을 수 있다.

알고리즘을 가장 효율적인 방법으로 구현했는가?

제거 가능한 성능 비용이 숨겨져 있을 수 있다.

단지 더 빠른 컴퓨터를 구매해야 할까?

정확히 같은 프로그램이라도 어떤 컴퓨터에서 수행하는지에 따라 런타임 성능이 다르다. 이 장에서는 컴퓨터 과학자들이 일반적인 하드웨어 개선을 보여주는 분석 기술을 개발하는 방법을 설명한다.

먼저, 문제 인스턴스 크기의 증가에 따른 프로그램의 런타임 성능을 모델링하는 방법을 보자. 문제 인스턴스 크기가 작으면 알고리즘 런타임 성능이 문제 인스턴스의 실젯값이나 컴퓨터 타이머의 해상도에 민감하므로 정확히 측정하기가 어렵다. 당신의 프로그램이 충분히 큰 문제 인스턴스를 처리한다면, 경험적 모델을 사용해 런타임 동작을 분류하기 위해 모델을 개발할 수도 있다.

2.1 경험적 모델로 성능 예측하기

이 절에서 살펴볼 예제는 실제 소프트웨어 시스템에서 이론적 분석이 실용적임을 보여준다. 매일 밤 대용량 데이터를 처리하는 야간 배치 작업의 일부로 애플리케이션을 설계하는 일을 담당한다고 상상해보자. 작업은 자정에 시작되어 아침 6시 전에는 반드시 완료되어야 한다. 데이터 세트는 값이 수백만 개이고 이후 5년에 걸쳐 크기가 2배가 될 것으로 예상된다.

당신은 동작하는 프로토타입을 구축했지만 값이 각각 100개, 1,000개, 10,000개인 작은 데이터 세트에서만 테스트했다. [표 2-1]는 이런 데이터 세트로 테스트한 프로토타입의 런타임 성능을 나타낸다.

표 2-1 프로토타입 런타임 성능

N	시간(초)
100	0.063
1,000	0.565
10,000	5.946

[표 2-1]의 결과는 더 큰 문제 인스턴스(값이 100,000개나 1,000,000개)에서 이 프로토타입의 성능을 예측할 수 있을까? 문제 인스턴스 크기가 주어졌을 때 런타임 성능을 예측하는 함수 T(N)을 정의하기 위해 해당 데이터만으로 수학적 모델링을 구성해보자. 정확한 모델은 [표 2-1]의 세 값에 가까운 T(N)을 계산할 뿐 아니라 [표 2-2](대괄호 안에 [표 2-1]의 시간 결과 세 개 표시)에 보이듯 더 높은 N 값을 예측한다.

메이플(*https://maplesoft.com*)이나 마이크로소프트 엑셀(*https://microsoft.com/excel*) 같은 프로그램을 사용해 예제 데이터의 **추세선**trendline을 계산할 수도 있다. 추세선은 수학, 과학 및 공학에 많이 사용되는 SciPy 라이브러리를 사용해 모델링할 수 있다. [코드 2-1]에서는 **scipy**를 사용해 선형 모델 TL(N)=a×N+b(a, b는 상수)를 찾는다. curve_fit()은 리스트 xs와 ys에서 인코딩된 가용한 경험적 데이터를 기반으로 선형 모델과 함께 사용하기 위한 (a, b)를 반환한다.

코드 2-1 부분 데이터를 기반으로 모델 계산하기

```
import numpy as np
from scipy.optimize import curve_fit

def linear_model(n, a, b):
    return a*n + b

# 예제 데이터
xs = [100, 1000, 10000]
ys = [0.063, 0.565, 5.946]
```

```
# 첫 번째 인자로 계수가 반환된다.
[(a,b), _]  = curve_fit(linear_model, np.array(xs), np.array(ys))
print('Linear = {}*N + {}'.format(a, b))
```

결과 모델의 공식은 $TL(N)=0.000596 \times N-0.012833$이다. [표 2-2]에 보이듯 해당 모델은 문제 크기가 증가함에 따라 프로토타입의 실제 런타임 성능을 상당히 과소평가하므로 부정확하다. 또 다른 가능성 있는 모델은 **이차 다항식**(N이 2의 거듭제곱으로 증가)이다.

```
def quadratic_model(n, a, b):
    return a*n*n + b*n
```

quadratic_model을 사용해 $TQ(N)=a \times N^2+b \times N$(a, b는 상수)을 찾는 것이 목표다. [코드 2-1]의 접근을 사용해 공식은 $TQ(N)=0.00000003206 \times N^2+0.000564 \times N$이 된다. [표 2-2]를 보면 이 모델은 문제 크기가 증가함에 따라 런타임 성능을 실제보다 과대평가하므로 이 또한 정확하지 않다.

> **NOTE_** 이 상수들 중에는 0.000000003206(3.206×10^{-9})과 같이 아주 작은 수가 많다. 이는 알고리즘으로 해결되는 문제가 N=1,000,000 이상인 문제 인스턴스를 포함하기 때문이다. $(1,000,000)^2=10^{12}$이므로 매우 작은 상수와 매우 큰 상수 모두 확인할 수 있도록 준비하자.

[표 2-2]의 마지막 열은 세 번째 수학적 모델인 $TN(N)=a \times N \times \log(N)$(밑수가 2인 로그 함수를 사용하고 a는 상수)을 사용한 예측 결과다. 결과는 $TN(N)=0.0000448 \times N \times \log(N)$이다. N=10,000,000이면 $TN(N)$에 의해 계산된 추정치는 실젯값의 5% 이내에 있다.

표 2-2 실제 성능과 서로 다른 수학적 모델의 성능 비교하기

N	시간(초)	TL	TQ	TN
100	[0.063]	0.047	0.056	0.030
1,000	[0.565]	0.583	0.565	0.447
10,000	[5.946]	5.944	5.946	5.955
100,000	65.391	59.559	88.321	74.438
1,000,000	860.851	595.708	3769.277	893.257
10,000,000	9879.44	5957.194	326299.837	10421.327

선형 모델 TL은 총 시간을 과소평가하고 이차 모델 TQ는 과대평가한다. N=10,000,000일 때 TL은 5,957초(약 10분)가 걸린다고 선언하고 TQ는 326,300초(약 91시간)가 걸린다고 선언한다. TN은 실제 성능이 9,879초(2.75시간)일 때 10,421초(약 2.9시간)로 추정하므로 성능을 더 잘 예측한다.

다행히 프로토타입은 밤새 처리를 완료할 수 있지만, 프로토타입에 도입한 자료구조와 알고리즘을 확인해야만 문제 인스턴스에 관계없이 결과를 보장할 수 있다.

공식 $a \times N \times \log(N)$이 동작을 잘 모델링하는 이유는 무엇일까? 이는 프로토타입 애플리케이션 내에서 사용한 기본 알고리즘과 관련이 있다. 앞서 살펴본 선형 모델, 이차 모델, NlogN이 알고리즘을 분석하는 데 일반적으로 사용된다. 약 50년 전에 발견된 놀라운 결과를 보여주는 예제 하나를 더 보도록 하자.[2]

2.2 곱셈 성능 예측하기

[코드 2-2]에 있는 두 가지 예시를 보자. 초등학교에서 배운 알고리즘을 사용해 두 N자리 정수를 곱한다. 해당 알고리즘을 정확하게 정의하지는 않겠지만 최종 답을 계산하기 위해 합산된 원래 숫자 아래에 나열된 N개의 곱을 생성함을 볼 수 있다.

코드 2-2 초등학교 알고리즘을 사용해 두 N자리 정수 곱하기

```
      456                        123456
    × 712                      × 712835
    ---                        ------
      912                        617280
      456                        370368
   3192                          987648
   ------                        246912
 324672                          123456
                                864192
                                -----------
                                88003757760
```

---

[2] 1960년에 모스크바 국립 대학교의 23세 학생 아나톨리 카라추바가 빠른 곱셈 알고리즘을 발견했다. 파이썬은 매우 큰 정수를 곱할 때 이 알고리즘을 사용한다.

세 자리 정수 두 개를 곱할 때는 한 자릿수 곱셈 9개가 필요하고, 여섯 자리 정수 곱셈은 한 자릿수 곱셈 36개가 필요하다. 이 알고리즘을 두 N자리 정수에 사용할 때는 한 자릿수 곱셈 N^2개가 필요하다. 또 다른 관찰은 곱할 정수의 자릿수가 두 배가 되면 한 자릿수 곱셈이 네 배로 필요하다는 것이다. 한 자릿수 곱셈이 핵심 연산이므로 기타 수행해야 할 작업(더하기 등)은 계산하지 않는다.

컴퓨터의 CPU는 고정 크기 32비트나 64비트 정수의 곱셈을 효율적으로 수행하지만 아주 큰 정수를 처리할 능력이 없다. 파이썬은 큰 값을 Bignum 구조체로 변환해 필요한 모든 크기의 정수를 허용하도록 한다. 이는 두 N자리 숫자를 곱할 때 런타임 성능을 측정할 수 있음을 의미한다. [표 2–3]은 두 N자리 정수를 곱한 시간 결과의 처음 5개 행(대괄호 숫자)을 기반으로 세 가지 모델을 도출한다.

표 2-3 두 N자리 정수의 곱셈

N	시간(초)	TL	TQ	카라추바	TKN
256	[0.0009]	−0.0045	0.0017	0.0010	0.0009
512	[0.0027]	0.0012	0.0038	0.0031	0.0029
1,024	[0.0089]	0.0126	0.0096	0.0094	0.0091
2,048	[0.0280]	0.0353	0.0269	0.0282	0.0278
4,096	[0.0848]	0.0807	0.0850	0.0846	0.0848
8,192	0.2524	0.1716	0.2946	0.2539	0.2571
16,384	0.7504	0.3534	1.0879	0.7617	0.7765
32,768	2.2769	0.7170	4.1705	2.2851	2.3402
65,536	6.7919	1.4442	16.3196	6.8554	7.0418
131,072	20.5617	2.8985	64.5533	20.5663	21.1679
262,144	61.7674	5.8071	256.7635	61.6990	63.5884

TL은 선형 모델이고 TQ는 이차 모델이다. **카라추바**Karatsuba는 $a \times N^{1.585}$라는 특이한 공식이며, 향상된 모델 $TKN(N) = a \times N^{1.585} + b \times N$(a, b는 상수)[3]이 있다. TL은 시간 결과를 상당히 과소평가한다. TQ는 시간을 상당히 과대평가하는데, 이는 놀라운 일이다. 앞선 직관에 따르면 이차

----

3 지수 1.585는 밑수가 2인 log(3)의 값인 1.58496250072116의 근삿값이다.

모델의 본질적인 특성상 N이 두 배가 될 때 수행 시간이 네 배 증가해야 하기 때문이다. 이와 같이 파이썬에서 보다 진보되고 효율적인 카라추바 곱셈 알고리즘을 사용하는 모델이 N자리 정수 곱셈의 성능을 더 정확하게 예측한다.

[표 2-2]와 [표 2-3]에 사용한 접근은 좋은 시작이지만, 코드를 리뷰하지 않고 런타임 성능만을 기반으로 하는 간접적인 방식인 만큼 제한이 있다. 이 책 전반에서 알고리즘 구현을 기술하고, 코드 구조를 기반으로 알고리즘 성능을 모델링하는 데 적절한 공식을 식별할 것이다.

2.3 성능 클래스

정확히 같은 문제를 해결하는 여러 알고리즘이 있을 때, 때로는 단지 수학적 모델을 사용해 성능을 분류함으로써 어느 것이 가장 효율적인지 알아낼 수 있다. 알고리즘은 종종 '복잡도는 $O(N^2)$이다' 혹은 '최악의 성능은 $O(N\log N)$이다'와 같은 말로 표현된다. 이 용어를 알아보기 위해 먼저 [그림 2-1]를 보자. 알고리즘 분석에 관해 설명하는 책이나 온라인 리소스를 읽어봤다면 그림을 본 적이 있을 것이다.

목표는 주어진 문제 인스턴스 N에 대해 **최악의 런타임 성능**을 예측하는 모델을 찾는 것이다. 수학에서는 이것을 **상한선**이라 한다. '알고리즘은 이보다 더 열심히 일하지 않을 것이다'라고 생각하면 이해가 쉽다. 대응되는 개념은 최소 런타임 성능을 나타내는 **하한선**이다. '알고리즘은 항상 최소한 이만큼은 일해야 한다'라는 의미다.

하한과 상한의 개념을 이해하기 위해 자동차의 속도계를 생각해보자. 속도계는 표시 속도를 자동차의 실제 속도의 근사치로 계산한다. 운전자가 속도 제한을 준수하도록 표시 속도는 실제 속도보다 절대 작지 않아야 한다. 이는 하한선이라는 수학적 개념을 보여준다. 상한으로는 표시 속도가 실제 속도의 최대 110%에 시속 4킬로미터를 더한 값까지 허용된다.[4] 이는 상한선이라는 수학적 개념을 보여준다. 차의 실제 속도는 반드시 하한선보다는 크고 상한선보다는 작아야 한다.

[그림 2-1]의 세 곡선 TL, TQ, TKN은 모델 예측을 표현하며, 여기서 검정색 박스는 두 N자리 정수를 곱했을 때의 개별 실제 성능을 나타낸다. TQ(N)은 실제 성능의 상한선('TQ(N) 〉 모든

---

4 이는 유럽 연합 요구 사항이다. 미국에서는 속도계의 정확도가 실제 속도와 시속 ±5마일 이내면 된다.

N 값에 대한 시간'이므로)이지만 [그림 2-1]에서 나타내듯 매우 부정확하다.

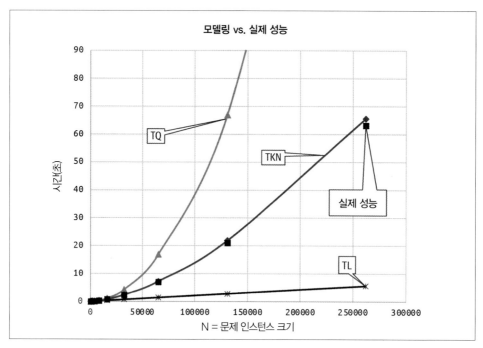

그림 2-1 모델 간 성능 비교

[표 2-3]으로 돌아가 보면 문제 인스턴스 크기의 임계값인 8,192보다 크거나 같은 모든 N 값에 대해, $TKN(N)$은 N에 대해 보고된 실제 성능보다 크지만 훨씬 가깝게 유지된다. 이 결과는 N이 '충분히 크면' 실제 동작이 안정화됨을 명확히 보여주며, 이는 각 알고리즘과 구현 방식에 따라 다를 수 있다.

$TL(N)$ 모델은 실제 성능의 하한선처럼 보인다($TL(N)$ 〈 모든 N 값에 대한 시간'이므로). 하지만 N이 증가함에 따라 런타임 성능에서 점점 더 멀어졌고, 기본적으로 알고리즘의 런타임 성능 모델로는 사용할 수 없을 정도로 그려졌다. [표 2-3]에서 값을 보인 카라추바 공식 $a \times N^{1.585}$는 더 정확한 하한선을 제공한다.

프로그램을 다른 컴퓨터에서 실행하면 [표 2-3]에서 본 숫자 세부 사항은 달라진다. 런타임 성능은 느리거나 빠를 수 있고, $TK()$의 계수 a, b도 달라진다. $TN(N)$이 안정화되는 문제 인스턴스 크기의 임계값은 더 낮거나 높을 수 있다. 모델 지수인 1.585는 바뀌지 않는데, 카라추바 빠른 곱셈 알고리즘의 구조가 수행 방식을 결정하기 때문이다. 어떤 슈퍼컴퓨터도 카라추바 구현이 갑자기 선형 $TL(N)$으로 모델링된 방식으로 동작하도록 만들지 않는다.

다음 절에서는 점근적 분석을 알아본다. 이는 알고리즘 성능을 평가할 때 실제 컴퓨터에 관한 정보를 제외할 수 있는 접근 방식이다. 고성능 컴퓨터는 코드를 더 빠르게 실행할 수 있지만 점근적 분석의 법칙을 바꾸지는 못한다.

2.4 점근적 분석

덧셈 상수 개념은 앞서 논의한 속도계를 비롯한 많은 실생활 시나리오에서 흔히 사용된다. 예를 들어 '40분 뒤에 도착할 건데 5분 정도 빠르거나 늦을 수도 있어'라고 말할 때를 의미한다.

점근적 분석asymptotic analysis은 이런 아이디어를 더 발전시키고, 알고리즘을 분석하기 위해 **곱셈 상수** 개념을 도입한다. **무어의 법칙**Moore's Law을 들어봤다면 이 개념이 익숙할 것이다. 인텔의 CEO이자 공동 창립자인 고든 무어는 1965년에, 집적회로 한 개당 컴포넌트의 개수가 10년간 매년 두 배가 될 것이라고 예측했다. 그리고 1975년에는 이 예측을 매년에서 매 2년으로 수정했다. 예측은 거의 40년 동안 유효했으며, 컴퓨터의 속도가 기본적으로 매 2년마다 두 배로 늘어나는 이유를 설명해준다. 곱셈 상수를 컴퓨팅에 적용해보면, 구형 컴퓨터는 최신 컴퓨터와 동일한 프로그램을 실행할 때 1,000배 혹은 그 이상 느릴 수 있다.

같은 문제를 해결하는 두 알고리즘을 고려해보자. 앞서 소개한 기술을 사용해, 알고리즘 X는 문제 인스턴스 크기가 N일 때 5N회 수행해야 하고, 알고리즘 Y는 동일한 문제를 해결하려면 $2,020 \times \log(N)$회 수행해야 한다고 가정한다. 알고리즘 X는 Y보다 효율적인가?

이 알고리즘 구현을 실행할 두 컴퓨터가 있다. 컴퓨터 C_{fast}는 C_{slow}보다 두 배 빠르다. [그림 2-2]는 각 알고리즘을 크기가 N인 문제 인스턴스에 수행한 횟수를 보여준다. 또한 C_{fast}에서 X와 Y를 수행한 성능(X_{fast}와 Y_{fast}로 레이블링된 열)과 C_{slow}에서 X를 수행한 성능(X_{slow}로 레이블링된 열)을 보여준다.

N	수행 횟수		실행 시간			
	X	Y	X_{slow}	X_{fast}	Y_{fast}	$X_{fastest}$
4	20	4,040	0.0	0.0	2.7	0.0
8	40	6,060	0.0	0.0	4.0	0.0
16	80	8,080	0.1	0.0	5.4	0.0
32	160	10,100	0.1	0.1	6.7	0.0
64	320	12,120	0.2	0.1	8.1	0.0
128	640	14,140	0.4	0.2	9.4	0.0
256	1,280	16,160	0.9	0.4	10.8	0.0
512	2,560	18,180	1.7	0.9	12.1	0.0
1,024	5,120	20,200	3.4	1.7	13.5	0.0
2,048	10,240	22,220	6.8	3.4	14.8	0.0
4,096	20,480	24,240	13.7	6.8	16.2	0.0
8,192	40,960	26,260	27.3	13.7	17.5	0.1
16,384	81,920	28,280	54.6	27.3	18.9	0.1
32,768	163,840	30,300	109.2	54.6	20.2	0.2
65,536	327,680	32,320	218.5	109.2	21.5	0.4
131,072	655,360	34,340	436.9	218.5	22.9	0.9
262,144	1,310,720	36,360	873.8	436.9	24.2	1.7
524,288	2,621,440	38,380	1,747.6	873.8	25.6	3.5
1,048,576	5,242,880	40,400	3,495.3	1,747.6	26.9	7.0
2,097,152	10,485,760	42,420	6,990.5	3,495.3	28.3	14.0
4,194,304	20,971,520	44,440	13,981.0	6,990.5	29.6	28.0
8,388,608	41,943,040	46,460	27,962.0	13,981.0	31.0	55.9

그림 2-2 두 컴퓨터에서 알고리즘 X와 Y를 실행한 성능

크기가 같은 문제 인스턴스에서 초기에는 X가 Y보다 더 적은 수행을 요구하지만, N이 8,192 이상이 되면 Y가 훨씬 적은 수행을 요구하며 격차가 아주 크다. [그림 2-3]의 그래프는 Y가 필요한 수행 횟수에서 X보다 더 나은 성능을 보이기 시작하는 4,096과 8,192 사이의 교차 점을 시각화한다. 두 컴퓨터에서 정확히 동일한 X의 구현을 실행하면 X_{fast}(C_{fast}에서 수행)가 X_{slow}(C_{slow}에서 실행)보다 성능이 좋음을 알 수 있다.

C_{slow}보다 500배 빠른 슈퍼컴퓨터 $C_{fastest}$를 발견했다면, 결국 C_{fast}에서 실행되는 효율적인 알고리즘 Y가 $C_{fastest}$에서 실행되는 비효율적인 알고리즘 X를 능가하는 문제 인스턴스를 찾을 수 있다. 이때 프로그램은 서로 다른 컴퓨터에서 수행되기 때문에 이는 '사과 대 오렌지apples vs.

oranges[5]로 비교하는 것과 같다. 그럼에도 불구하고 예시의 경우 교차점은 문제 인스턴스 크기 4,194,304와 8,388,608 사이에서 발생한다. 슈퍼컴퓨터를 사용하더라도 결국 더 효율적인 알고리즘이 충분히 큰 문제 인스턴스로 느린 컴퓨터에서 더 좋은 성능을 낼 것이다.

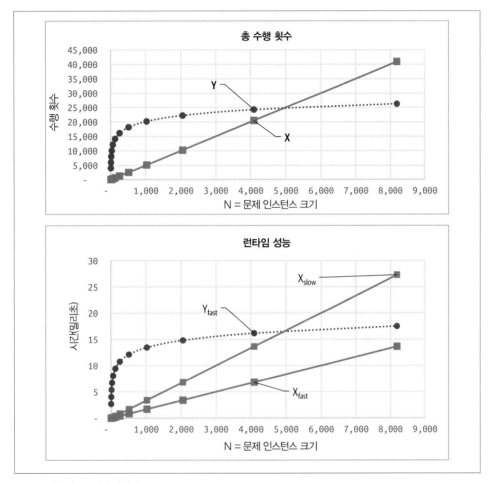

그림 2-3 [그림 2-2]의 시각화

문제를 고급 컴퓨팅 하드웨어에서 수행해볼 수도 있지만, 문제 인스턴스가 충분히 클 경우에는 결국에는 더 효율적인 알고리즘이 더 빠르다.

---

5 옮긴이_ 'apples vs. oranges'란 서로 비교 불가능한 가치를 비교하는 경우에 사용하는 말이다.

컴퓨터 과학자는 문제 인스턴스 크기 N에서 최상의 경우(혹은 최악의 경우) 런타임 성능에 기반해 알고리즘을 분류하기 위해 **빅오 표기법**Big O notation을 사용한다. 이름에 문자 'O'가 들어간 이유는 함수의 상승률을 **함수의 차수**order of function라 부르기 때문이다. 예를 들어, 공식 $4N^2+3N-5$는 N의 가장 큰 지수가 2이므로 '2차수' 함수이다.

크기가 N인 문제 인스턴스에서 알고리즘의 런타임 성능을 추정하려면 먼저 수행 횟수를 계산해야 한다. 각 수행을 실행하는 데 드는 시간이 고정되었다고 가정하므로, 수행 횟수를 계산하면 런타임 성능을 추정할 수 있다.

> **NOTE_** T(N)은 알고리즘이 크기가 N인 문제 인스턴스를 처리하는 데 필요한 시간이다. 같은 알고리즘에 대해 최상의 경우와 최악의 경우로 정의된 다른 T(N)이 있을 수 있다. 밀리초나 초 같은 시간 단위는 중요치 않다.
> S(N)은 알고리즘이 크기가 N인 문제 인스턴스를 처리하는 데 필요한 저장 공간이다. 같은 알고리즘에 대해 최상의 경우와 최악의 경우로 정의된 다른 S(N)이 있을 수 있다. 비트나 기가바이트 같은 공간의 단위는 중요치 않다.

2.5 모든 수행 계산하기

목표는 알고리즘이 **크기가 N인 문제 인스턴스**를 처리하는 데 필요한 시간을 추정하는 것이다. 이런 추정은 모든 문제 인스턴스에 대해 반드시 정확해야 하므로, 알고리즘이 일을 가장 많이 하도록 강제할 최악의 문제 인스턴스를 알아내야 한다.

먼저, 크기가 N인 최악의 문제 인스턴스에서 실행한 핵심 연산의 수행 횟수인 K(N)을 결정하자. 다음으로, 실행된 기계 명령의 총 개수는 K(N)의 배수, 즉 $c \times K(N)$이라고 추정할 수 있다. 최신 프로그래밍 언어는 수십만 개의 기계 명령으로 컴파일될 수 있으므로 이는 안전한 가정이다. 여기서 c를 계산하지 못하더라도 앞서 한 것처럼 컴퓨터의 개별 성능에 기반해 경험적으로 결정할 수 있다.

표기법은 성능(혹은 저장 공간)의 궤적을 N의 함수로 명확하게 분류한다. 각 성능 클래스 $O(f(N))$은 $f(N)$으로 설명된다. 용어는 처음에 혼란스러울 수 있다. 알고리즘을 분류할 때는 N에 기반한 함수 f로 표현된 공식을 사용할 것이다. 앞서 네 가지 성능 클래스를 보았다.

- O(N): f(N)=N인 선형 복잡도 클래스

- O(N$^{1.585}$): f(N)=N$^{1.585}$인 카라추바 복잡도 클래스

- O(N^2): f(N)=N^{2}인 이차 복잡도 클래스

- O(NlogN): f(N)=N×logN인 복잡도 클래스

정확한 분석을 수행하려면 알고리즘의 구조를 보기 위한 소스 코드를 조사해야 한다. 다음 예제 코드에서 핵심 연산 `ct = ct + 1`을 몇 번 수행했는지 살펴보자.

```
for i in range(100):
    for j in range(N):
        ct = ct + 1
```

외부 i 루프에서 100회 수행하는데 각 루프에서 내부 j 루프가 N회 수행된다. 따라서 `ct = ct + 1`은 총 100×N회 수행된다. 크기가 N인 문제 인스턴스에서 앞선 코드를 실행하기 위한 총 시간 T(N)은 적절히 선택된 c의 c×N보다 작다. 실제 컴퓨터에서 해당 코드를 실행하면 정확한 c를 결정할 수 있을 것이다. 더 정확히는 빅오 표기법을 사용해 해당 코드의 성능을 O(N)으로 나타낼 수 있다.

각기 다른 컴퓨팅 시스템에서 이 코드를 수천 번 수행해 매번 다른 c를 계산할 수 있다. 이 사실은 참이며 O(N)으로 코드 성능을 분류할 수 있는 이유다. 이론적 세부 사항은 설명하지 않지만, 알고리즘의 연산 횟수를 나타내는 함수 f(N)을 알아냈다면 해당 알고리즘이 O(f(N))으로 분류된다는 점만 알면 된다.

2.6 모든 바이트 계산하기

크기가 N인 문제 인스턴스에서 알고리즘에 필요한 공간 복잡도를 결정할 때 비슷한 분석을 수행할 수 있다. 알고리즘이 동적으로 추가 저장 공간을 할당한 경우, 동적 메모리 관리와 연관된 비용 때문에 런타임 성능은 변함없이 증가한다.

다음 파이썬 구문들은 요구하는 공간의 양이 서로 다르다.

- range(N): 파이썬 3에서 range는 숫자를 한 번에 하나씩 생산하는 제너레이터generator이므로

range(N)은 전체 리스트를 생성하지 않으며(파이썬 2에서는 전체를 생성함) 사용하는 공간의 양이 고정되어 있다.

- list(range(N)): 0에서 N-1까지 N개의 정수를 저장하는 리스트를 구성한다. 필요한 메모리의 크기는 N에 정비례해 커진다.

공간은 보편적으로 합의된 단위가 없으므로 구문에 대한 공간을 정량화하기는 어렵다. 사용된 메모리의 바이트를 계산해야 할까? 아니면 비트? 정수형이 32비트 저장 공간이 필요한지 혹은 64비트 저장 공간이 필요한지가 중요할까? 128비트 정수 표현을 허용하는 미래의 컴퓨터를 상상해보자. 공간 복잡도가 변경되었나? 파이썬에서 sys.getsizeof(..)는 객체의 바이트 크기를 결정한다. 파이썬 3은 range()를 위해 프로그램을 위한 저장 공간 요구 사항을 많이 줄이는 제너레이터를 사용한다. 파이썬 인터프리터에 다음 구문들을 입력하면 각각 대응하는 저장 공간 요구 사항을 볼 수 있다.

```
>>> import sys
>>> sys.getsizeof(range(100))
48
>>> sys.getsizeof(range(10000))
48
>>> sys.getsizeof(list(range(100)))
1008
>>> sys.getsizeof(list(range(1000)))
9112
>>> sys.getsizeof(list(range(10000)))
90112
>>> sys.getsizeof(list(range(100000)))
900112
```

결과들은 list(range(10000))를 위한 바이트 저장 공간이 list(range(100))의 약 100배임을 보여준다. 그리고 다른 크기들을 살펴보면 해당 저장 공간 요구 사항은 $O(N)$으로 분류할 수 있다.

반면에 range(100)과 range(10000)에 필요한 바이트 수는 동일하다(48바이트). 저장 공간은 상수이므로 '상수 복잡도 클래스'라는 다른 복잡도 클래스를 도입할 필요가 있다.

- $O(1)$은 $f(N)=c$(c는 임의의 상수) 상수 복잡도 클래스

이 장에서는 많은 이론적 자료를 다뤘으며 이제 이러한 개념을 실제 사용에 적용할 때다. 다음 절에서는 컴퓨터 과학의 최적 탐색 알고리즘인 이진 배열 탐색^{Binary Array Search}을 살펴본다. 이것이 효율적인 이유를 설명하면서 새로운 복잡도 클래스 $O(logN)$을 소개한다.

2.7 이진 배열 탐색

[그림 2-4]를 보자. 왼쪽부터 오름차순으로 숫자 일곱 개를 쓰고 각 문 뒤에 하나씩 숨겼다. 문을 하나씩 열어서 목푯값인 643을 찾거나 혹은 643이 문들 뒤에 없다는 것을 증명하려면 최소 몇 개의 문을 열어봐야 하는가? 맨 왼쪽부터 시작해서 643이나 더 큰 수(애초에 해당 숫자가 문 뒤에 없다는 의미)를 찾을 때까지 문을 하나씩 열어볼 수 있다. 하지만 운이 나쁘면 문 7개를 다 열어봐야 할 수도 있다. 이런 탐색 전략은 문 뒤에 있는 수가 오름차순이라는 사실을 이용하지 않는다. 이 방법 대신 문을 3개 이상 열지 않고 문제를 해결할 수 있다. 가운데 있는 4번 문부터 열어보자.

그림 2-4 운명의 문!

4번 문 뒤에 숨겨진 수는 173이다. 643을 찾고 있으므로 4번 문 왼쪽에 있는 문은 모두 무시할 수 있다(뒤에 있는 수들이 모두 173보다 작을 것이므로). 다음으로 6번 문을 열어 900이 나왔다. 좋다. 이제 6번 문 오른쪽에 있는 문들은 무시할 수 있다는 것을 알았다. 이제 5번 문만이 643을 숨길 수 있으므로 지금 열어서 7개 문에 숨긴 수들 중에 643이 있는지 확인하자.

그 수가 5번 문 뒤에 있었는지 여부는 상상에 맡기겠다.

숫자 7개가 있는 오름차순 리스트에 이 과정을 반복해보면, 목푯값이 무엇이든 문을 3개 이상 열어볼 필요가 없음을 알 수 있다. 혹시 $2^3-1=7$이라는 것을 눈치챘는가? 오름차순 수의 리스트를 포함하는 문이 1,000,000개라면 어떨까? 만약 문을 20개만 열어서 특정 수가 어느 문 뒤에 숨겨져 있는지 확인하면 상금 천만 원을 준다면 도전을 수락하겠는가? 수락해야 한다! $2^{20}-1=1,048,575$이므로 20개 이하의 문을 열어서 1,048,575개 오름차순 수 리스트에서 특정 수의 위치를 알아낼 수 있다. 더 좋은 점은, 문이 두 배인 2,097,151개더라도 21개 이상 열 필요가 없다는 것이다. 단 하나만 더 열어보면 된다. 놀랍도록 효율적이다. 이것이 이진 배열 탐색이다.

이진 배열 탐색은 시간 복잡도 때문에 컴퓨터 과학의 기본 알고리즘이다. [코드 2-3]은 정렬된 리스트 A에서 target을 찾는 구현을 나타낸다.

코드 2-3 이진 배열 탐색

```
def binary_array_search(A, target):
  lo = 0
  hi = len(A) - 1          ❶

  while lo <= hi:          ❷
    mid = (lo + hi) // 2   ❸

    if target < A[mid]:    ❹
      hi = mid-1
    elif target > A[mid]:  ❺
      lo = mid+1
    else:
      return True          ❻

  return False             ❼
```

❶ lo와 hi가 0과 len(A) - 1의 리스트 인덱스에 범위에 포함되도록 설정한다.

❷ 탐색할 수 있는 값이 적어도 한 개 있으면 계속한다.

❸ A[lo .. hi] 범위에서 중앙값인 A[mid]를 찾는다.

❹ target이 A[mid]보다 작으면 mid의 왼쪽으로 이어서 찾는다.

❺ target이 A[mid]보다 크면 mid의 오른쪽으로 이어서 찾는다.

❻ target을 찾으면 True를 반환한다.

❼ lo가 hi보다 크면 탐색할 값이 더는 남아 있지 않다. A에는 target이 없다고 보고한다.

초기에 lo와 hi는 A의 가장 낮은 인덱스와 가장 높은 인덱스를 각각 설정한 것이다. 하위 리스트를 탐색하는 과정에서 정수 나눗셈을 통해 중앙값인 mid를 찾는다. A[mid]가 target이면 탐색은 끝이 난다. 그렇지 않다면 왼쪽 A[lo .. mid-1]이나 오른쪽 A[mid+1 .. hi]의 하위 리스트에서 탐색을 반복해야 함을 배웠다.

> NOTE_ A[lo .. mid]라는 표기는 lo부터 mid까지 포함하는 하위 리스트를 의미한다. lo > mid이면 하위 리스트는 비어 있다.

이 알고리즘은 N개 값이 정렬된 리스트에 특정 값이 존재하는지 확인한다. 루프가 반복됨에 따라 결국 target을 찾거나, hi가 lo보다 작아져 교차되면 루프가 종료된다.

2.8 이진 배열 탐색으로 리스트에서 값 찾기

이진 배열 탐색을 사용해 [그림 2-5]에 있는 리스트 값들 중 53을 찾아보자. 먼저 lo와 hi를 A의 경계 인덱스 위치로 설정한다. while 루프에서 mid를 계산한다. A[mid]가 19로 목푯값 53보다 작으므로, 코드는 elif 경우로 넘어가고 A[mid+1 .. hi]의 하위 리스트로 탐색을 재정의하기 위해 lo를 mid + 1로 설정한다. 밝은 회색으로 칠한 값은 더는 고려 대상이 아니다. 탐색할 하위 리스트의 크기는 해당 순회에서 반으로 줄어든다(7에서 3으로).

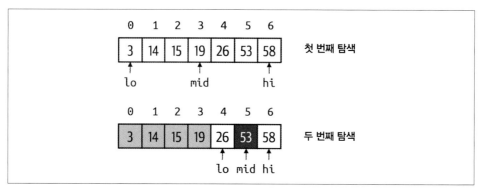

그림 2-5 정렬된 배열에 포함된 53 탐색하기

while 루프를 통한 두 번째 탐색에서 mid를 재계산해 A[mid]는 목푯값인 53과 동일하게 되었고 해당 함수는 True를 반환한다.

> **NOTE_** 이진 배열 탐색을 수행하기 전에 target ≥ A[0]고 target ≤ A[-1]인지 확인할 필요가 있을까? 확인한다면 정렬된 리스트에 있을 수 없는 목푯값을 찾는 의미 없는 탐색을 방지할 수 있다. 하지만 질문에 대한 답은 '확인할 필요가 없다'라는 것이다. 이렇게 하면 탐색하려는 값이 항상 A의 맨 끝 범위에 있는 경우 각 탐색에 **두 번**의 불필요한 비교가 추가된다.

이제 리스트에 없는 값을 탐색해보자. [그림 2-6]에서 목푯값 17을 탐색하기 위해 이전과 같이 lo와 hi를 초기화한다. A[mid]가 19로 목푯값 17보다 크므로 if 경우로 넘어가고 A[lo .. mid - 1]에서 다시 탐색을 진행한다. 밝은 회색으로 칠한 값은 더는 고려 대상이 아니다. 목푯값 17은 A[mid]=14보다 크므로 elif 라인을 실행하고 A[mid+1 .. hi]에서 탐색을 시도한다.

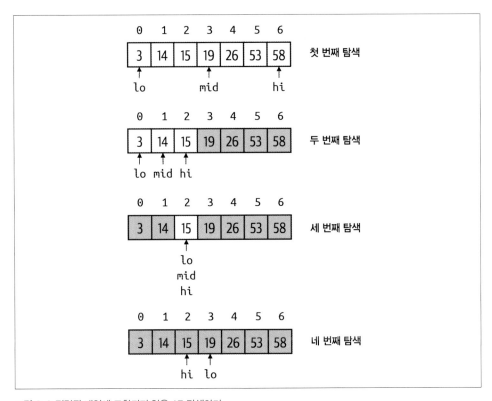

그림 2-6 정렬된 배열에 포함되지 않은 17 탐색하기

세 번째 while 루프에서 A[mid]가 목푯값 17보다 더 작은 값인 15가 된다. 다시 한번 elif 라인을 수행해 lo가 hi보다 더 높은 값으로 설정되어 [그림 2-6]의 마지막 그림과 같이 '교차' 가 일어난다.

2.9 이진 배열 탐색의 또 다른 기능

A에서 target의 포함 유무가 아니라 정확한 위치를 알고 싶다면 어떻게 해야 할까? 현재 이진 배열 탐색은 True나 False를 반환한다. [코드 2-4]와 같이 코드를 수정하면 target을 찾으 면 위치 인덱스인 mid를 반환한다.

코드 2-4 배열 A 내 target의 위치 반환하기

```python
def binary_array_search(A, target):
  lo = 0
  hi = len(A) - 1

  while lo <= hi:
    mid = (lo + hi) // 2

    if target < A[mid]:
      hi = mid-1
    elif target > A[mid]:
      lo = mid+1
    else:
      return mid            ❶

  return -(lo+1)            ❷
```

❶ mid가 target의 위치이므로 해당 값을 반환한다.

❷ target이 존재하지 않으면 lo+1의 값을 음수로 변환해 호출자에게 알린다.

A에 target이 없으면 무엇을 반환할까? 단순히 -1(유효하지 않은 위치 인덱스)을 반환할 수도 있지만 더 많은 정보를 반환할 기회가 있다. 만약 호출자에게 'target은 A에 없지만 A로 삽입한다면 해당 위치에 넣을 수 있다'라고 알려줄 수 있다면 어떨까?

[그림 2-6]을 다시 보자. 목푯값 17(A에 없는 값)을 탐색할 때, lo의 마지막 값은 17을 삽입할 수 있는 위치가 된다. -lo를 결과로 반환할 수 있으며, 이는 첫 번째 위치 인덱스인 0을 제외한 모든 인덱스가 될 수 있도록 (lo+1)에 음수를 취한 값을 반환한다. 음숫값 x를 받은 호출 함수는 target을 -(x + 1)의 위치에 넣을 수 있음을 알 수 있다. 음수가 아닌 값이 반환되면 그 값은 배열 A 내 target의 위치가 된다.

마지막으로 최적화가 남았다. [코드 2-4]에는 target과 A[mid] 간의 비교가 두 번 있다. 두 값이 모두 숫자이면 [코드 2-5]에서는 핵심 연산을 두 번 수행하는 대신에, 두 수의 차이를 단한 번만 계산하는 방법을 보여준다. 또한 이는 A[mid]에 단 한 번만 접근함을 보장한다.

```
diff = target - A[mid]
if diff < 0:
  hi = mid-1
elif diff > 0:
  lo = mid+1
else:
  return mid
```

target이 A[mid]보다 작으면, target < A[mid] 여부를 확인하는 것과 논리적으로 동일한 diff < 0이 된다. diff가 양수라면 target이 A[mid]보다 큼을 알 수 있다. 값이 숫자가 아닌 경우에도 어떤 프로그래밍 언어는 두 값의 상대적인 순서를 기반으로 음수, 0, 양수를 반환하는 compareTo()라는 함수를 제공한다. 이 연산을 사용하면 비용이 드는 비교 연산보다 더 효율적인 코드로 만들 수 있다.

TIP 리스트의 값이 내림차순으로 구성되었더라도 이진 배열 탐색을 사용할 수 있다. while 루프에서 업데이트되는 lo와 hi를 서로 바꾸면 된다.

크기가 N인 문제 인스턴스에서 이진 배열 탐색은 얼마나 효율적일까? 이 질문에 답하려면 최악의 경우에 while 루프가 강제로 실행되는 횟수를 계산해야 한다. 로그라는 수학적 개념이 해답을 알려줄 것이다.

로그가 동작하는 방식을 알아보기 위해 다음 질문을 고려하자. 1을 두 배로 만들기 시작해 33,554,432가 될 때까지 곱셈이 몇 번 이루어져야 하는가? 1, 2, 4, 8, 16, … 과 같이 직접 계산해볼 수도 있지만 정말 지루한 작업일 것이다. 수학적으로 나타내면 2^x=33,554,432에서 x 값을 찾는 것이다.

2^x는 밑수(값 2)와 지수(값 x)의 지수화^{exponentation}다. 나눗셈이 곱셈의 반대인 것과 마찬가지로 로그는 지수의 반대다. 2^x=33,554,432에서 x를 찾기 위해, 밑수 2를 사용해 $\log_2(33,554,432)$를 계산한 결과로 25.0을 얻는다. 계산기에 공식 2^{25}을 입력해보면 결과는 33,554,432다.

이 계산은 33,554,432를 2로 몇 번 나눌 수 있는지에 대한 답도 된다. 25회의 나눗셈 뒤에 1을 얻게 된다. log()는 부동소수점형으로 결과를 계산한다. 예를 들어 $\log_2(137)$은 대략 7.098032이다. 2^7=128이므로 137은 밑수가 2일 때 조금 더 높은 지수가 필요할 것이다.

이진 배열 탐색 알고리즘은 lo ≤ hi를 유지하는 한 while 루프를 반복할 것이다. 즉, 검색할 값이 있는 동안 반복하겠다는 것이다. 첫 순회는 N개 값으로 탐색을 시작하고, 두 번째 순회에서는 N/2개 이하(홀수이면 (N-1)/2)로 줄어든다. 연속적인 순회의 최대치를 결정하려면 N을 2로 몇 번 나누어야 1이 되는지 알 필요가 있다. 이 횟수는 정확히 k=$\log_2(N)$이니, 연속적인 순회에 대한 k에 N개의 값을 위해 첫 번째 시도 1를 추가해, while 루프의 총 횟수는 1+k가 된다. log()는 부동소수점형 값을 반환할 수 있고 우리는 순회에 대한 정수형 숫자가 필요하므로, x보다 작거나 같은 정수 중에 가장 큰 수를 계산하는 floor(x)라는 수학적 연산을 사용한다.

> **TIP** 휴대용 계산기에 $\log_2(X)$를 계산하는 버튼이 없을 수 있다. 대부분의 계산기 앱도 마찬가지다. 하지만 쉽게 $\log_2$를 계산할 수 있으니 걱정하지 말자. 예를 들어, $\log_2(16)$ = 4를 계산해보자. 계산기에서 16을 입력하고 log 버튼(밑수가 10 혹은 자연로그의 밑수인 e일 수 있다)을 누른다. 화면에는 1.20411998과 같은 끔찍한 숫자가 나타난다. 이제 /(나누기) 버튼을 누르고 2 버튼을 누른 다음 마지막으로 log 버튼을 다시 눌러보자. 이제 화면에는 0.301029995가 나타난다. 모든 희망이 사라진 것 같겠지만 등호 버튼을 눌러보자. 마법처럼 값 4가 나올 것이다. 일련의 연산은 $\log_2(X)=\log_{10}(X)/\log_{10}(2)$를 시연한 것이다.

이진 배열 탐색에서 while 루프는 floor($\log_2(N)$)+1회 이상 순회할 수 없다. 이 행동은 정말 대단하다. 정렬된 값 1만 개에서 while 루프를 통해 20회만 수행하면 어떤 값이든 위치를 찾을 수 있다.

> **TIP** 이 공식을 빠르게 검증하기 위해, 크기 N의 범위가 8에서 15까지인 문제 인스턴스에 대한 while 루프를 통해 순회 횟수를 계산해보자. 모든 경우에 대해 단 4회만 필요할 것이다. 예를 들어, 첫 순회에서 15개의 값으로 시작해 두 번째 순회에서 값이 7개인 하위 리스트를 탐색하고, 세 번째 순회에서는 값이 3개인 하위 리스트를 탐색한다. 마지막으로 값이 단 1개인 하위 리스트를 탐색하게 된다. 10개 값으로 시작한다면 각 순회당 탐색한 값의 수는 10 → 5 → 2 → 1이 되어 순회를 총 4회 수행하게 된다는 의미다.

이진 배열 탐색의 경험은 O(logN)라는 새로운 복잡도 클래스를 도출한다. 이는 **로그 복잡도 클래스**logarithmic complexity class라 불리며 f(N)=log(N)이다.

요약하자면 알고리즘의 시간 복잡도가 O(logN)이라고 한다면, 문제 인스턴스 크기가 어떤 임계값보다 크다면 알고리즘의 런타임 성능 T(N)은 상수 c에 대한 c×log(N)보다 항상 작다고 주장할 수 있다. 더 낮은 복잡도의 다른 복잡도 클래스로 이러한 주장을 할 수 없다면 이 주장은 옳다.

모든 복잡도 클래스를 우세한 순서로 나열하면 다음과 같다.

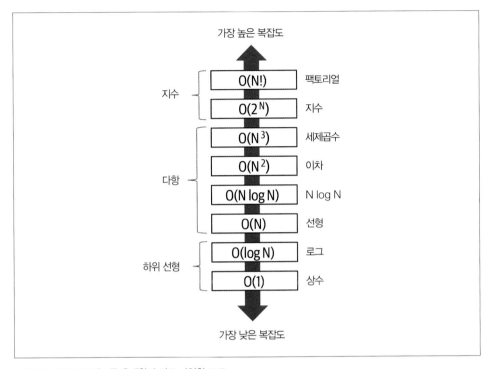

그림 2-7 복잡도 클래스를 우세한 순서로 나열한 도표

복잡도 클래스 수는 무한하지만 가장 일반적으로 사용되는 여덟 가지는 [그림 2-7]과 같다. 상수 시간 $O(1)$은 복잡도가 가장 낮으며 문제 인스턴스의 크기와 무관하게 상수 작업만 반영한다. 다음으로 높은 복잡도 클래스 $O(\log N)$은 로그이며, 앞서 이진 배열 탐색이 어떻게 이것으로 분류되는지 보았다. 이 두 클래스는 하위 선형이며 결과적으로 매우 효율적인 알고리즘이다.

선형 $O(N)$ 복잡도 클래스는 문제 인스턴스의 크기에 정비례하는 복잡도를 의미한다. 일련의 다항 클래스는 $O(N^2)$, $O(N^3)$, …, $O(N^c)$과 같이 고정 상수 c가 증가할수록 복잡도가 높아진다. $O(N)$과 $O(N^2)$ 사이에 끼어 있는 $O(N\log N)$은 알고리즘 설계자에게 이상적인 복잡도로 여겨진다.

[그림 2-7]의 도표는 시간 복잡도가 혼합되어 있는 경우 알고리즘 분류를 결정하는 데 유용하

다. 예를 들어, 알고리즘이 두 하위 단계를 포함하는데 하나는 시간 복잡도가 $O(N\log N)$이고 다른 하나는 $O(N^2)$이면 전체 복잡도는 무엇일까? 두 번째 하위 단계의 복잡도가 전체 복잡도에 지배적인 영향이 있으므로 알고리즘의 전반적인 분류는 $O(N^2)$이 된다. 실용적인 예로, 알고리즘에 대한 $T(N)$을 $5N^2+10,000,000 \times N \times \log(N)$으로 모델링했다면 $T(N)$의 복잡도는 $O(N^2)$이다.

마지막 두 복잡도 클래스인 지수와 팩토리얼은 비효율적이며, 아주 작은 문제 인스턴스를 해결할 때만 사용 가능한 알고리즘에 해당된다. 이 장의 마지막에서 이러한 복잡도 클래스를 다루는 연습 문제를 풀어보자.

2.10 알고리즘 성능 비교

[표 2-4]는 각 복잡도 클래스에 대한 $f(N)$의 계산을 나타낸다. 각 시간 복잡도(열)를 갖는 알고리즘이 크기가 N인 문제 인스턴스(행)를 처리하는 데 드는 예상 시간을 초로 나타낸다고 가정하자. 4,096은 약 1시간 8분이므로 1시간이 조금 넘는 시간 내에 다음과 같은 크기를 처리할 수 있다.

- $O(1)$ 알고리즘: 성능이 문제 인스턴스 크기와 무관
- $O(\log N)$ 알고리즘: 문제 인스턴스 크기 2^{4096}개 이하
- $O(N)$ 알고리즘: 문제 인스턴스 크기 4096개 이하
- $O(N\log N)$ 알고리즘: 문제 인스턴스 크기 462개 이하
- $O(N^2)$ 알고리즘: 문제 인스턴스 크기 64개 이하
- $O(N^3)$ 알고리즘: 문제 인스턴스 크기 16개 이하
- $O(2^N)$ 알고리즘: 문제 인스턴스 크기 12개 이하
- $O(N!)$ 알고리즘: 문제 인스턴스 크기 7개 이하

표 2-4 각 계산별 증가세

N	log(N)	N	N log N	N^2	N^3	2^N	N!
2	1	2	2	4	8	4	2
4	2	4	8	16	64	16	24
8	3	8	24	64	512	256	40,320
16	4	16	64	256	4,096	65,536	2.1×10^{13}
32	5	32	160	1,024	32,768	4.3×10^9	2.6×10^{35}
64	6	64	384	4,096	262,114	1.8×10^{19}	1.3×10^{89}
128	7	128	896	16,384	2,097,152	3.4×10^{38}	∞
256	8	256	2,048	65,536	16,777,216	1.2×10^{77}	∞
512	9	512	4,608	262,144	1.3×10^8	∞	∞
1,024	10	1,024	10,240	1,048,576	1.1×10^9	∞	∞
2,048	11	2,048	22,528	4,194,304	8.6×10^9	∞	∞

알고리즘을 가장 낮은 복잡도 등급으로 조사하는 이유는, 우리가 해결하고자 하는 문제들이 가장 빠른 컴퓨터를 사용하더라도 너무 크기 때문이다. 더 높은 복잡도 클래스는 본질적으로 작은 문제를 해결하는 시간조차 무한대이다. [그림 2-8]의 그래프가 이를 보여준다.

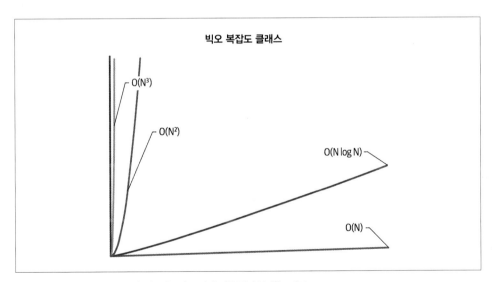

그림 2-8 복잡도 클래스와 문제 인스턴스의 크기에 따른 런타임 성능 지표

이렇게 매우 큰 수들은 일반적으로 [그림 2-8]과 같이 시각화한다. x축은 해결할 문제 인스턴스 크기를 나타내며 y축은 알고리즘별 총 예상 런타임 성능을 나타낸다. 알고리즘의 복잡도가 증가함에 따라 '합리적인 시간'에 해결이 가능한 문제 인스턴스의 크기는 감소한다.

다음과 같이 복잡한 시나리오를 고려해보자.

- 누군가가 알고리즘을 $O(N^2+N)$으로 분류한다면 당신의 응답은 무엇인가? [그림 2-7]의 우세 계층에서 N^2이 N보다 복잡도가 높으므로 $O(N^2+N)$은 $O(N^2)$으로 단순화할 수 있다. 비슷하게, $O(2^N+N^8)$은 $O(2^N)$으로 단순화할 수 있다.

- 알고리즘이 $O(50 \times N^3)$으로 분류된다면, 상수의 곱셈은 제거할 수 있으므로 $O(N^3)$으로 단순화할 수 있다.

- 알고리즘의 동작이 때로는 문제 인스턴스 크기 N보다 다른 속성에 더 의존적일 수 있다. 예를 들어, 숫자 값 N개를 런타임 성능이 N에 정비례하는 핵심 작업으로 처리하는 알고리즘을 고려하자. 이 알고리즘이 문제 인스턴스 내 모든 짝숫값을 처리하는 하위 작업을 가진다고 가정하자. 해당 하위 작업의 런타임 성능은 E^2(여기서 E는 짝숫값 개수)에 정비례한다. 당신은 아마 알고리즘의 런타임 성능을 $O(N+E^2)$으로 지정하고 싶을 것이다. 예를 들어, 만약 입력 세트에서 모든 짝숫값을 제거할 수 있다면 성능을 $O(N)$으로 평가할 수 있으며, 이는 주목할 만하다. E $\leq$ N이므로 모든 숫자가 짝수인 최악의 경우 알고리즘의 전체 분류는 $O(N^2)$이 된다.

2.11 곡선 피팅 vs. 상/하한

Scipy에서 제공하는 `curve_fit()` 함수는 모델 함수 f를 기존 데이터에 맞추기 위해 비선형 최소제곱법을 사용한다. 필자는 서로 다른 크기 N을 갖는 문제 인스턴스들과, 각 인스턴스를 해결할 때 알고리즘의 런타임 성능을 기반으로 하는 데이터를 사용한다. 이번 장에서 살펴본 `curve_fit()`의 결과는 미래 런타임 성능을 예측하기 위한 모델 함수와 함께 사용할 계수이다. 이러한 계수를 f에 적용하면 결과 모델은 실제 데이터와 예측 값 간의 오차 제곱의 합을 최소화한다.

이는 특정 문제 인스턴스에서 알고리즘 구현의 내부 동작의 대략적인 예측을 얻는 데 유용하다. 이 모델 자체가 알고리즘의 복잡도에 따라 입증된 상한 혹은 하한은 아니다. 우리는 알고리즘의 런타임 성능에 직접적 영향이 있는 핵심 연산의 수를 계산하는 모델을 개발하기 위해 알고리즘 구현을 리뷰해볼 필요가 있다.

크기가 N인 문제 인스턴스에 대한 알고리즘의 최악의 경우에서 핵심 연산의 수를 반영하는 정확한 모델 $f(N)$을 가질 때, 최악의 경우에 $O(f(N))$으로 분류한다. 이것은 상한이다. 상응하는 하한도 유사하게 도출해 알고리즘이 최악의 경우에 들여야 하는 최소한의 노력을 모델링할 수 있다. 표기법 $\Omega(f(N))$은 알고리즘의 하한의 분류를 기술하는 데 사용한다.

앞서 이진 배열 탐색을 알아보면서 while 루프는 $floor(log_2(N))+1$보다 더 순회할 수 없음을 확인했다. 최악의 경우에 $f(N)=log(N)$을 사용해, 이진 배열 탐색을 공식적으로 $O(logN)$으로 분류한다는 의미다. 이진 배열 탐색에서 최상은 무엇일까? 목푯값이 A[mid]에서 찾아진다면 함수는 while 루프 1회 수행 후에 바로 반환할 것이다. 문제 인스턴스의 크기에 독립적인 상수이므로, 최상의 경우에 이진 배열 탐색을 $O(1)$으로 분류할 수 있다는 의미다. 많은 프로그래머들이 빅오 표기법을 최악의 경우에만 사용한다고 여기지만 최상과 최악의 경우 모두 분석에 사용할 수 있다.

TIP 때때로 그리스 대문자 세타^{theta}를 사용한 알고리즘 시간 복잡도 $\theta(NlogN)$을 볼 수 있다. 이 표기법은 일반적으로 알고리즘에 대한 평균적인 경우를 분석하는 데 사용한다. 상한이 $O(NlogN)$이고 하한이 $\Omega(NlogN)$이라는 의미다. 이는 수학적으로 엄격한 경계로 알려져 있으며 알고리즘의 런타임 성능이 상당히 예측 가능하다는 최상의 증거를 제시한다.

2.12 요약

1장과 2장에서 아주 많은 부분을 다루었지만, 알고리즘 분석에 관해 배워야 할 것들이 아직 많이 남았다. 앞서, 알고리즘의 구현 방법에 독립적인 동작 방식을 설명하는 예제를 몇 가지 소개했다. 20세기 중반에는 연구자들이 새로운 알고리즘을 발견하는 동안, 컴퓨팅 기술의 발전에 따라 이러한 알고리즘을 실행하는 컴퓨터의 성능이 극적으로 향상되었다. 점근적 분석은 컴퓨팅 플랫폼에 의존하지 않고 알고리즘 성능을 독립적으로 평가하기 위한 기반을 제공한다. 문제 인스턴스 크기에 따른 알고리즘 동작을 설명하고자 몇 가지 시간 복잡도를 정의하고 [그림 2-8]에 시각화했다. 이런 시간 복잡도 클래스는 책 전반에서 알고리즘 동작을 빠르게 요약하는 표기법으로 사용할 것이다.

2.13 연습 문제

1. [표 2-5]의 각 코드 조각의 시간 복잡도를 평가하자.

표 2-5 분석할 코드 조각

| 코드-1 | ```
for i in range(100):
    for j in range(N):
        for k in range(10000):
            ...
``` |
|---|---|
| 코드-2 | ```
for i in range(N):
    for j in range(N):
        for k in range(100):
            ...
``` |
| 코드-3 | ```
for i in range(0,N,2):
    for j in range(0,N,2):
        ...
``` |
| 코드-4 | ```
while N > 1:
    ...
    N = N // 2
``` |
| 코드-5 | ```
for i in range(2,N,3):
    for j in range(3,N,2):
        ...
``` |

2. 이 장에서 설명한 기술을 이용해 [코드 2-6]의 f4 함수가 반환하는 **ct**의 값을 모델링하자.

코드 2-6 분석할 예제 함수

```
def f4(N):
    ct = 1
    while N >= 2:
        ct = ct + 1
        N = N ** 0.5
    return ct
```

이 장에서 사용한 모델 중 어느 것도 정확하지 않을 것이다. 대신에 밑수가 2인 $a \times \log(\log(N))$을 기반으로 모델을 개발해보자. $N=2^{50}$까지 모델과 실제 결과를 비교하는 표를 구성하자. 이 동작의 알고리즘은 $O(\log(\log(N)))$으로 분류할 수 있을 것이다.
```

3. 값의 리스트를 정렬하는 한 가지 방법은, [코드 2–7]과 같이 정렬된 것을 찾을 때까지 각 순열permutation을 생성해보는 것이다.

코드 2-7 리스트에서 순열을 생성하기 위한 코드

```python
from itertools import permutations
from scipy.special import factorial

def factorial_model(n, a):
  return a*factorial(n)

def check_sorted(a):
  for i, val in enumerate(a):
    if i > 0 and val < a[i-1]:
      return False
  return True

def permutation_sort(A):
  for attempt in permutations(A):
    if check_sorted(attempt):
      A[:] = attempt[:]          # A로 다시 복사
      return
```

permutation_sort()를 사용해 요소가 최대 12개인 최악의 문제 인스턴스(예를 들어, 값들이 내림차순인 경우)를 정렬한 결과로 표를 생성하자. factorial_model()을 사용해 예비 결과에 맞는 곡선을 그리고, 모델이 성능을 얼마나 정확히 예측하는지 확인하자. 이 결과에 따르면 크기가 20인 최악의 문제 인스턴스에서 런타임 성능의 추정치(연 단위)는 얼마일까?

4. N의 범위가 2^5에서 2^{21}까지인 이진 배열 탐색의 무작위 시도 50,000회에 대한 경험적 증거를 생성하자. 각 시도에서 random.sample()을 사용해 0 .. 4N 범위에서 N 값을 무작위로 선택하고, 이 값들을 정렬해 배치해야 한다. 그런 다음 각 시도마다 같은 범위에서 임의 목푯값을 탐색해야 한다.

이 장에서 설명한 결과를 이용해, curve_fit()을 사용해 N의 범위가 2^5에서 2^{21}까지일 때 런타임 성능의 결과를 모델링하는 logN 모델을 개발하자. 동작이 안정화되는 문제 인스턴스 크기의 임계값을 결정하자. 데이터를 시각화해 계산된 모델이 경험적 데이터를 정확하게 모델링하는지 확인해보자.

5. 우리는 일반적으로 시간 복잡도를 고려하는데, [코드 2-8]의 정렬 알고리즘도 함께 알아보자.

코드 2-8 리스트에서 반복적으로 최댓값을 제거해 정렬하는 코드

```
def max_sort(A):
    result = []
    while len(A) > 1:
        index_max = max(range(len(A)), key=A.__getitem__)
        result.insert(0, A[index_max])
        A = list(A[:index_max]) + list(A[index_max+1:])
    return A + result
```

이 장에서 설명한 결과를 사용해 max_sort의 공간 복잡도를 측정해보자.

6. 은하계 알고리즘galactic algorithm은 문제 인스턴스 크기가 '충분히 클' 때, 어느 알고리즘보다 시간 복잡도가 나은 알고리즘이다. 예를 들어, 데이비드 하비David Harvey와 요리스 반 데르 호븐Joris van der Hoeven이 2020년 11월에 발표한 N자리 수 곱셈 알고리즘은 N이 2^Z(여기서 지수 Z는 1729^{12}인데, 이미 천문학적으로 큰 수로 약 7×10^{38}이다)보다 크면 런타임 성능이 $O(N\log N)$이다. 이제 2를 이처럼 엄청나게 큰 수까지 올려보자. 이러한 알고리즘은 실용적이진 않지만, 매우 도전적인 문제들에 돌파구가 있다는 희망을 준다.

7. [표 2-1]은 크기가 다른 세 가지 데이터 세트의 성능 측정치를 나타낸다. 세 행 중 두 행만 알고 있다면 이차 시간 알고리즘의 성능을 예측할 수 있는가? 일반적으로 성능 측정치의 K개 행을 안다면, 모델에서 효율적으로 사용 가능한 최고 다항식은 무엇인가?

해싱

이 장에서 배울 내용은 다음과 같다.

- 심볼 테이블에 (키, 값) 쌍을 저장하고 키와 연관된 값을 가져오는 방법[1]

- 배열에 (키, 값) 쌍을 저장하는 방법. 저장된 쌍의 수에 비해 배열의 크기가 충분히 크면 효율적인 탐색을 할 수 있다.

- 연결 리스트의 배열에 (키, 값) 쌍을 저장하는 방법. 이때 키를 제거하는 기능을 추가로 사용할 수 있다.

- 효율성을 유지하면서 심볼 테이블 크기를 조정하는 방법

- 연속적인 호출로 연산의 동작이 변경될 수 있는 경우에 평균 런타임 성능을 결정하기 위한 분할 상환 분석amortized analysis

- 기하학적 크기 재조정으로 비용이 큰 크기 조정 연산의 빈도를 줄이는 방법[2]

- 계산적 해시 함수가 키 값을 균일하게 분포시켜 심볼 테이블 구현의 효율성을 보장하는 방법

---

1 이 장에 전반에 걸쳐 (키, 값) 표기법은 단일 단위로 간주되는 정보의 쌍을 표현한다.

2 옮긴이_ put()이 평균적으로 상각amortized O(1) 성능으로 처리되며, 가끔 크기 조정 이벤트가 발생하면 성능이 O(N) 이상이 된다.

3.1 키와 연관된 값

값을 단순히 저장하는 대신에, 특정 키와 값을 연결하는 (키, 값) 쌍의 컬렉션을 저장할 필요가 있다. 이는 주어진 키에 연관된 값을 찾도록 해주는 **심볼 테이블**symbol table 데이터 타입으로 알려져 있다. 해싱은 (키, 값) 쌍을 찾기 위해 처음부터 끝까지 수동으로 탐색하는 것보다 효율적인 대안이 되며, 앞서 다룬 탐색 알고리즘들을 능가한다. 심볼 테이블은 키(및 해당하는 값)를 제거하는 과정에도 효율적일 수 있다. 모든 키를 특정 순서로(예를 들면 오름차순으로) 얻어오는 기능을 포기해야 하지만, 심볼 테이블의 결과는 개별 키와 연관된 값을 얻거나 저장하는 데 최적의 성능을 제공한다.

특정 해의 특정 달에 해당하는 달력을 출력하는 print_month(month, year) 함수를 작성한다고 해보자. 예를 들어, print_month('February', 2024)는 다음과 같이 출력할 것이다.

```
    February 2024
 Su Mo Tu We Th Fr Sa
                1  2  3
  4  5  6  7  8  9 10
 11 12 13 14 15 16 17
 18 19 20 21 22 23 24
 25 26 27 28 29
```

어떤 정보가 필요할까? 그 해, 그 달의 첫째 날이 무슨 요일인지(예제에서는 목요일) 알아야 하며, 2월은 28일까지(2024년과 같이 윤년일 때는 29일까지)임을 알 필요가 있다. 길이가 고정된 배열 month_length를 사용해, 그 해 각 달의 날수를 저장한다.

```
month_length = [ 31, 28, 31, 30, 31, 30, 31, 31, 30, 31, 30, 31]
```

첫째 달인 1월은 31일까지이므로 month_length[0] = 31이다. 다음 2월은 28일까지이므로 리스트의 다음 값은 28이 된다. 마지막 달은 12월이고 31일까지이므로 month_length의 마지막 값은 31이다.

지금까지 이 책에서 제시한 내용을 바탕으로, key_array를 동일한 길이로 저장하고 특정 달을 검색해 month_length에서 대응되는 값을 결정할 수도 있다. 다음 코드는 2월(February)이 28일임을 출력한다.

```
key_array   = [ 'January', 'February', 'March', 'April', 'May', 'June', 'July',
                'August', 'September', 'October', 'November', 'December' ]

idx = key_array.index('February')
print('February has', month_length[idx], 'days')
```

이 코드 조각은 찾으려는 달이 리스트의 마지막 값(December)이거나 이름이 유효하지 않은 최악의 경우에도 동작한다. 이는 배열의 값을 모두 조사해봐야 한다는 의미다. 따라서 키에 연관된 값을 찾는 시간은 저장된 키의 수에 정비례한다. (키, 값) 쌍이 수십만 개이면 이러한 접근은 사용하지 못할 정도로 비효율적이다. 이러한 시작점이 주어졌을 때 print_month()를 구현해보자. [코드 3-1]은 파이썬 모듈인 datetime과 calendar를 사용한 구현이다.

코드 3-1 특정 해와 달에 해당하는 달력을 알아보기 쉽게 출력하는 코드

```
from datetime import date
import calendar

def print_month(month, year):
  idx = key_array.index(month)              ❶
  day = 1

  wd = date(year,idx + 1,day).weekday()     ❷
  wd = (wd + 1) % 7                          ❸
  end = month_length[idx]                    ❹
  if calendar.isleap(year) and idx == 1:     ❺
    end += 1

  print('{} {}'.format(month,year).center(20))
  print('Su Mo Tu We Th Fr Sa')
  print('   ' * wd, end='')                  ❻
  while day <= end:
    print('{:2d} '.format(day), end='')
    wd = (wd + 1) % 7                        ❼
    day += 1
    if wd == 0: print()                      ❽
  print()
```

❶ month_length에 사용할 인덱스를 0과 11 사이 정수로 찾는다.

❷ 특정 달 첫째 날의 요일을 반환한다. 0은 월요일이다. date()의 달 인자는 정수 1과 12 사이여야 하므로 idx + 1 을 사용한다.

❸ 월요일 대신 일요일을 값 0으로 조정한다.

❹ 입력 매개변수에 대응하는 달의 길이를 결정한다.

❺ 윤년이면 2월(February, 인덱스가 0에서 시작하므로 2월은 인덱스가 1)은 29일이 된다.

❻ 첫째 주 1일이 올바른 자리에서 시작하도록 공백을 추가한다.

❼ 다음 날을 위해 날과 요일을 1만큼 증가시킨다.

❽ 새로운 라인을 시작하기 위해 일요일(Sunday) 전에 줄 바꿈을 삽입한다.

(키, 값) 쌍이 N개인 컬렉션에서 특정 키에 연관된 값을 찾는 작업의 경우, 배열 인덱스에 접근하는 횟수를 계산해 효율성을 판단한다. key_array에서 문자열을 찾는 함수는 배열 인덱스 위치를 N개까지 조사해야 하므로 함수의 성능은 $O(N)$이 된다.

> **NOTE_** 파이썬은 배열 대신 list 자료구조를 제공한다. 리스트는 동적으로 크기가 커질 수 있지만 이 장에서는 해당 기능을 이용하지 않으므로 계속 **배열**이라는 용어를 사용한다.

파이썬에는 키와 값을 연관시키는 내장 dict 타입('dictionary'의 약어)이 있다. 다음 코드에서 days_in_month는 dict로, 대문자로 시작하는 영문 달 이름을 포함하는 문자열 키와 정수형 값(그 달의 길이를 표현)을 연결한다.

```
days_in_month = { 'January'  : 31,  'February'  : 28,  'March'     : 31,
                  'April'    : 30,  'May'       : 31,  'June'      : 30,
                  'July'     : 31,  'August'    : 31,  'September' : 30,
                  'October'  : 31,  'November'  : 30,  'December'  : 31 }
```

다음 코드는 April에는 30일이 있다고 출력한다.

```
print('April has', days_in_month['April'], 'days')
```

dict 타입은 해당 변수에 포함된 (키, 값) 쌍의 수와 무관하게, 평균적으로 $O(1)$의 성능으로 키의 위치를 찾는다. 이는 마치 마술사가 모자에서 토끼를 꺼내는 것처럼 엄청난 성과다! dict에 관해서는 8장에서 더 자세히 알아보기로 하고, 지금은 어떻게 동작하는지만 살펴보자. 다음 코드는 이것이 어떻게 발생하는지에 관한 수학적 직관을 제공한다. 핵심 아이디어는 문자열을 숫자로 바꾸는 것이다.

문자 'a'를 값 0으로, 'b'를 1로, 쭉 이어서 'z'를 25로 가정해보자. 그렇다면 'June'은 26 진수로 가정하고, 10진수로 표현하려면 $j \times 17,576 + u \times 676 + n \times 26 + e = 172,046$과 같이 계산하면 된다.[3] 해당 계산은 [코드 3-2]에서 보인 base26() 메서드의 구조를 반영해 $26 \times (26 \times (26 \times j + u) + n) + e$로도 작성할 수 있다.

코드 3-2 26진수로 가정해 단어를 정수로 변환하는 코드

```
def base26(w):
  val = 0
  for ch in w.lower():              ❶
    next_digit = ord(ch) - ord('a')  ❷
    val = 26*val + next_digit        ❸
  return val
```

❶ 모든 문자를 소문자로 변환한다.

❷ 각 위치의 문자를 숫자로 계산한다.

❸ 총 값을 누적하고 반환한다.

base26()은 ord() 함수를 사용해 단일 문자(예를 들면 'a')를 아스키[ASCII] 표현[4] 정수로 변환한다. 아스키코드는 알파벳순으로 되어 있으므로 ord('a') = 97, ord('e') = 101, ord('z') = 122이다. 'e'에 연관된 값을 찾으려면 간단히 ord('e') - ord('a')를 계산해, 'e'를 나타내는 값이 4임을 확인하자.

문자열에 대한 base26()을 계산할 때 결과로 나타나는 숫자는 빠르게 커진다. 'June'을 계산하면 값 172,046이지만 'January'는 2,786,534,658이 된다.

어떻게 하면 이러한 숫자를 더 관리하기 좋은 크기로 줄일 수 있을까? 당신은 대부분의 프로그래밍 언어에서 제공되는 **모듈러**[modulo] 연산자인 %를 알고 있을 것이다. 이 연산자는 큰 정수(예를 들면 base26(month) 계산)를 더 작은 정수로 나눴을 때 나머지 정수를 반환한다.

---

3 $26^3 = 17,576$

4 원래는 영문자에 기반하는 아스키는 128개 문자(일반적으로 타자기 자판에서 볼 수 있다)를 7비트 정수로 인코딩한다. 대소문자를 구분하므로 ord('A') = 65이고, ord('a') = 97이다.

TIP 우리는 모듈러를 실생활에서 흔히 사용한다. 예를 들어, 지금이 오전 11시라면 50시간 후에는 몇 시가 될까? 우리는 24시간이 지나면 다시 한번 오전 11시(다음날)가 되고, 48시간 후에는 또 다시 한번 11시(이튿날)가 된다는 것을 알고 있다. 그러면 나머지는 2시간이 되어, 50시간 후에는 오후 1시가 된다고 말할 수 있다. 수학적으로 표현하면 50%24=2이다. 다시 말하면, 50을 24로 나누면 2가 남으므로 균등하게 나눌 수 없다. N과 M이 양의 정수일 때 N%M의 결과는 0과 M−1사이 정수임이 보장된다.

필자는 실험을 통해, 12가지 영어 달 이름으로 base26(m)%34를 계산해보면 각 달마다 다른 정수가 나온다는 것을 알아냈다. 예를 들어 base26('August')는 9,258,983으로 계산되며, 9,258,983%34=1임을 확인할 수 있다. [그림 3-1]이 나타내듯, 값 34개를 포함하는 단일 배열을 생성한다면 (키, 값) 쌍의 수와 독립적으로, day_array에서 연관된 인덱스를 계산함으로써 특정 달의 날수를 결정할 수 있다. 예를 들어 August는 31일을 포함한다는 의미다. 마찬가지로 February에 대해 계산하면 28일을 포함한다는 것을 알 수 있다.

여기서 알아낸 것에 대해 잠시 생각해보자. 배열에서 키를 순차적으로 탐색하는 대신에 키 자체로 단순한 계산을 수행해 연관된 값을 포함하는 인덱스 위치를 계산할 수 있게 됐다. 이 계산을 수행하는 시간은 저장된 키의 수에 독립적이다. 이는 중요한 진전이다!

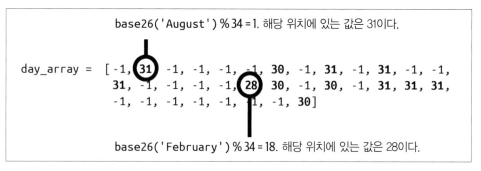

그림 3-1 불필요한 −1 값으로 채워진 달 길이 배열

하지만 이는 많은 작업을 수반한다. 고유 인덱스 위치를 계산하기 위해 특별한 공식을 만들고, 34개 정수를 포함하지만 관련된 값은 단 12개인 배열을 만들어야 했다(전체의 반 이상은 쓸모 없는 값이라는 의미). 예시에서 N은 12이고 필요한 저장 공간의 양인 M은 34가 된다.

어떤 문자열 s가 주어졌을 때, 인덱스 위치 base26(s) % 34에 있는 day_array의 값이 −1이면 s가 유효하지 않은 달임을 알 수 있다. 이것은 좋은 기능이다. day_array[base26(s)%34]

> 0일 때마다 주어진 문자열 s가 유효한 달의 이름인지 확인하고 싶을 수 있는데, 그것은 옳지 않다. 예를 들어, 문자열 'abbreviated'를 계산하면 'March'와 같은 인덱스 위치로 계산되어 'abbreviated'가 유효한 달이라고 잘못 알려줄 수 있다. 이는 나쁜 기능이다. 지금부터 해당 이슈를 해결하는 방법을 알아보자.

3.2 해시 함수와 해시 코드

base26()은 임의 크기의 키를 32비트나 64비트 정수와 같은 크기가 고정된 해시 코드 값과 매핑하는 **해시 함수**hash function의 예다. 32비트 정수는 −2,147,483,648과 2,147,483,647 사이의 값이고 64비트 정수는 −9,223,372,036,854,775,808과 9,223,372,036,854,775,807 사이의 값이다. 보다시피 해시 코드는 음수일 수 있다.

수학자들은 수십 년간 해싱을 연구하며 구조적 데이터를 고정 길이의 정수로 변환하는 계산을 개발했으며 프로그래머들은 이를 활용할 수 있다. 대부분의 프로그래밍 언어가 임의 데이터에 대한 해시 코드를 계산하는 내장 지원을 가지기 때문이다. 파이썬은 불변의 객체에 대한 hash() 메서드와 같은 것을 제공한다.

> NOTE_ 해시 함수에 필요한 단 한 가지 속성은 서로 같은 두 객체는 반드시 동일한 해시 코드를 계산해야 한다는 것이다. 해시 코드는 단순히 임의의 숫자가 아니다. 문자열과 같은 불변 객체를 해싱할 때, 계산된 해시 코드는 대개 전체 계산을 줄이기 위해 저장된다.

해시 함수는 각 키에 대해 **유일한 해시**를 계산할 필요가 없다. 이것은 너무나도 큰 계산 과제이다(하지만 이 장 마지막에서 완벽한 해싱에 대한 내용을 볼 수 있다). 대신에 hash(key) % M 표현식은 정수를 모듈러 연산을 사용해 0과 M−1 사이의 값을 보장하도록 계산한다.

[표 3-1]은 몇 가지 문자열 키에 대한 64비트 hash() 값과 해당 해시 코드 모듈러 표현식의 값을 나열한다. 수학적으로 두 키가 정확히 동일한 hash()를 가질 확률은 없다고 생각해도 될 정도로 작다.[5] 여기에는 잠재적인 해시 코드 충돌 두 개가 있다. smell과 rose는 둘 다 해시 코

---

5 자바는 32비트 해시 함수 값을 계산하며 때로는 두 문자열 키가 정확히 동일한 hash() 값을 가지기도 한다. 예를 들어 misused와 horsemints의 해시 값은 1,069,518,484로 동일하다.

드가 6이고, name과 would의 해시 코드는 10이다. 서로 다른 문자열 두 개가 정확히 동일한 해시 코드 값을 가질 수 있다고 예상할 수 있다.

표 3-1 테이블 크기가 15인 hash()와 해시 코드 표현식 예

key	hash(key)	hash(key) % 15
a	−7,995,026,502,214,370,901	9
rose	−3,472,549,068,324,789,234	6
by	−6,858,448,964,350,309,867	8
any	2,052,802,038,296,058,508	13
other	4,741,009,700,354,549,189	14
name	−7,640,325,309,337,162,460	10
would	274,614,957,872,931,580	10
smell	7,616,223,937,239,278,946	6
as	−7,478,160,235,253,182,488	12
sweet	8,704,203,633,020,415,510	0

hash(key) % M을 사용해서 key에 대한 해시 코드를 계산했다면, M은 연관된 값을 모두 저장할 공간을 만들기 위해 최소한 예상되는 키의 개수만큼 커야 한다.[6]

> **NOTE_** 현재 자바와 파이썬 2가 문자열에 대한 예상 가능한 해시 코드를 계산한다. 파이썬 3에서는 문자열에 대한 기본 hash() 코드 값에는 예측 불가능한 임의 값인 '솔트salt'가 추가된다. 비록 개별 파이썬 처리 내에서 일정하게 유지되지만 사이버 보안 조치로 파이썬을 반복적으로 호출하는 사이에는 예측할 수가 없다. 특히 해커가 특정 해시 코드 값을 생산하는 키를 만들 수 있다면, 이 장에서 정의한 해시 테이블의 성능은 O(N)으로 떨어지며 서비스 거부 공격denial-of-service으로 이어진다.[7]

---

6 자바에서 hash(key)의 결과가 음수라면 % 연산은 음수를 반환할 것이므로 공식은 반드시 (key.hashCode() & 0x7fffffff) % M 으로, 모듈러 M 계산 전에 먼저 음수 해시 계산을 양의 정수로 변환해야 한다.

7 더 많은 것을 배우려면 https://oreil.ly/C4V0W를 보고 이 장의 마지막에 있는 연습 문제를 풀어보자.

3.3 (키, 값) 쌍에 대한 해시 테이블 구조

다음 Entry 구조체는 (키, 값) 쌍을 저장한다.

```
class Entry:
  def __init__(self, k, v):
    self.key = k
    self.value = v
```

[코드 3-3]은 Entry 객체를 M개까지 저장 가능한 table 배열을 구성하는 HashTable 클래스를 정의한다. 배열에서 이런 M개의 인덱스 위치 각각을 **버킷**bucket이라 부른다. 첫 시도에서 버킷은 비어 있거나 단일 Entry 객체를 포함할 수 있다.

코드 3-3 비효율적인 해시 테이블 구현

```
class Hashtable:
  def __init__(self, M=10):
    self.table = [None] * M       ❶
    self.M = M

  def get(self, k):               ❷
    hc = hash(k) % self.M
    return self.table[hc].value if self.table[hc] else None

  def put(self, k, v):            ❸
    hc = hash(k) % self.M
    entry = self.table[hc]
    if entry:
      if entry.key == k:
        entry.value = v
      else:                       ❹
        raise RuntimeError('Key Collision: {} and {}'.format(k, entry.key))
    else:
      self.table[hc] = Entry(k, v)
```

❶ Entry 객체 M개를 가지도록 table을 할당한다.

❷ get() 함수는 k에 대한 해시 코드와 연관된 entry의 위치를 찾고 해당 값이 있다면 반환한다.

❸ put() 함수는 k에 대한 해시 코드와 연관된 entry의 위치를 찾고, 있으면 값을 덮어쓰고 없다면 새로운 엔트리로 저장한다.

❹ 서로 다른 두 키가 해시 코드 값으로 식별된 동일한 버킷에 매핑되면 충돌이 발생한다.

해당 해시 테이블을 다음과 같이 사용할 수 있다.

```
table = Hashtable(1000)
table.put('April', 30)
table.put('May', 31)
table.put('September', 30)

print(table.get('August'))      # 미스(miss): 존재하지 않는 키이므로 None을 출력
print(table.get('September'))   # 히트(hit): 30을 출력
```

모든 것이 정상적으로 동작한다면 객체 1,000개를 저장할 수 있는 배열에 Entry 객체 3개가 이 3개의 (키, 값) 쌍에 대해 생성될 것이다. put()과 get()의 성능은 배열 내 Entry 객체 개수와는 독립적이므로 각 행동은 상수 시간 성능, 즉 O(1)으로 고려될 수 있다.

get(key)가 key에 대한 해시 코드로 식별된 버킷에서 Entry를 찾는 데 실패하면 **미스**miss가 발생한다. get(key)는 인자로 들어오는 key가 일치하는 key의 Entry를 찾으면 **히트**hit가 발생한다. 두 동작은 일반적이다. 하지만 두 키에 대한 해시 코드가 같은 버킷을 계산하는 경우에 발생하는 **충돌을 해결할 전략**은 여전히 없다. 충돌을 해결할 수 없다면 다른 키에 대해 존재하는 Entry에 값을 덮어쓰게 되어 Hashtable은 키를 잃어버리게 되는데, 이를 반드시 막아야 한다.

3.4 선형 조사로 충돌 검출 및 해결하기

두 엔트리 e1 = (key1, val1)과 e2 = (key2, val2)가 있을 때, key1이 key2와 다름에도 불구하고 두 엔트리가 각 키에 대해 같은 해시 코드를 공유하는 일이 발생할 수 있다. [표 3-1]에서 'name'과 'would'는 해시 코드가 10으로 같다. e1이 먼저 Hashtable에 들어간다고 가정하자. 당신은 같은 Hashtable에 e2를 넣으려고 시도한 후 해시 충돌을 맞이하게 될 것이다. 이는 식별된 버킷이 비어 있지 않고, (e2에 대한 키인 key2와 다른) key1을 갖는 Entry가 들어 있기 때문이다. 이 충돌을 해결할 수 없다면 e1과 e2를 같은 Hashtable에 저장할 수 없게 된다.

개방 주소법 Open addressing은 put()에서 충돌이 발생하면 table의 대안 위치를 조사(혹은 탐색)해 해시 충돌을 해결한다. 한 가지 일반적인 접근은 선형 조사linear probing다. 해시 코드로 지정된 엔트리에 다른 엔트리가 포함된 경우 put()은 table에서 인덱스를 1씩 올려가면서 다음으로 사용 가능한 빈 버킷을 찾는다. 빈 버킷을 찾지 못하고 배열의 끝에 도달한 경우 put()은 table의 인덱스 위치 0에서 시작해 계속 탐색한다. 항상 빈 버킷 하나를 유지하므로 이 탐색은 성공을 보장한다. 마지막 남은 빈 버킷에 엔트리를 넣으려는 시도는 해시 테이블이 가득 찼음을 나타내는 런타임 오류와 함께 실패한다.

해당 접근이 동작하는 이유가 궁금할 것이다. 엔트리는 해당 hash(key)와 다른 인덱스 위치에 추가될 수 있는데, 이후에 어떻게 찾아야 할까? 먼저, 엔트리는 Hashtable에서 절대로 제거할 수 없고 단지 추가만 할 수 있다. 다음으로, 더 많은 Entry 객체가 table 구조체의 버킷에 추가될수록 table에서 비어 있지 않은 긴 버킷이 줄을 설 것이다. 엔트리 e1은 이제 다음 빈 버킷이 발견될 때까지(필요에 따라 처음으로 돌아가서) hash(e1, key)에서 혹은 오른쪽으로 탐색된 다른 위치에 있을 수 있다.

충돌 해결을 보기 위해 [그림 3-2]에서(해당 키만 보여준다) M=7인(버킷이 7개인) Hashtable에 엔트리 5개를 추가하자. 밝은 회색으로 음영 처리된 버킷은 비어 있다. 키 20은 table[6]에 삽입된다(20%7=6). 비슷하게 15는 table[1]에, 5는 table[5]에 추가된다.

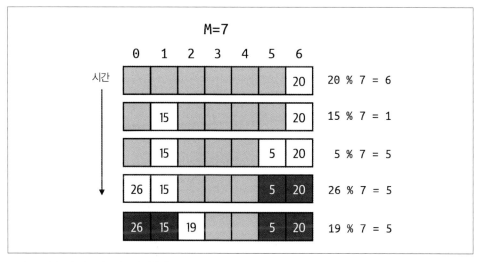

그림 3-2 (키, 값) 엔트리 5개를 추가한 후 Hashtable 구조체의 저장 공간

키가 26인 엔트리를 추가하면 충돌이 발생하는데, table[5]에 이미 키가 5인 엔트리가 들어 있기 때문이다([그림 3-2]에 음영 처리). 따라서 선형 조사는 다음으로 table[6]을 확인하는 데 그것도 가용하지 않아 다음 가용 버킷인 table[0]에 값을 추가한다(개방 주소법은 다음 가용한 빈 인덱스 위치를 탐색할 때 처음으로 다시 돌아갈 수 있다). 키가 19인 엔트리를 추가할 때도 마찬가지로 모든 비어 있지 않은 버킷과 충돌을 일으키므로 엔트리는 마침내 table[2]에 위치하게 된다.

[그림 3-2]에 있는 Hashtable에 엔트리 하나를 추가로 넣을 수 있다(빈 버킷을 한 개 남겨야 하기 때문). 키가 44인 엔트리는 어디에 넣을 수 있을까? 해당 키의 해시 코드는 44%7=2이며 이미 점유되어 있다. 다음으로 해당 엔트리를 위치시킬 수 있는 버킷은 table[3]이다. get() 과 put()은 같은 탐색 전략을 사용하므로 get(44)를 실행하면 마침내는 해당 엔트리를 찾을 수 있다.

> **NOTE_** 개방 주소법 Hashtable에서 해시 코드 hc에 대한 엔트리의 **체인**chain은 table에서 일련의 연속적인 Entry 객체다. 이러한 연결은 주어진 table[hc]에서 시작하고, 다음으로 가용한 사용되지 않은 table 인덱스 위치를 포함하지 않고 오른쪽으로 확장(필요시 table의 첫 번째 인덱스로 이동)한다. [그림 3-2]에서 해시 코드가 5인 키를 갖는 엔트리는 단 3개뿐이지만, 해시 코드 5에 대한 체인은 길이가 5다. 또한, 해시 코드가 2인 키는 없지만 이전 충돌로 인해 해시 코드 2에 대한 체인의 길이는 I이 된다. 버킷 하나는 빈 채로 남겨둬야 하므로 체인의 최대 길이는 M-I이 된다.

[코드 3-4]는 개방 주소법을 지원하기 위한 Hashtable의 수정을 보여준다. Entry 클래스는 변경되지 않았다. Hashtable은 실행 횟수 N으로 저장된 엔트리 개수를 추적하므로 사용되지 않은 버킷이 최소 한 개 있다는 것을 보장한다(빈 버킷이 어디에 있는지 추적할 필요는 없다!). 이는 get()과 put() 함수 내에 있는 while 루프가 결국 종료되도록 하기 위해 매우 중요하다.

코드 3-4 Hashtable의 개방 주소법 구현

```python
class Hashtable:
  def __init__(self, M=10):
    self.table = [None] * M
    self.M = M
    self.N = 0
```

```
def get(self, k):
  hc = hash(k) % self.M                ❶
  while self.table[hc]:
    if self.table[hc].key == k:        ❷
      return self.table[hc].value
    hc = (hc + 1) % self.M             ❸
  return None                          ❹

def put(self, k, v):
  hc = hash(k) % self.M                ❶
  while self.table[hc]:
    if self.table[hc].key == k:        ❺
      self.table[hc].value = v
      return
    hc = (hc + 1) % self.M             ❸

  if self.N >= self.M - 1:             ❻
    raise RuntimeError ('Table is Full.')

  self.table[hc] = Entry(k, v)         ❼
  self.N += 1
```

❶ 키가 k인 엔트리가 있을 수 있는 첫 번째 버킷에서 시작한다.

❷ 찾았다면 k와 연관된 값을 반환한다.

❸ 그렇지 않다면 다음 버킷으로 이동한다. 필요시 0으로 돌아간다.

❹ table[hc]가 비었다면 k가 table에 없음을 알 수 있다.

❺ 찾았다면 k에 대한 Entry와 연관된 값을 업데이트한다.

❻ k가 table에 없음을 확인했다면, hc가 마지막 비어 있는 버킷이면 RuntimeError를 발생시킨다.

❼ table[hc]에 새로운 Entry를 생성하고 키 개수인 N을 업데이트한다.

이 새로운 메커니즘을 사용할 때 get()과 put()의 성능은 무엇일까? 이러한 작업을 수행하는 시간은 Hashtable의 키 개수인 N과 무관할까? 답은, 그렇지 않다!

자유로운 연결 리스트

가장 일반적으로 사용되는 동적 자료구조는 **연결 리스트**linked list다. 배열에서 필요한 대로 연속적인 메모리 블록을 할당하는 것과 달리, 연결 리스트는 서로 연결된 노드라는 메모리 조각 내에 데이터를 저장한다. 프로그래머는 원하는 대상을 찾을 때 지정된 first 노드에서 시작해 리스트 내 **다음 노드**의 연결을 따라가면 된다.

다음 연결 리스트는 노드 3개로 구성되며 각각은 다른 값을 저장하고 있다. 각 노드는 리스트에서 다음 노드를 참조하는 next 항목도 가진다. 리스트 내 마지막 노드의 next 참조는 **None**이다.

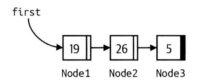

연결 리스트의 크기는 first에서 시작하고 next를 사용해 각 후속 노드를 탐색해 **None**에 도달할 때까지 거친 노드 개수를 계산한 것이다. 노드는 동적으로 할당된 메모리다. 객체 지향 언어에서 노드는 객체다. 자바와 파이썬은 연결 리스트에서 노드가 제거될 때 해당 메모리를 회수하기 위한 자동 메모리에 의존하지만, 그 외의 프로그래밍 언어는 프로그래머가 메모리를 수동으로 해제해야 한다.

값을 앞에 추가하기

상수 시간에 리스트의 맨 앞에 값을 추가할 수 있다. 새로운 노드 Node0를 생성해 이 값을 저장하고 Node0의 다음 참조는 Node1이 되게 한다. 그리고 first가 Node0를 가리키게 한다.

값을 뒤에 추가하기

리스트에서 last의 참조를 유지하면 상수 시간에 리스트의 마지막에 값을 붙일 수 있다. 새로운 노드 Node4를 생성해 값을 저장한다. 그리고 last의 next 참조는 Node4를 가리키게 하고 last는 Node4로 설정한다.

값 삽입하기

기존 노드 p 뒤에 값을 삽입할 수 있다. 새로운 노드 q를 생성해 값을 저장하고 q.next는 p.next로 설정한 뒤 p.next = q로 설정한다.

> **값 제거하기**
>
> 연결 리스트에서 노드를 찾고 그에 따라 next 참조를 조정해 값을 제거할 수 있다. 이 값이 리스트 내 첫 번째 노드라면 특별히 주의를 기울여야 한다.

최악의 경우에 대한 시나리오에서 어떤 일이 발생하는지 생각해보자. 비어 있는 Hashtable에 엔트리를 추가하고 table[0]에 넣었다고 가정하자. 다음 N−1개의 항목 추가 요청이 table 저장 공간 내 기존 키와 충돌하면 어떻게 될까? 탐색해야 하는 버킷은 총 몇 개일까? 첫 번째 요청에서 그 수는 1이다. 두 번째 요청에서는 2이고 세 번째에서는 3이다. 보다시피, k번째 요청에 대해 k개의 버킷을 조사해야 한다. 총 개수는 1+2+⋯+(N−1)의 합이며 해당 식은 N×(N−1)/2와 같다. 평균 계산은 이를 N으로 나눈 값으로 (N−1)/2만 남게 된다.

> **NOTE_** 2장에서 설명한 내용을 기반으로 (N−1)/2를 O(N)으로 분류할 수 있다. 먼저, 해당 공식은 N/2−1/2로 쓸 수 있다. 문제 인스턴스 크기가 커짐에 따라 지배적인 항은 N/2가 된다. 최악의 경우 탐색할 평균 버킷 개수는 N에 정비례하게 된다(이 경우에는 N의 절반).

최악의 경우 탐색할 평균 버킷 개수가 O(N)임을 증명했다. get()과 put()에 대한 런타임 성능은 탐색할 버킷 개수와 직접적인 연관이 있으므로 알고리즘 분석을 사용해 버킷 개수(성능 시간이나 작업 수가 아님)를 추정할 것이다.

이는 교착 상태다. 할당된 table 크기 M을 삽입된 키 개수 N보다 훨씬 커지도록 늘리고 충돌 횟수와 전체 실행 시간을 줄일 수 있다. 하지만 계획을 제대로 세우지 않으면(즉 N이 M에 가까워질수록) 성능이 빠르게 나빠질 수 있다. 더 나쁜 것은 table은 여전히 가득 차 있어 항목이 M−1개 이상으로 저장되지 않을 수 있다는 점이다. [표 3−2]는 충돌을 해결하기 위해 개방 주소법을 사용하는 크기가 M인 Hashtable에 엔트리 N개를 추가하는 성능을 비교한다. 다음을 관찰하자.

- N이 작은 값일 때(예를 들면 32) N보다 M이 많이 크기 때문에 Hashtable의 크기 M과는 무관하게 평균 비용은 거의 같다.
- 크기가 M인 Hashtable에 대해, 키 N개를 삽입하는 시간은 N이 증가함에 따라 일정하게 증가한다(아무 열이나 위에서 아래로 읽어보자).
- 표를 '대각선 남동쪽'으로 읽어보면 시간 결과가 거의 동일함을 알 수 있다. 즉, 키 2×N를 삽입하는 평균 성능이 키 N개를 삽입하는 성능과 같도록 하려면 Hashtable의 초기 크기를 두 배로 늘려야 한다.

표 3-2 크기가 M인 해시 테이블에 키 N개를 삽입할 때 성능(밀리초)

	8,192	16,384	32,768	65,536	131,072	262,144	524,288	1,048,576
32	0.048	0.036	0.051	0.027	0.033	0.034	0.032	0.032
64	0.070	0.066	0.054	0.047	0.036	0.035	0.033	0.032
128	0.120	0.092	0.065	0.055	0.040	0.036	0.034	0.032
256	0.221	0.119	0.086	0.053	0.043	0.038	0.035	0.033
512	0.414	0.230	0.130	0.079	0.059	0.044	0.039	0.035
1,024	0.841	0.432	0.233	0.132	0.083	0.058	0.045	0.039
2,048	1.775	0.871	0.444	0.236	0.155	0.089	0.060	0.047
4,096	3.966	1.824	0.887	0.457	0.255	0.144	0.090	0.060
8,192	—	4.266	2.182	0.944	0.517	0.276	0.152	0.095
16,384	—	—	3.864	1.812	0.908	0.484	0.270	0.148

심볼 테이블 데이터 타입의 동작 구현은 가용한 저장 공간이 삽입될 수 있는 키의 수보다 눈에 띄게 클 때만 효율적이다. 심볼 테이블 내 키의 개수를 오판했다면 성능은 때로 약 100배까지 비효율적이게 된다. 또한 키를 제거하는 기능은 아직 추가하지 않았으므로 심볼 테이블은 유용하지 않다. 이러한 제한을 극복하고자 **연결 리스트** 자료구조를 소개한다.

3.5 연결 리스트를 사용한 분리 연쇄법

이제 **분리 연쇄법**separate chaining이라는 기술을 구현하기 위해 연결 리스트 배열에 (키, 값) 쌍을 저장하도록 Hashtable을 수정한다. 선형 조사는 엔트리를 넣을 빈 버킷을 찾는 반면 분리 연쇄법은 연결 리스트 배열을 저장하는데, 이때 각 연결 리스트는 키가 동일한 해시 코드로 계산되는 엔트리를 포함한다. 이러한 연결 리스트는 LinkedEntry 노드에서 구성된다(코드 3-5).

코드 3-5 (키, 값) 쌍의 연결 리스트를 지원하기 위한 LinkedEntry 노드 구조체

```
class LinkedEntry:
  def __init__(self, k, v, rest=None):
    self.key = k
    self.value = v
```

```
        self.next = rest        ❶
```

---

❶ rest는 선택적 인자로, 새로 생성된 노드가 rest가 가리키는 기존 리스트에 직접 연결되도록 한다.

더 정확히는 table[idx]는 같은 해시 코드 값 idx를 가지는 키 노드들의 연결 리스트에서 첫 번째 LinkedEntry 노드를 참조한다. 편의를 위해 여전히 비어 있거나 연결 리스트의 첫 번째 LinkedEntry 노드를 포함하는 M개 버킷을 참조한다.

> **NOTE_** 앞서 개방 주소법에서 소개한 체인 개념은 연결 리스트에서 더 명확히 보인다. 연결 리스트의 길이는 체인의 길이다.

삽입될 엔트리를 위해 해시 코드를 계산하기 위해 hash(key) % M을 계속 사용한다. 해시 코드가 같은 모든 엔트리는 같은 연결 리스트 내에 있을 것이다. [그림 3-3]에서 table 배열에는 버킷이 7개 있으며 잠재적인 연결 리스트 7개가 있다. 키만 표시한 그림을 보자.

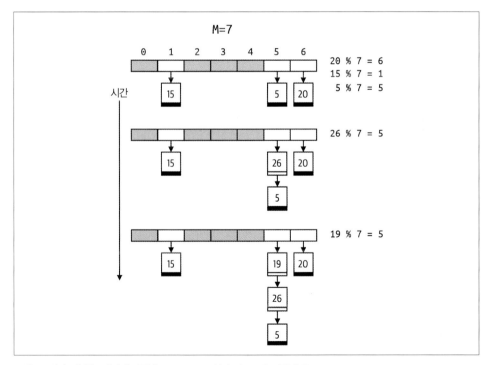

그림 3-3 (키, 값) 쌍 5개가 추가된 후 Hashtable 연결 리스트에 저장된 구조

[그림 3-3]은 [그림 3-2]와 동일한 순서로 〈키, 값〉 쌍을 추가한다. 키가 각각 20, 15, 5인 처음 세 엔트리는 해당 키를 위한 해시 코드와 연관된 각 버킷 3개에 새로운 연결 리스트를 생성한다. 음영 처리된 버킷은 빈 버킷이다. 키가 26인 엔트리를 추가하면 table[5]에 충돌이 발생하고, 새로운 엔트리는 연결 리스트 맨 앞에 추가되어 최종 연결 리스트에는 두 엔트리가 있게 된다. 키가 19인 마지막 엔트리를 추가하면 table[5]의 연결 리스트에 또 추가되어 최종 연결 리스트에는 3개의 엔트리가 있게 된다.

버킷에 새로운 엔트리가 추가될 때 어떻게 버킷의 연결 리스트 내 첫 번째 엔트리가 되는지 주의 깊게 보자. put()이 엔트리의 키가 연결 리스트에 보이지 않는다고 결정하면, 연결 리스트 맨 앞에 새로운 LinkedEntry 노드를 추가하는 편이 효율적이다. next 참조가 None이면 해당 엔트리는 연결 리스트 내 마지막 노드다. [코드 3-6]은 Hashtable의 수정을 보여준다.

코드 3-6 Hashtable의 분리 연쇄법 구현

```
class Hashtable:
  def __init__(self, M=10):
    self.table = [None] * M
    self.M = M
    self.N = 0

  def get(self, k):
    hc = hash(k) % self.M          ❶
    entry = self.table[hc]          ❷
    while entry:
      if entry.key == k:            ❸
        return entry.value
      entry = entry.next
    return None

  def put(self, k, v):
    hc = hash(k) % self.M          ❶
    entry = self.table[hc]          ❷
    while entry:
      if entry.key == k:            ❸
        entry.value = v             ❹
        return
      entry = entry.next

    self.table[hc] = LinkedEntry(k, v, self.table[hc])   ❺
    self.N += 1
```

❶ k로 만들어진 해시 코드에 대한 배열 인덱스 위치인 hc를 계산한다.

❷ 연결 리스트 내 첫 번째 노드에서 시작한다.

❸ k와 일치하는 key를 가지는 엔트리를 찾을 때까지 next 참조를 순회한다.

❹ k와 연관된 값을 덮어쓴다.

❺ table[hc]에 (k, v)에 대한 새로운 노드를 추가하고 카운터 N을 증가시킨다.

get()과 put() 함수는 구조가 거의 동일하게, 함수 내에서 연결 리스트의 각 LinkedEntry 노드를 방문하는 while 루프가 있다. table[hc]의 첫 LinkedEntry에서 시작해 while 루프는 entry가 None일 때까지(모든 노드를 방문했다는 의미) 각 노드를 정확히 한 번씩 방문한다. entry가 None이 아닌 한 entry.key 속성을 조사해 k 매개변수와 정확히 일치하는 것이 있는지 확인한다. get()에서 연관된 entry.value가 반환되는 반면에 put()에서는 해당 값을 v로 덮어쓴다. 두 경우 최악의 상황에는 while 루프가 연결 리스트 내 엔트리를 모두 방문하면 종료된다. get()에서 연결 리스트를 모두 확인하고 찾은 엔트리가 없을 때 None을 반환한다. put()은 이전에 존재하는 것이 없으므로 새로운 엔트리를 연결 리스트 맨 앞에 추가한다.

TIP put(k, v)는 연결 리스트 내에 k를 키로 하는 엔트리가 존재하지 않음을 확인한 후에만 연결 리스트에 새로운 노드를 추가한다.

이 연결 리스트 구조의 성능을 평가하려면 버킷에 접근하는 횟수뿐 아니라 엔트리 노드를 조사하는 횟수 또한 계산할 필요가 있다. 해당 연결 리스트 구현의 성능은 개방 주소법 구현과 거의 동일하다. 주요 개선은 연결 리스트 구현에서 저장 가능한 엔트리 개수가 제한되지 않는다는 것이다. 하지만, 이 장 뒷부분에서 설명하겠지만, 엔트리 개수 N이 버킷 개수 M보다 훨씬 크면 성능은 현격히 저하된다. 또한 연결 리스트에 다음(next) 참조를 저장하기 위한 메모리 요구 사항은 개방 주소법의 두 배라는 점을 고려해야 한다.

3.6 연결 리스트에서 엔트리 삭제하기

연결 리스트는 변하기 쉽고 효율적으로 접합, 확장, 단축될 수 있는 동적 자료구조다. 연속적 메모리의 고정 크기 블록에 의존하지 않기 때문이다. 배열에서 특정 인덱스 위치를 제거할 수는 없지만 연결 리스트에서 노드를 제거할 수는 있다.

[그림 3-4]에서 보인 키 값을 가지는 엔트리 3개가 있는 연결 리스트를 사용해 두 경우로 나누어 살펴보자. 키가 19인 엔트리를 제거하고 싶다고 가정하자. 이는 연결 리스트 내 첫 번째 노드이며 해당 엔트리를 제거하려면 단순히 first의 값을 first.next로 설정하면 된다. 수정된 연결 리스트는 엔트리가 2개이며 26부터 시작한다.

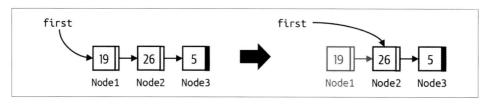

그림 3-4 연결 리스트 내 첫 번째 노드 삭제하기

다른 엔트리(키가 26인 노드라고 하자)를 삭제하고 싶다면 [그림 3-5]의 리스트를 들여다보자. 해당 키 값을 가진 엔트리를 찾으면 멈추되 탐색 동안 이전 노드의 참조 prev는 유지한다. 이제 prev.next의 값을 entry.next로 설정한다. 이는 가운데 노드를 잘라내며 결과적으로 연결 리스트는 하나 적은 노드를 포함하게 된다. entry가 연결 리스트 내 마지막 노드인 경우에도 prev.next가 None으로 설정되므로 동일하게 처리 가능하다.

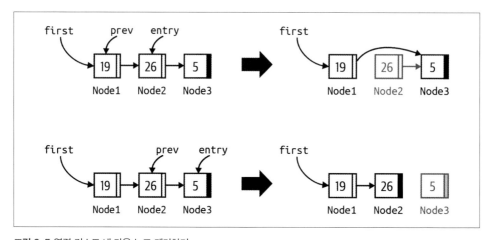

그림 3-5 연결 리스트 내 다음 노드 제거하기

두 경우 모두 제거된 노드를 위한 메모리가 회수된다. [코드 3-7]은 Hashtable 연결 리스트 구현에서 특정 키가 존재하면 엔트리를 삭제하는 remove(k) 메서드를 포함한다.

```
def remove(self, k):
  hc = hash(k) % self.M
  entry = self.table[hc]              ❶
  prev = None
  while entry:                        ❷
    if entry.key == k:                ❸
      if prev:
        prev.next = entry.next        ❹
      else:
        self.table[hc] = entry.next   ❺

      self.N -= 1                      ❻
      return entry.value

    prev, entry = entry, entry.next   ❼

  return None
```

❶ self.table[hc]는 배열에서 해시 코드 hc 인덱스에 있는 연결 리스트 내 첫 번째 엔트리를 참조한다.

❷ 연결 리스트에 엔트리가 있는 한 순회를 계속한다.

❸ entry의 key 값과 목푯값 k를 비교해 제거할 엔트리를 찾는다.

❹ 제거할 엔트리를 찾은 경우, prev 참조가 있다면 제거할 엔트리의 entry 다음(next)과 연결한다.

❺ prev 참조가 없다면 entry는 첫 노드다. self.table[hc]가 연결 리스트 내 두 번째 노드를 가리키도록 설정한다.

❻ 엔트리 수 N을 감소한다. 제거되는 엔트리와 연관된 값을 반환하는 것은 일반적이다.

❼ 키를 찾지 못했다면 prev를 entry로, entry를 다음 엔트리로 설정하며 순회를 계속한다.

편의상 remove(k) 함수는 k와 연관된 값을 반환하거나, 혹은 k가 없다면 None을 반환한다.

3.7 개방 주소법과 분리 연쇄법 평가하기

(키, 값) 쌍을 저장하기 위한 심볼 테이블 데이터 타입을 제공하는 두 가지 구조를 소개했다. 연결 리스트 구현은 (키, 값) 쌍을 제거할 수 있다는 추가 이점이 있으므로 해당 기능이 필요하다면 연결 리스트 구현을 선택해야 한다. 하지만 심볼 테이블에 엔트리를 추가만 한다면 두

접근의 효율성을 각각 평가해봐야 한다.

먼저 (키, 값) 쌍 N개를 저장하기 위한 저장 요구 사항을 평가해보자. 두 접근 모두 엔트리를 저장하기 위해 크기가 M인 배열을 생성한다. 하지만 연결 리스트를 사용하면 N이 필요한 만큼 커질 수 있다. 개방 주소법에서는 N이 반드시 M보다 작아야 하므로 미리 충분히 큰 M으로 설정해두어야 한다. table을 위한 메모리 요구 사항의 크기는 M에 정비례한다.

궁극적으로 심볼 테이블에는 엔트리가 N개 추가된다. 개방 주소법에서 각 Entry는 단일 (키, 값) 쌍으로 저장되는 반면에 연결 리스트 접근에서 LinkedEntry는 각 엔트리를 위한 next 참조를 추가로 저장한다. 각 참조는 메모리 크기가 고정되어 있으므로 추가 저장 공간은 N에 정비례한다.

- 개방 주소법은 M과 N에 비례하는 저장 공간을 요구하지만 N < M이므로 단순히 공간 복잡도는 O(M)이라고 할 수 있다.
- 분리 연쇄법은 M과 N에 비례하는 저장 공간을 요구하지만 N에 대해 제한이 없으므로 공간 복잡도는 O(M+N)이 된다.

런타임 성능을 평가할 때 핵심 연산은 엔트리가 탐색된 횟수를 계산하는 것이다. 최악의 경우에서 시작해보자. 이는 모든 키의 해시 코드가 동일하게 계산될 때 발생한다. 연결 리스트 구현에서 table 배열은 사용되지 않은 인덱스 위치 M-1개를 포함하고 단일 연결 리스트는 모든 (키, 값) 쌍 N개를 가진다. 연결 리스트 내 마지막 엔트리가 탐색되어야 하는 키라면 최악의 경우 get() 성능은 N에 정비례한다. 개방 주소법도 상황이 비슷하다. 크기가 M인 배열에 연속적인 엔트리 N개가 있고 찾고자 하는 엔트리가 마지막인 경우다. 구현의 선택에 상관없이, 최악의 경우 get()은 O(N)이라고 할 수 있다.

믿기 어렵겠지만 수학적 해시 코드 함수는 키에 대한 해시 코드 값을 매우 훌륭하게 분배한다. M이 증가함에 따라 충돌 확률은 감소한다. [표 3-3]은 크기 M이 N/2에서 2×N으로 다양한 해시 테이블에 영어 사전 단어 N=321,129개를 삽입해 두 접근을 직접 비교한 것이다. 이는 또한 M=20×N(첫 번째 행)과 더 작은 M 값(마지막 다섯 행)에 대한 결과를 포함한다.

[표 3-3]은 다음과 같이 각 (M, N) 쌍에 대한 두 가지 정보를 보여준다.

- Hashtable 내에 있는 각 비어 있지 않은 체인의 평균 길이. 해당 개념은 개방 주소법과 연결 리스트 중 무엇을 사용하든 적용된다.
- Hashtable 내에 있는 최대 체인 길이. 개방 주소법 Hashtable이 너무 혼잡하다면, 혹은 연결 리스트가 특정 해시 코드에 대해 지나치게 긴 체인을 가진다면 런타임 성능은 나빠진다.

표 3-3 M이 감소함에 따라 크기가 M인 Hashtable에 키 N=321,129개를 삽입할 때 평균 성능

M	연결 리스트 체인 길이 평균	연결 리스트 최대 체인 길이	개방 주소법 체인 길이 평균	개방 주소법 최대 체인 길이
6,422,580	1.0	4	1.1	6
...	...	...	...	...
642,258	1.3	6	3.0	44
610,145	1.3	7	3.3	46
579,637	1.3	7	3.6	52
550,655	1.3	7	4.1	85
523,122	1.3	7	4.7	81
496,965	1.4	7	5.4	104
472,116	1.4	7	6.4	102
448,510	1.4	7	7.8	146
426,084	1.4	7	10.1	174
404,779	1.4	7	14.5	207
384,540	1.5	7	22.2	379
365,313	1.5	9	40.2	761
347,047	1.5	9	100.4	1429
329,694	1.6	8	611.1	6735
313,209	1.6	9	실패	
...	...	...	...	
187,925	2.1	9	실패	
112,755	3.0	13	실패	
67,653	4.8	16	실패	
40,591	7.9	22	실패	
24,354	13.2	29	실패	

M이 감소함에 따라 테이블 내 모든 값은 증가한다. 이는 Hashtable 크기가 작을수록 더 많은 충돌을 발생시키고 더 긴 체인을 생산하기 때문이다. 하지만 표에서 볼 수 있듯 개방 주소법은 더 빠르게 저하되는데, 특히 체인이 수백 개의 엔트리로 많이 길어지는 해시 코드가 있을 때 더욱더 그렇다. 더 나쁜 것은 M이 N보다 작으면 개방 주소법을 사용할 수 없게 된다(표에 '실패'

로 표시)는 점이다. 반면에 연결 리스트 구현의 통계를 보면 M이 감소하는 경우에도 별다른 문제가 없어 보인다. 해시 테이블 크기 M이 N보다 많이 크다면, 예를 들어 두 배라면 평균 체인 길이는 1에 가깝고 최대 체인 길이조차도 아주 작다. 하지만 M은 미리 정해야 하고, 개방 주소법 사용 시 N=M−1이 되면 공간이 부족해진다.

분리 연쇄법을 사용하면 상황이 훨씬 더 좋아진다. [표 3-3]에서 볼 수 있듯 N이 M보다 10배이상 커질 때조차도 연결 리스트는 모든 엔트리를 수용할 만큼 커질 수 있으며, 개방 주소법에서 N이 M에 가까워질수록 발생하는 성능 문제는 거의 발생하지 않는다. [표 3-3]에 보이는 연결 리스트의 최대 체인 길이가 이를 증명한다.

이러한 수치는 초기 크기가 M인 해시 테이블의 효율성을 보장하기 위한 전략을 개발하는 데 정보를 제공한다. 해시 테이블 성능은 얼마나 '가득' 찼는지로 측정할 수 있으며, 이는 N을 M으로 나눈 값으로 결정한다. 수학자들은 N/M 비율을 나타내기 위해 **알파**alpha라는 용어를 정의하기도 했다. 컴퓨터 과학자들은 해시 테이블의 부하율을 알파라고 부른다.

- 분리 연쇄법의 경우 알파는 각 연결 리스트 내 키의 평균 개수를 나타내며 사용 가능한 메모리에 의해서만 제한되어 1보다 클 수 있다.
- 개방 주소법의 경우 알파는 점유된 버킷의 백분율이다. 최댓값은 (M−1)/M이므로 반드시 1보다 작다.

수년간 연구를 통해 해시 테이블은 부하율이 0.75보다 크면, 즉 개방 주소법의 해시 테이블이 3/4만큼 차면[8] 급격히 비효율적으로 변한다는 사실을 알아냈다. 분리 연쇄법 해시 테이블의 경우 동일한 방식으로 '채워지지' 않더라도 개념은 여전히 적용된다.

[그림 3-6]은 단어 N=321,129개를 크기가 M인 Hashtable에 넣은 후 평균 체인 길이와 최대 체인 길이를 나타낸다. 이 그래프는 삽입할 키 개수 N을 알 때 요구되는 평균 및 최대 체인 길이를 보장하기 위해 알맞은 M 값을 계산하는 방법을 효율적으로 보여준다.

---

8 파이썬의 dict 타입은 2/3를 임계값으로 사용한다.

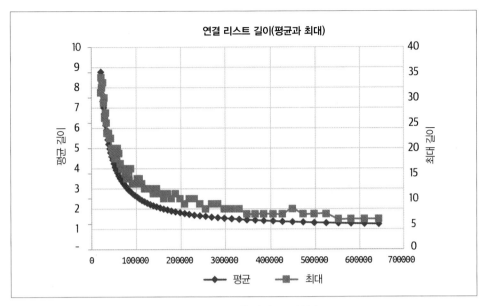

그림 3-6 요소 개수가 N일 때, 평균과 최대 체인 길이는 예측된 경로를 따른다

해시 테이블이 커지기만 한다면(즉, M값이 증가하면) 부하율은 줄고 해시 테이블은 다시 효율적이게 된다. 다음 절에서는 약간의 노력으로 이를 달성하는 방법을 알아보자.

3.8 동적 해시 테이블

[코드 3-8]에서 DynamicHashtable은 threshold 목푯값을 설정하기 위해 load_factor로 0.75를 사용한다.

코드 3-8 DynamicHashtable을 생성할 때 load_factor와 threshold 결정하기

```
class DynamicHashtable:
  def __init__(self, M=10):
    self.table = [None] * M
    self.M = M
    self.N = 0

    self.load_factor = 0.75
```

```
self.threshold = min(M * self.load_factor, M–1)   ❶
```

❶ M ≤ 3일 때, 임계값이 M−1보다 크지 않도록 보장한다.

기하학적 크기 재조정geometric resizing으로 알려진 크기 조정 전략으로 단순히 저장 배열의 크기를 두 배로 늘리면 어떻게 될까? 더 정확히는, 크기 재조정[9] 시에는 배열을 두 배로 늘리고 1을 추가로 더한다. (키, 값) 쌍 개수가 threshold보다 크거나 같다면 table 저장 배열은 효율을 유지하기 위해 크기를 키울 필요가 있다. [코드 3-9]는 분리 연쇄법의 수정된 put() 메서드를 보여준다.

코드 3-9 수정된 put() 메서드는 resize()를 호출한다

```python
def put(self, k, v):
  hc = hash(k) % self.M
  entry = self.table[hc]
  while entry:
    if entry.key == k:
      entry.value = v
      return
    entry = entry.next

  self.table[hc] = LinkedEntry(k, v, self.table[hc])   ❶
  self.N += 1

  if self.N >= self.threshold:                          ❷
    self.resize(2*self.M + 1)                           ❸
```

❶ 새로운 엔트리를 table[hc] 연결 리스트의 앞에 추가한다.

❷ N이 크기 조정을 위한 threshold보다 크거나 같은지 확인한다.

❸ 원본 배열의 두 배에 1을 더한 크기인 새로운 배열로 크기를 조정한다.

대부분의 프로그래밍 언어에서 저장 공간을 늘리려면 새로운 배열을 할당해 첫 번째 배열에 있던 원본 엔트리를 두 번째 배열로 모두 복사해야 한다(그림 3-7). 이 그림은 개방 주소법뿐 아

---

9 일반적으로 버킷 개수가 소수(prime number)인 해시 테이블이 잘 동작한다고 관찰된다. 여기서는 크기를 홀수로 만들며 그 또한 도움이 될 것이다.

니라 연결 리스트의 배열에 대해서도 배열 저장 공간을 크기 조정한 후의 결과를 보여준다.

해당 복사 연산은 소요 시간이 M에 정비례하므로 O(M)으로 분류될 수 있다(해시 테이블 배열 저장 공간이 클수록 더 많은 요소를 복사해야 한다). 그러나 일부 항목(키가 19와 26인 요소들)은 더는 찾을 수 없게 되므로 단순히 항목을 복사하면 해시 테이블이 제대로 동작하지 않을 수 있다.

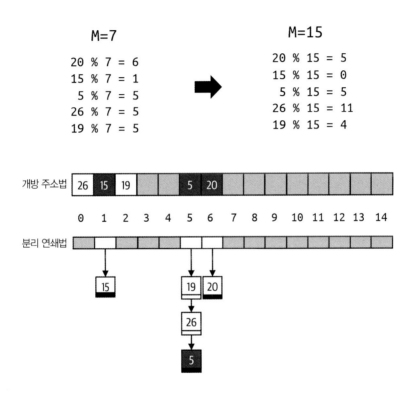

그림 3-7 일부 엔트리는 M이 증가할 때 단순 복사되면서 '잃어'버릴 수 있다

키 19를 찾으려 하면 이제 해시 코드는 19%15=4가 되고, 두 자료구조 모두 버킷이 비어 있어 해당 해시 테이블에 키 값이 19인 엔트리는 없음을 나타낸다. 이전에 M이 7인 개방 주소법 Hashtable에서 키 19는 두 번째 버킷에 위치했다. 배열 끝에 도달해 선형 조사에 의해 맨 앞으로 돌아가 위치를 찾았기 때문이다. 이제 해당 배열은 15개 요소를 가지게 되었고 맨 앞으로 돌아가는 일이 발생하지 않으므로 키 19는 더는 찾을 수 없게 된다.

순전히 우연의 일치로 일부 엔트리들은 여전히 탐색이 된다([그림 3-7]에 진한 회색으로 음영 처리). 개방 주소법에서 키가 20인 엔트리는 table[5]에 있지 않지만 선형 조사로 해당 엔트리를 table[6]에서 찾을 수 있다. 비슷하게, 키가 15인 엔트리는 table[0]에 없지만 선형 조사로 table[1]에서 찾을 수 있다. 키가 5인 엔트리는 개방 주소법과 분리 연쇄법 모두에서 찾을 수 있는데, 해시 코드가 동일하게 유지되기 때문이다.

키 엔트리를 잃어버리지 않으려면 어떻게 해야 할까? [코드 3-10]은 적절한 해결책을 보여준다. 크기가 원본 저장 공간의 2배인(정확히는 2M+1) 임시 Hashtable을 생성하고, 새로운 Hashtable로 모든 엔트리의 해싱을 다시 진행한다. 즉, 원본 Hashtable의 (k, v) 엔트리 각각에 대해 새로운 임시 Hashtable로 put(k, v)를 호출해준다. 이는 이러한 엔트리들을 찾을 수 있는 상태로 유지하도록 해준다. 그리고 멋진 프로그래밍 트릭으로 temp를 기본 저장 배열로 교체해 분리 연쇄법이나 개방 주소법에 바로 사용할 수 있다.

코드 3-10 크기 조정 메서드. 분리 연쇄법을 위한 해시 테이블 저장 공간을 동적으로 늘린다

```
def resize(self, new_size):
  temp = DynamicHashtable(new_size)        ❶
  for n in self.table:
    while n:
      temp.put(n.key, n.value)             ❷
      n = n.next
  self.table = temp.table                  ❸
  self.M = temp.M                          ❹
  self.threshold = self.load_factor * self.M
```

❶ 원하는 크기로 임시 Hashtable을 생성한다.

❷ 주어진 버킷에 대한 연결 리스트 내 각 노드를 모두 방문하고 각 엔트리를 temp에 해싱해 다시 넣는다.

❸ temp를 저장 배열로 지정해 사용할 수 있도록 한다.

❹ M과 threshold 값을 업데이트한다.

해당 코드는 개방 주소법에서 사용하는 크기 조정과 거의 일치한다. 이제 Hashtable 크기를 동적으로 늘리는 전략을 배웠다. [그림 3-8]은 [그림 3-2]에서 본 개방 주소법 예제와 [그림 3-3]에서 본 분리 연쇄법 예제에 알맞은 크기 재조정 해시 테이블을 보여준다.

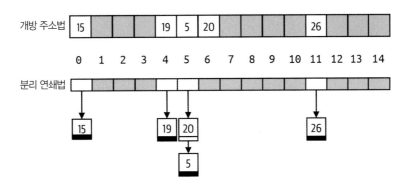

그림 3-8 성공적인 크기 재조정 후 해시 테이블 저장 공간의 결과

이러한 크기 재조정 로직은 얼마나 잘 수행될까? 다양한 M 값을 사용해 25회 반복 시도하며 측정해보자.

구성 시간

초기 크기는 M이고 threshold를 초과하면 두 배로 증가하는 Hashtable에 키 N=321,129개를 넣는 데 걸리는 시간.

접근 시간

모든 키가 삽입되었을 때 이런 모든 단어 N개를 찾는 시간.

[표 3-4]는 분리 연쇄법과 개방 주소법 해시 테이블에 대해, 동적 크기 재조정이 가능한 해시 테이블의 구성 시간과 접근 시간을 비교한다(초기 크기 M은 625부터 640,000까지). 또한 초기 크기가 M=428,172이고 커지지 않는 해시 테이블의 성능도 보여준다. N=321,129 혹은 428,172×0.75이므로 비교하기에 적합한 데이터 개수다.

표 3-4 크기가 고정된 테이블과 동적 테이블의 비교(밀리초)

M	연결 리스트 구성 시간	연결 리스트 접근 시간	개방 주소법 구성 시간	개방 주소법 접근 시간
625	0.997	0.132	1.183	0.127
1,250	1.007	0.128	1.181	0.126
2,500	0.999	0.129	1.185	0.133
5,000	0.999	0.128	1.181	0.126
10,000	1.001	0.128	1.184	0.126
20,000	0.993	0.128	1.174	0.126
40,000	0.980	0.128	1.149	0.125
80,000	0.951	0.130	1.140	0.127
160,000	0.903	0.136	1.043	0.126
320,000	0.730	0.132	0.846	0.127
640,000	0.387	0.130	0.404	0.127
...	...	...	...	...
고정	0.380	0.130	0.535	0.131

마지막 행은 Hashtable의 부하율이 0.75를 넘지 않는 이상적인 경우를 나타낸다. 분리 연쇄법은 동일한 버킷 내에서 모든 충돌을 처리하는 반면에, 개방 주소법은 하나에서 발생한 충돌이 다른 버킷에 불가피하게 영향을 주므로 구성 시간이 더 길다.

나머지 행들은 접근 시간(키 321,129개를 모두 조사하기 위한)이 기본적으로 같으므로 사용할 초기 M을 굳이 예측할 필요가 없음을 보여준다.

3.9 동적 해시 테이블 성능 분석하기

최악의 경우에 Hashtable을 위한 put()과 get()은 모두 $O(N)$이다. 앞서 설명했듯 각 키에 대한 해시 코드가 정확히 같은 버킷으로 계산되는 경우(분리 연쇄법과 개방 주소법 모두) 각 연산을 완료하는 데 드는 시간은 Hashtable 내 키 개수인 N에 정비례한다.

하지만, 일반적으로 합의된 SUHA^{Simple Uniform Hashing Assumption}에 기반해 해시 함수는 해시 테

이블의 버킷에 키를 균등하게 분배한다. 각 키가 어떤 버킷에 놓일 확률은 동일하다. 수학자들은 이러한 가정으로부터 각 체인의 평균 길이가 N/M임을 증명했다. 이러한 확률은 파이썬 hash() 함수를 개발해온 전문가에게 맡기도록 하자.

해시 테이블이 커질 때 N<M이 항상 보장되므로 평균량 N/M은 상수 O(1)이고 **N에 독립**이라고 말할 수 있다.

> **NOTE_** 탐색은 히트[hit]할 수도(해시 테이블에 키가 있는 경우) 미스[miss]할 수도 있다. 개방 주소법(균등한 키 분배를 가정)에서는 히트가 발생하면 검사할 평균 버킷 개수가 $(1+1/(1-alpha))/2$다. 이 값은 alpha=0.75일 때 2.5가 된다. 미스가 발생하면 결과는 $(1+1/(1-alpha)^2)/2$이며 alpha가 같으면 값은 8.5가 된다.

해시 테이블 크기 재조정 시 추가 비용을 고려해야 한다. 임계 부하율이 0.75이고 기본 저장 공간 크기는 기하학적 크기 재조정으로 두 배로 늘어난다고 가정한다. M이 1,023이고 N은 M보다 꽤 크다고 가정하고, 영어 사전 단어 321,129개를 다시 사용하자. 각 키가 해시 테이블에 삽입되는 횟수를 세어야 한다(resize에서 임시로 생성한 것도 포함).

첫 번째 크기 조정은 768번째(768≥767.25=0.75×1,023이므로) 키가 추가될 때 발생해 해시 테이블 크기가 M=1,023×2+1, 즉 2,047로 커진다. 크기가 조정되는 과정에서 768개의 키로 다시 해싱과 삽입을 진행한다. 크기 조정 직후에 부하율은 절반인 768/2,047(약 0.375)로 감소한다.

키 768개가 추가로 삽입되면 전체 키 1,536개는 크기가 M=2,047×2+1(=4,095)인 새로운 해시 테이블에 다시 해싱되어 추가된다. 키 1,536개가 추가로 삽입될 때 해시 테이블 크기가 세 번째로 재조정되며 전체 3,072개는 크기가 M=8,191인 해시 테이블에 삽입된다.

[표 3-5]는 크기 조정이 일어나는 순간을 나타내며, N번째 단어가 삽입될 때 해시 테이블에 삽입되는 키의 총 개수를 보여준다. 마지막 열을 보면 크기 조정이 발생할 때 평균 삽입 횟수가 3에 수렴함을 알 수 있다(총 삽입 횟수를 N으로 나눈 값). 크기 조정 시 기하학적 크기 재조정 전략으로 각 키를 강제로 다시 삽입하더라도, 삽입은 크기 조정이 없는 경우보다 3배 이상은 일어나지 않는다.

표 3-5 추가 시 크기 조정이 발생하는 단어들의 총 삽입 횟수 및 평균 삽입 횟수

단어	M	N	총 삽입 횟수	평균 삽입 횟수
absinths	1,023	768	1,536	2.00
accumulatively	2,047	1,536	3,840	2.50
addressful	4,095	3,072	8,448	2.75
aladinist	8,191	6,144	17,664	2.88
anthoid	16,383	12,288	36,096	2.94
basirhinal	32,767	24,576	72,960	2.97
cincinnatian	65,535	49,152	146,688	2.98
flabella	131,071	98,304	294,144	2.99
peps	262,143	196,608	589,056	3.00
…	…	…	…	…
zyzzyvas	524,287	321,129	713,577	2.22

핵심은 기하학적 크기 재조정을 통해 테이블 크기가 커짐에 따라 크기 조정은 훨씬 덜 일어나다는 점이다. [표 3-5]에서 마지막 단어가 해시 테이블에 추가되면(크기 조정은 발생하지 않는다) 평균은 2.22로 떨어지고 키 72,087개가 추가로 삽입될 때까지는 크기를 조정할 필요가 없다. 이는 시작(768개가 추가되어 크기조정이 발생)했을 때보다 거의 100배 적은 것이다.

마지막 분석의 결과에 따르면 동적 크기 조정 해시 테이블에 엔트리 321,129개를 모두 삽입하는 평균 비용은, 해시 테이블이 키 N개를 모두 저장할 수 있을 만큼 큰 경우 비용의 3배를 넘지 않는다. 2장에서 봤듯 이것은 곱셈 상수일 뿐이어서 put()에 대한 평균적인 경우의 성능 분류를 변경하지 않는다. 크기 조정으로 인한 추가 작업에도 불구하고 O(1)을 유지한다.

3.10 완벽한 해싱

키가 N개인 컬렉션을 미리 알고 있다면 **완벽한 해싱**perfect hashing이라는 기술을 사용해 각 키의 해시 코드가 유일한 인덱스 위치를 가지는 최적화된 해시 테이블을 구성할 수 있다. 완벽한 해싱은 사용할 해시 함수가 포함된 파이썬 코드를 생성한다.

서드 파티 파이썬 라이브러리 perfect-hash를 설치하면 원하는 키를 포함하는 입력 파일에서 perfect_hash() 함수를 생성할 수 있다.[10] [코드 3-11]은 "a rose by any other name would smell as sweet."와 같은 단어들로 생성된 코드를 보여준다.

코드 3-11 셰익스피어의 단어 10개에 대한 완벽한 해싱

```
G = [0, 8, 1, 4, 7, 10, 2, 0, 9, 11, 1, 5]

S1 = [9, 4, 8, 6, 6]
S2 = [2, 10, 6, 3, 5]

def hash_f(key, T):
    return sum(T[i % 5] * ord(c) for i, c in enumerate(key)) % 12

def perfect_hash(key):
    return (G[hash_f(key, S1)] + G[hash_f(key, S2)]) % 12
```

TIP 내장 파이썬 함수 enumerate()는 리스트 항목의 위치 정보도 필요할 때, 리스트를 순회하는 기능을 제공한다.

```
>>> for i,v in enumerate(['g', 't', 'h']):
        print(i,v)
0 g
1 t
2 h
```

enumerate()는 컬렉션 내 각 값을 순회하면서 인덱스 위치를 추가로 반환한다.

[그림 3-1]에서 day_array 리스트와 열두 달을 구분하기 위해 구현한 base26() 해시 함수를 기억하는가? 완벽한 해싱은 동일한 접근 방식을 보다 우아한 방식으로 구성하는데, 리스트 G, S1, S2와 지원하는 hash_f() 함수를 생성하기 위해 N개의 문자열을 처리한다.

문자열 'a'에 대한 인덱스 위치를 계산하려면 중간 결과 두 개가 필요하다. ord('a')=97을

---

10 파이썬 pip 설치 도구로 다음과 같이 설치한다.

```
pip install perfect-hash.
```

상기하자.

- hash_f('a', S1) = sum([S1[0]×97])%12

  S1[0]=9이므로 이것은 (9×97)%12=873%12=9가 된다.

- hash_f('a', S2) = sum([S2[0]×97])%12

  S2[0]=2이므로 이것은 (2×97)%12=194%12=2가 된다.

perfect_hash('a')에서 반환되는 값은 (G[9]+G[2])%12=(11+1)%12=0이 된다. 이는 문자열 'a'에 대한 해시 코드가 0이라는 의미다. 문자열 'by'에 대해 해당 계산을 반복하면 다음과 같은 결과를 얻는다.

- hash_f('by', S1) = (9×98+4×121)%12 = 1,366%12=10
- hash_f('by', S2) = (2×98+10×121)%12 = 1,406%12=2
- perfect_hash('by') = (G[10]+G[2])%12 = (1+1)%12=2

요약하면, 키 'a'는 인덱스 위치 0으로 해싱되고 키 'by'는 인덱스 위치 2에 해싱된다. 사실 "a rose by any other name would smell as sweet."에 있는 각 단어는 계산된 인덱스 위치가 다르게 해싱된다. 수학은 정말 놀라운 일을 해낸다!

[코드 3-12]는 같은 사전에 있는 단어 321,129개에 대한 perfect_hash() 함수를 보여준다. 해당 함수는 첫 번째 단어 'a'는 0으로, 마지막 단어 'zyzzyvas'에 대해서는 321,128로 계산한다. 이는 값 667,596개를 포함하는 큰 리스트 G와 중간 리스트 S1, S2를 통해 계산된다.

이 큰 완벽한 해시 테이블에서 문자열 'by'에 대한 결과는 다음과 같다.

- hash_f('by', S1)

  = (394,429×98+442,829×121)%667,596=92,236,351%667,596=108,103

- hash_f('by', S2)

  = (14,818×98+548,808×121)%667,596=67,857,932%667,596=430,736

- perfect_hash('by')

  = (G[108,103]+G[430,736])%667,596=(561,026+144,348)%667,596=37,778

코드 3-12 영어 사전에 대한 완벽 해시 함수의 리스트 일부

```
S1 = [394429, 442829, 389061, 136566, 537577, 558931, 481136,
      337378, 395026, 636436, 558331, 393947, 181052, 350962, 657918,
      442256, 656403, 479021, 184627, 409466, 359189, 548390, 241079, 140332]
S2 = [14818, 548808, 42870, 468503, 590735, 445137, 97305,
      627438, 8414, 453622, 218266, 510448, 76449, 521137, 259248, 371823,
      577752, 34220, 325274, 162792, 528708, 545719, 333385, 14216]

def hash_f(key, T):
  return sum(T[i % 24] * ord(c) for i, c in enumerate(key)) % 667596

def perfect_hash(key):
  return (G[hash_f(key, S1)] + G[hash_f(key, S2)]) % 667596
```

[코드 3-12]에서 perfect_hash(key)의 계산은 큰 G 리스트에서 유일한 위치를 식별하기 위해 %667,596을 사용해 667,596보다 작은 값으로 생성한다. 키가 사전에서 유효한 단어이면 perfect_hash(key)는 0에서 321,128까지의 고유한 인덱스를 구분한다.

실수로 영어 단어가 아닌 키로 해싱을 시도하면 충돌이 발생할 수 있다. 예를 들어 단어 'watered'와 비단어 'not-a-word'는 해시 인덱스가 313,794로 동일하다. 유효한 키로만 해싱하는 것은 프로그래머의 책임이므로 완벽한 해싱에 대한 이슈는 아니다.

3.11 (키, 값) 쌍 순회하기

해시 테이블은 효율적인 get(k), put(k, v) 수행을 위해 설계되었다. 또한 해시 테이블이 개방 주소법이나 분리 연쇄법 중 어느 것을 사용하든 모든 엔트리를 가져오는 데 유용하다.

TIP 파이썬 제너레이터는 파이썬에서 가장 좋은 기능이다. 대부분의 프로그래밍 언어는 추가 저장 공간을 사용해 컬렉션에서 값을 반환하도록 강제한다. 2장에서 설명했듯 range(0, 1000)와 range(0, 10000) 둘 다 각 범위의 모든 정수를 반환하는 동안 사용하는 메모리 공간의 양이 같다. 제너레이터가 이를 가능하게 한다.

다음 제너레이터 함수는 주어진 digit 값을 제외하고 0에서 n까지 모든 정수를 생산한다.

```
def avoid_digit(n, digit):
  sd = str(digit)
```

```
  for i in range(n):
    if not sd in str(i):
      yield i
```

파이썬에서 객체가 같은 능력을 갖도록, 클래스는 __iter__() 메서드를 제공해 호출자가 for v in object 관용
구를 사용할 수 있도록 한다.

[코드 3-13]에 있는 두 가지 __iter__() 구현은 분리 연쇄법과 개방 주소법 해시 테이블을
위해 설계되었다.

코드 3-13 파이썬 제너레이터 함수를 사용해 해시 테이블 내 모든 엔트리 순회하기

```
# 개방 주소법 해시 테이블의 순회 기능
def __iter__(self):
  for entry in self.table:
    if entry:                         ❶
      yield (entry.key, entry.value)  ❷

# 분리 연쇄법 해시 테이블의 순회 기능
def __iter__(self):
  for entry in self.table:
    while entry:                      ❸
      yield (entry.key, entry.value)  ❷
      entry = entry.next              ❹
```

❶ 엔트리가 None이라면 건너뛴다.

❷ 파이썬 yield를 사용해 key, value를 포함하는 튜플을 생성한다.

❸ 해당 버킷에 연결 리스트가 존재하는 한, 각 노드에 대한 튜플을 yield로 전달한다.

❹ 연결 리스트 내 다음 엔트리를 entry로 설정하거나 남아 있는 것이 없다면 None으로 설정한다.

이런 **반복자**iterator가 어떻게 동작하는지 알아보기 위해 M이 13인 해시 테이블 두 개(하나는 개
방 주소법, 다른 하나는 분리 연쇄법을 사용)와 완벽한 해싱을 사용하는 세 번째 해시 테이블
을 구성한다. "a rose by any other name would smell as sweet" 문자열에 있는 각 단어
들을 삽입한 후에 각각의 해시 테이블을 제너레이터로 순회한 결과를 보자(표 3-6).

표 3-6 해시 테이블 반복자가 반환한 단어의 순서

개방 주소법	분리 연쇄법	완벽한 해싱
a	sweet	a
by	any	any
any	a	as
name	would	by
other	smell	name
would	other	other
smell	as	rose
as	name	smell
sweet	by	sweet
rose	rose	would

개방 주소법과 분리 연쇄법의 해시 테이블에 대해 반환된 단어는 무작위 순서로 나타난다. 물론 이는 키가 해싱되는 방식에 전적으로 기반하므로 무작위는 아니다. 직접 예제 코드를 실행해보면 개방 주소법과 분리 연쇄법에 대한 순서는 아마 [표 3-6]과 다를 것이다(파이썬 3에서 문자열에 대한 hash() 코드 값은 예측이 불가능하기 때문).

perfect-hash 라이브러리의 좋은 기능 하나는 perfect_hash(key)로 계산된 인덱스 위치는 완벽한 해싱으로 코드를 생성할 때 사용된 단어의 순서를 기반으로 한다는 것이다. 단순히 이미 정렬된 문자열 리스트를 사용하면 엔트리는 정렬된 순서대로 저장되고 반복자는 같은 순서로 (키, 값) 쌍을 제공할 것이다.

8장에서는 파이썬 dict 타입을 더 상세히 다룬다. 이 장에서 했던 것처럼 처음부터 심볼 테이블을 구현하지 말고 항상 dict를 사용해야 한다. dict는 내장 타입이며 이 장에서 제공된 코드보다 효율적이기 때문이다.

3.12 요약

이 장에서는 몇 가지 주요 개념을 소개했다.

- 연결 리스트 자료구조는 동적 삽입과 제거를 허용해 작은 컬렉션을 효율적으로 저장할 수 있다.

- 심볼 테이블은 엔트리를 저장하는 데 버킷이 M개인 저장 배열을 사용한다. 이때, 같은 버킷으로 할당되는 키 해시가 두 개 이상일 때 충돌을 해결할 전략이 있어야 한다.

- 개방 주소법은 충돌 횟수를 줄이기 위해 배열 내 항목을 분산하는 데 의존하지만, 이는 저장 배열 크기 M이 저장된 엔트리 개수 N보다 2배 이상 클 때만 효율적으로 동작한다. 키 제거를 지원하는 두 가지 접근에 대한 연습 문제를 확인하자.

- 분리 연쇄법은 해시 코드가 동일한 키를 가지는 엔트리를 저장하는 데 연결 리스트를 사용한다. 해당 접근은 키에 대한 제거 연산을 더 쉽게 지원할 수 있다.

- 해시 함수를 설계하기는 어렵다. 그러니 파이썬 설계자가 고안한 미리 정의된 것을 사용하자.

- 기하학적 크기 재조정은 미래에 발생할 크기 조정의 빈도를 감소해 심볼 테이블이 효율적인 상태로 유지되도록 한다.

- 완벽한 해싱은 개수가 고정된 키에 대해 고유한 인덱스 위치를 계산해 충돌을 회피하는 해시 함수를 구성하기 위해 사용한다. 해당 해시 함수는 기본으로 제공되는 hash() 함수보다 더 많이 계산해야 하는 경우가 종종 있다.

3.13 연습 문제

1. 충돌을 해결하기 위해 다른 전략을 사용하면 개방 주소법의 성능이 향상될까? 바로 다음 인덱스를 선택하는 선형 조사를 사용하는 대신에 크기가 2의 거듭제곱인 해시 테이블을 생성하고, 차이가 삼각수$^{triangle number}$(1, 3, 6, 10, 15, 21, …)인 추가 인덱스 위치를 살펴보는 탐색 순서를 사용하자. n번째 삼각수는 1에서 n까지의 합이며 n×(n+1)/2라는 공식으로 표현된다.

   전체적인 성능이 선형 조사보다 나은가?

   크기가 524,288인 Hashtable을 영어 단어 첫 160,564개(30% 활용)로 채우고, 단어 321,129개를 탐색하는 데 걸리는 시간을 측정해보자. 개방 주소법 Hashtable 및 분리 연쇄법과 성능을 비교해보자.

2. 분리 연쇄법 해시 테이블의 연결 리스트 내에서 키를 정렬하는 것이 좋을까? Hashtable를 변경해 각 연결 리스트 내 (키, 값) 쌍을 키의 오름차순으로 정렬하도록 하자.

크기가 524,287(소수)인 Hashtable에 영어 단어 첫 160,564개(30% 활용)를 역순으로 채우는 시간을 측정해보자. 보다시피, 해당 변경에 대한 최악의 경우는 키가 값을 증가시키면서 해시 테이블에 put()으로 삽입되었을 때 일어난다. 성능을 개방 주소법 Hashtable 및 일반 분리 연쇄법 Hashtable과 비교해보자.

이제 키로 첫 160,564개의 영어 단어를 탐색하는 데 걸리는 시간을 측정한다. 기대한 대로, 해당 단어들이 모두 해시 테이블에 있으므로 이는 최상의 경우다. 성능을 배열 기반 Hashtable 및 분리 연쇄법과 비교해보자. 다음으로는 영어 사전 뒷부분에서 단어 160,565개를 탐색해보자. 연결 리스트에서 이러한 단어를 찾으려면 항상 각 연결 리스트를 완전히 탐색해야 하므로 최악의 경우를 엿볼 수 있다. 다시 한번 성능을 개방 주소법 Hashtable 및 일반 정렬되지 않은 연결 리스트 변형과 비교해보자.

이러한 결과는 선택된 초기 크기 524,287에 얼마나 영향을 받는가? 예를 들어 214,129 (75% 활용)와 999,983(16% 활용)을 비교해보자.

3. 예측 가능한 해시 코드의 위험성을 확인하기 위해 [코드 3-14]에 있는 ValueBadHash를 살펴보자. 해당 파이썬 클래스에 대한 객체는 해시 값으로 단 네 가지 값(0~3)을 제공한다. 이 클래스는 기본 hash()와 __eq__()의 동작을 재정의하며, 객체들은 put(key, v)를 수행할 때 키 값으로 사용될 수 있다.

코드 3-14 ValueBadHash의 끔찍한 hash() 함수

```
class ValueBadHash:
  def __init__(self, v):
    self.v = v

  def __hash__(self):
    return hash(self.v) % 4

  def __eq__(self, other):
    return (self.__class__ == other.__class__ and self.v == other.v)
```

분리 연쇄법 Hashtable(50,000)을 실행하고 영어 사전 단어 첫 20,000개에 대해 put(ValueBadHash(w), 1)을 수행하자. 다음으로 일반 분리 연쇄법 Hashtable을 생성하고 같은 단어들로 put(w, 1)을 수행하자. 다음과 같은 통계 수치를 확인하자.

- 버킷의 평균 체인 길이

- Hashtable 내 모든 버킷 중 가장 긴 체인

코드 실행 시간이 오래 걸릴 수 있으니 만반의 준비를 하자. 그리고 해당 통계 결과를 설명하자.

4. 버킷 개수 M이 소수이면 M과 공통인수가 있는 모든 키는 해당 인수의 배수가 되는 버킷으로 해시되므로 실제로 유용하다. 예를 들어, M=632=8×79이고 삽입될 엔트리의 키가 2,133=27×79라면, 해시 코드는 2,133%632=237이고 237=79×3이 된다. 문제는 해시 테이블 성능이 키의 균일한 분배를 가정한다는 점인데, 일부 키가 특정 버킷에 배치되는 경향이 있는 경우에는 가정에 위배된다.

M의 영향을 시험하기 위해 영어 단어 321,129개를 포함하는 사전에 있는 단어마다 base 26을 통해 키를 만들자. M 값의 범위가 428,880과 428,980 사이로 잠재적 값이 101개일 때 크기가 고정된 해시 테이블(개방 주소법과 분리 연쇄법을 모두 사용)을 구성하고 평균 및 최대 체인 길이를 보여주는 표를 만들자. 해당 범위 내에 특별히 나쁜 M 값이 있는가? 이 모든 값의 공통점을 찾을 수 있는가? 이와 같은 지식으로 무장해 다음 10,000개 M 값 (최대 438,980)을 조사하고 최대 체인 길이가 거의 10배 나쁜 값을 찾아보자.

5. 개방 주소법 해시 테이블 사용 시, 버킷에서 엔트리를 제거하면 선형 조사를 사용해 생성된 이미 존재하는 체인을 끊을 수 있으므로 remove(key)를 지원하기 위한 쉬운 방법은 없다. M=5인 해시 테이블이 있고 키 값이 0, 5, 10인 항목을 해싱했다고 가정하자. 각 충돌은 선형 조사로 해결되었기 때문에 결과 table 배열은 [0, 5, 10, None, None]으로 채워진다. 결함이 있는 remove(5) 연산은 단순히 table에서 키가 5인 엔트리를 제거하면, 배열의 저장 상태는 [0, None, 10, None, None]이 된다. 하지만, 키가 10인 엔트리는 인덱스 위치 0의 체인이 끊겼으므로 더는 탐색되지 못한다.

한 가지 전략은 Entry에 엔트리의 제거 여부를 기록하는 불리언 항목을 추가하는 것이다. 그에 따라 get()과 put()을 수정해야 한다. 게다가 삭제로 표시된 엔트리는 새로운 해시 테이블에 삽입될 필요가 없으므로 크기 재조정 이벤트도 역시 조정되어야 한다. 지워진 엔트리는 건너뛸 수 있도록 __iter()__ 메서드도 업데이트해야함을 잊지 말자.

해시 테이블의 엔트리 중 반 이상이 삭제로 표시되었을 때, 축소 이벤트를 시작할 수 있는 추가 로직을 고려해보자. 몇 가지 시도를 통해 분리 연쇄법의 성능과 remove() 기능 사용이 가능한 개방 주소법의 성능을 비교해보자.

6. 해시 테이블의 크기 재조정은 값 N개를 모두 새로운 구조로 재해싱해 넣어줄 필요가 있으므로 성능 페널티가 발생한다. 대신에 증분 크기 조정에서, 크기 재조정 이벤트는 새로운 배열 newtable(크기 2M+1)을 할당하지만 원본 해시 테이블은 유지된다. get(key)는 원본 table을 통해 탐색하기 전에 newtable에 키에 대해 먼저 탐색을 요청한다. put(key, value) 요청은 newtable에 새로운 엔트리를 삽입한다. 각 삽입 후에 기존 table에서 delta 요소는 재해싱되고 newtable에 삽입된다. 모든 요소가 원본 table에서 제거되었으면 table은 제거될 수 있다.

   분리 연쇄법 해시 테이블로 해당 접근을 구현하고 다른 delta 값으로 실험하자. 특히, 다음 크기 재조정 이벤트 전에 기존 table이 완전히 비워짐을 보장하는 최소 delta 값은 무엇일까? delta는 상수일까, 혹은 M이나 N을 기반으로 할까?

   이 접근은 언제든지 put()에 의해 발생하는 총 비용을 줄여준다. [표 3-5]와 비슷한 예제를 사용해 경험적 측정을 수행하되 가장 비용이 비싼 연산의 런타임 성능 비용을 측정하자.

7. 해시 테이블 내 (키, 값) 쌍 개수인 N은 M의 1/4보다 작아질 수 있어서 table 저장 배열을 축소해 필요 없어진 저장 공간을 줄일 수 있다. 축소 이벤트는 remove()로 발생시킨다.

   이러한 기능을 실현하기 위해 분리 연쇄법 혹은 개방 주소법 해시 테이블을 수정하고 몇 가지 경험적 시도를 통해 가치가 있는지 확인해보자.

8. 심볼 테이블을 사용해 리스트에서 가장 많이 중복되는 요소를 찾아보자. '가장 많이 중복된 횟수'가 동일한 값이 여러 개이면 어느 값이든 반환될 수 있다.

   most_dulplicated([1,2,3,4])는 1, 2, 3, 4를 반환할 수 있지만, most_dulplicated([1,2,1,3])은 반드시 1을 반환한다.

9. 개방 주소법 해시 테이블은 하나의 요소가 제거된 후 체인에 남은 (키, 값) 쌍을 모두 재해싱해 엔트리를 제거할 수 있다. 이러한 기능을 개방 주소법에 추가하고, 몇 가지 시도를 통해 분리 연쇄법과 제거 기능을 개정한 개방 주소법의 성능을 비교해보자.

힙

이 장에서 배울 내용은 다음과 같다.

- 큐와 우선순위 큐 데이터 타입
- 1964년에 개발된, 배열에 저장 가능한 이진 힙 자료구조
- 최대 이진 힙에서 엔트리의 우선순위 수가 클수록 우선순위가 더 높다고 간주된다.
- (값, 우선순위) 엔트리를 이진 힙에 $O(logN)$ 복잡도로 넣는 방법(N은 힙 내 엔트리 개수)
- 이진 힙에서 우선순위가 가장 높은 값을 $O(1)$ 복잡도로 찾는 방법
- 이진 힙에서 우선순위가 가장 높은 값을 $O(logN)$ 복잡도로 제거하는 방법

단지 값의 컬렉션을 저장하는 대신에, 각 엔트리에 값과 숫자로 표시된 연관된 우선순위가 있는 엔트리 모음을 저장하면 어떻게 될까? 두 엔트리가 주어졌을 때 하나는 우선순위가 높아 다른 것보다 더 중요하다. 이번에는 컬렉션에 새로운 (값, 우선순위) 엔트리를 넣고 제거할 수 있으며 컬렉션에서 우선순위가 가장 높은 엔트리에 대한 값을 반환받을 수 있도록 하자.

이런 동작은 **우선순위 큐**^{priority queue}를 정의한다. 우선순위 큐는 enqueue(value, priority)와 우선순위가 가장 높은 값을 제거하는 dequeue()를 효율적으로 지원하는 데이터 타입이다. 우선순위가 가장 높은 값을 제거하기 위해 요청할 때 미리 우선순위를 알 필요가 없으므로 이전 장에서 논의한 심볼 테이블과는 다르다.

[그림 4-1]은 유명한 맛집에 들어가려고 줄 선 사람들의 모습을 나타낸다. 더 많은 사람이 맛집에 입장하려면 줄의 끝에서 기다려야 할 것이다. 대기 줄의 첫 번째 사람이 가장 오래 기다린 사람이다. 이런 행동은 기본적인 큐 추상 데이터 타입에서 값을 추가하면 큐의 맨 끝에서 가장 최신의 값이 되게 하는 enqueue(value)와, 큐에 남은 가장 오래된 value를 제거하는 dequeue()를 나타낸다. 다른 말로 표현하면 **선입 선출**First In, FIrst Out (FIFO), 즉 '먼저 줄을 선 사람이 먼저 입장한다'와 같다.

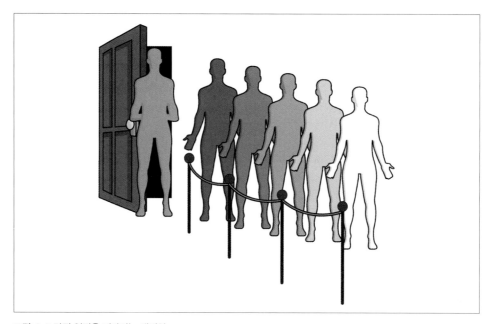

그림 4-1 맛집 입장을 기다리는 대기열

이전 장에서 설명한 연결 리스트 자료구조를 다시 한번 사용하자. Node는 대기열의 value를 저장한다.

```
class Node:
  def __init__(self, val):
    self.value = val
    self.next = None
```

이 구조체를 사용해, [코드 4-1]의 Queue 구현에는 연결 리스트의 맨 끝에 값을 추가하는 enqueue() 연산이 있다. [그림 4-2]는 맛집 대기열에 "Joe", "Jane", "Jim"의 순서로 enqueue()를 호출한 결과를 보여준다. "Joe"는 줄에서 가장 먼저 입장하게 될 손님이며, 그 결과 대기열에는 두 명만 남고 "Jane"이 줄의 맨 처음이 된다. Queue에서 enqueue()와 dequeue() 호출은 큐에 있는 값의 총 개수와는 무관하게 상수 시간에 수행된다.

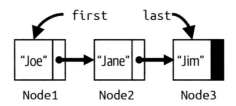

그림 4-2 3개 노드로 맛집 대기열 모델링하기

코드 4-1 Queue 데이터 타입의 연결 리스트 구현

```
class Queue:
  def __init__(self):
    self.first = None                        ❶
    self.last = None

  def is_empty(self):
    return self.first is None                ❷

  def enqueue(self, val):
    if self.first is None:                   ❸
      self.first = self.last = Node(val)
    else:
      self.last.next = Node(val)             ❹
      self.last = self.last.next
```

```
def dequeue(self):
  if self.is_empty():
    raise RuntimeError('Queue is empty')

  val = self.first.value              ❺
  self.first = self.first.next        ❻
  return val
```

❶ first와 last의 초기값은 None이다.

❷ first가 None이라면 Queue는 비어 있다.

❸ Queue가 비었다면 first와 last는 새롭게 생성된 Node로 설정된다.

❹ Queue가 비어 있지 않다면 last 다음에 추가하고 last가 새로 생성한 Node를 가리키도록 한다.

❺ 반환될 값을 위해 first가 참조하는 Node의 값을 확인한다.

❻ first가 리스트의 다음 Node를 참조하도록 설정한다.

다른 상황을 고려해보자. 맛집은 특별한 통행권을 도입해 손님이 지출한 총 금액을 기록하기로 했다. 금액은 자유롭게 지불할 수 있다. 예를 들어 한 손님은 5천 원짜리 통행권을 구입하고, 다른 손님은 1만 원짜리 통행권을 구입할 수 있다. 맛집이 너무 혼잡해지면 사람들은 줄을 서서 기다리기 시작한다. 하지만 가장 먼저 입장하는 사람은 줄에서 가장 높은 금액의 통행권을 가진 사람이다. 돈을 가장 많이 지불한 사람이 2명 이상이라면 그중 한 명이 선택되어 맛집에 들어가게 된다. 통행권이 없는 손님은 0원을 지불한 것으로 취급된다.

[그림 4-3]에서 1만 원짜리 통행권을 가진 중앙에 있는 손님은 맛집에 가장 먼저 입장하고, 다음으로는 5천 원짜리 통행권을 가진 사람 두 명이(순서대로) 입장한다. 통행권이 없는 손님들은 모두 동일하게 간주되며 그들 중 누구든 다음 입장자가 될 수 있다.

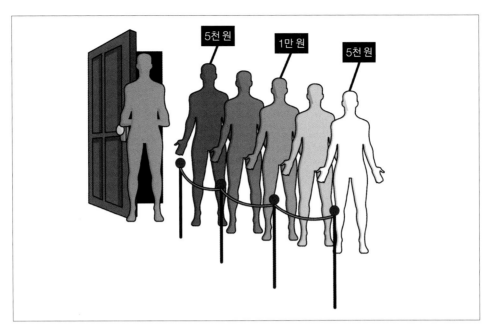

그림 4-3 손님은 구입한 통행권으로 빠르게 입장할 수 있다

> **NOTE_** 우선순위 큐 데이터 타입은 둘 이상의 값이 동일하게 가장 높은 우선순위를 가질 때, 무엇을 해야 하는지를 지정하지 않는다. 사실은 구현에 기반해 우선순위 큐는 큐에 넣은 순서대로 값이 반환되지 않을 수 있다. 이 장에서 설명했듯 힙 기반 우선순위 큐는 우선순위가 동일한 값을 큐에 들어온 순서대로 반환하지 않는다. heapq 내장 모듈은 힙을 사용해 우선순위를 구현하며, 해당 내용은 8장에서 다룬다.

수정된 동작은 우선순위 큐의 추상 데이터 타입을 정의한다. 하지만 enqueue()와 dequeue()는 효율적으로 상수 시간에 처리하도록 구현될 수가 없다. 한편으로, 연결 리스트 자료구조를 사용한다면 enqueue()는 여전히 $O(1)$이지만, dequeue()는 가장 높은 우선순위가 있는 위치를 찾기 위해 우선순위 큐의 모든 값을 확인해야 하므로 최악의 경우에는 $O(N)$이 요구된다. 다른 한편으로는 모든 요소를 우선순위로 정렬해 유지한다면 dequeue()는 $O(1)$으로 처리되지만, 이제 enqueue()는 최악의 경우 새로운 값을 삽입할 곳을 찾기 위한 $O(N)$이 요구된다.

지금까지의 경험을 바탕으로, (값, 우선순위) 엔트리를 저장하기 위한 Entry 객체를 구성할 수 있는 다섯 가지 구조를 보자.

배열

최선의 성능을 내기 위한 구조를 만들기 어려운 정렬되지 않는 엔트리의 배열. enqueue()는 상수 시간 연산이지만 dequeue()는 가장 높은 우선순위 값을 찾아 제거하고 반환하기 위해 전체 배열을 탐색해야 한다. 배열은 크기가 고정되어 있으므로 우선순위 큐가 가득 찰 수 있다.

내장 연산

순서가 없는 리스트로, 배열과 비슷한 성능으로 제공되는 파이썬 내장 연산을 통해 제어한다.

OrderA

엔트리의 우선순위가 점점 증가하도록 정렬된 배열. enqueue()에서는 이진 배열 탐색 변형([코드 2-4] 참고)을 사용해 엔트리가 위치할 곳을 찾고, 찾은 위치의 공간을 확보하기 위해 배열 엔트리를 수동으로 시프트한다. dequeue()는 엔트리가 완전히 정렬되었으므로 상수 시간에 배열의 마지막에서 우선순위가 가장 높은 엔트리를 찾는다. 배열은 크기가 고정되어 있으므로 우선순위 큐가 가득 찰 수 있다.

연결 리스트

첫 번째 엔트리가 리스트 내에서 가장 큰 우선순위를 가지는 연결 리스트. 각 후속 엔트리는 이전 엔트리보다 우선순위가 작거나 같다. 해당 구현은 연결 리스트의 적절한 위치에 새로운 값을 넣도록 해 dequeue()를 상수 시간에 처리하도록 한다.

OrderL

우선순위가 점점 증가하도록 오름차순으로 엔트리를 포함하는 파이썬 리스트. enqueue()에서 이진 배열 탐색 변형을 사용해 알맞은 위치에 엔트리를 동적으로 삽입한다. 우선순위가 가장 높은 엔트리는 리스트의 맨 마지막에 있으므로 dequeue()는 상수 시간에 처리된다.

이런 구현을 비교하고자 안정적으로 3N/2 enqueue() 연산과 3N/2 dequeue() 연산을 수행하는 실험을 고안했다. 각 구현에 대해, 총 실행 시간을 측정하고 3N으로 나누어 평균 수행 비용을 계산한다. [표 4-1]에서 보듯이 고정 크기 배열이 가장 느린 반면에 내장 파이썬 리스트는 시간을 절반으로 줄인다. 정렬된 엔트리 배열은 다시 절반으로 줄이고 연결리스트는 20% 향상한다. 그럼에도 불구하고 승자는 OrderL이다.

표 4-1 크기가 N인 문제 인스턴스에서 수행한 평균 성능(나노초)

N	힙	OrderL	연결 리스트	OrderA	내장 연산	배열
256	6.4	2.5	3.9	6.0	8.1	13.8
512	7.3	2.8	6.4	9.5	14.9	26.4
1,024	7.9	3.4	12.0	17.8	28.5	52.9
2,048	8.7	4.1	23.2	33.7	57.4	107.7
4,096	9.6	5.3	46.6	65.1	117.5	220.3
8,192	10.1	7.4	95.7	128.4	235.8	446.6
16,384	10.9	11.7	196.4	255.4	470.4	899.9
32,768	11.5	20.3	—	—	—	—
65,536	12.4	36.8	—	—	—	—

해당 접근에 대해 enqueue()나 dequeue() 수행의 평균 비용은 N에 정비례해 커진다. [표 4-1]에서 '힙' 열은 Heap 자료구조를 사용한 성능 결과를 보여준다. 해당 평균 비용은 [그림 4-4]에서 볼 수 있듯 $\log(N)$에 정비례해 증가하며, 이는 정렬된 파이썬 리스트를 사용한 구현의 성능을 현저하게 능가한다. 문제의 크기가 충분히 커지면 런타임에서 로그 알고리즘의 성능이 좋다. [표 4-1]에서 N이 두 배가 되면 성능 시간은 약 0.8나노초 증가한다.

1964년에 개발된 힙 자료구조는 우선순위 큐의 연산에 대해 $O(\log N)$ 성능을 제공한다. 이 장의 나머지 부분에서는 엔트리의 값(문자열, 숫자, 이미지 데이터 등이 될 수 있음)에 신경 쓰지 않고, 각 엔트리에 대한 우선순위 숫자에만 신경 쓴다. 이 장에 남은 그림 각각은 큐에 들어갈 엔트리의 우선순위만 표시한다. 최대 힙에서 두 엔트리가 주어지면, 값이 더 큰 엔트리가 더 높은 우선순위를 가진다.

힙은 N ⟨ M 개의 엔트리를 저장할 수 있는 최대 크기 M을 가진다. 이제 힙의 구조를 설명하면서 힙이 최대 크기 내에서 시간이 지남에 따라 커지고 줄어드는 방법과, 일반 배열이 N개 엔트리를 저장하는 방법을 보자.

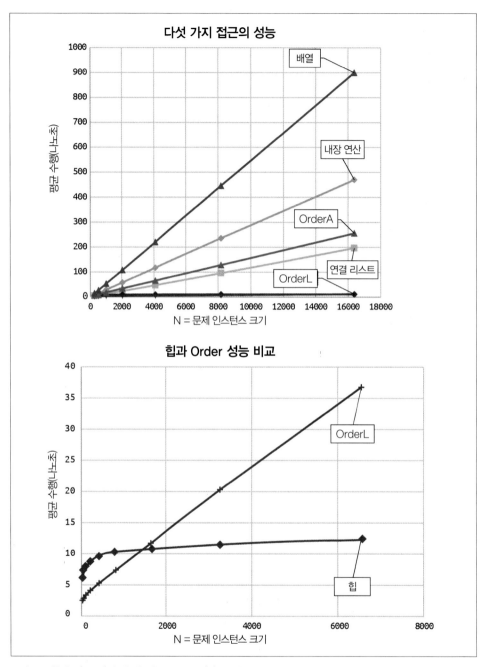

그림 4-4 힙의 O(logN)의 성능은 다른 접근의 O(N)보다 월등하다

4.1 최대 이진 힙

이상한 아이디어처럼 보이지만 엔트리가 '일부만 정렬'되었다면 어떨까? [그림 4-5]는 17개 엔트리가 있는 최대 힙에서 각 엔트리의 우선순위만을 보여준다. 보다시피 레벨 0에는 최대 힙의 모든 엔트리 중에서 우선순위가 가장 높은 단일 엔트리가 있다. x → y 방향의 화살표가 있으면 엔트리 x는 엔트리 y보다 우선순위가 높다.

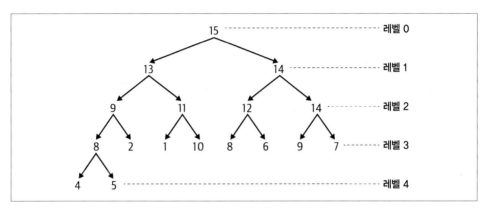

그림 4-5 최대 이진 힙 예

이런 엔트리는 정렬된 리스트에서처럼 완전히 정렬된 것이 아니기에 우선순위가 가장 낮은 엔트리를 찾으려면 잠시 탐색을 해봐야 한다(힌트: 해당 엔트리는 레벨 3에 있다). 하지만 결과로 나온 구조는 훌륭한 속성을 가진다. 레벨 1에는 두 개의 엔트리가 있으며, 그 중 하나는 우선순위가 두 번째로 높아야 한다(혹은 가장 높은 우선순위와 동일하다). 각 레벨 k(마지막은 제외)는 엔트리로 가득 차 있고 2^k개의 엔트리를 포함한다. 맨 밑 레벨에만 일부가 채워져 있으며(16개가 가능한데 2개만 있다) 왼쪽에서 오른쪽으로 채워진다. 또한 힙에는 우선순위가 같은 엔트리가 있을 수 있다. 우선순위 8과 14가 여러 번 보인다.

각 엔트리에서 화살표가 2개보다 많이 나오지 않도록 해 **최대 이진 힙**^{max binary heap}을 구성한다. 우선순위가 15인 레벨 0의 엔트리를 기준으로, 레벨 1의 우선순위 13인 첫 번째 엔트리는 레벨 0 엔트리의 **왼쪽 자식**이다. 우선순위가 14인 두 번째 엔트리는 **오른쪽 자식**이 된다. 이때 우선순위가 15인 엔트리는 레벨 1에 두 자식 엔트리를 가지는 **부모**다.

다음은 최대 이진 힙의 속성을 요약한다.

힙 순서 속성(heap-ordered property)

엔트리의 우선순위는 그것의 왼쪽 자식과 오른쪽 자식(둘 중 하나는 존재한다)의 우선순위보다 같거나 크다. 최상위 엔트리를 제외한 각 엔트리의 우선순위는 부모 엔트리의 우선순위보다 작거나 같다.

힙 모양 속성(heap-shape property)

각 레벨 k는 레벨 k+1이 있다면 2^k개의 엔트리(왼쪽에서 오른쪽으로)로 채워져 있다.

이진 힙이 단일 엔트리만 가진다면, $2^0 = 1$이므로 단일 레벨 0만 있다. N > 0 엔트리를 저장하기 위한 이진 힙은 레벨이 몇 개 필요할까? 수학적으로 N개 엔트리에 대해 필요한 레벨 개수를 반환하는 L(N) 공식을 정의하자. [그림 4-6]은 L(N)을 결정하는 데 유용하다. 그림에는 엔트리 16개가 있고 각 엔트리는 아래 첨자를 사용해 표기하며, 맨 꼭대기에 있는 e_1부터 시작한다. 왼쪽에서 오른쪽으로 가면서 아래 첨자 숫자를 증가시키며, 해당 레벨에 더는 엔트리가 없을 때까지 계속하고 다음 레벨 맨 왼쪽으로 넘어간다.

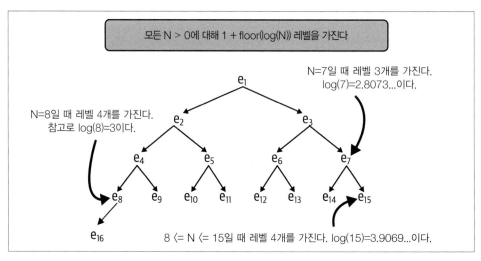

그림 4-6 엔트리 N개로 구성된 이진 힙에 필요한 레벨 개수 결정하기

힙에 단 7개의 엔트리만 있으면 엔트리 e_1에서 e_7까지 포함하는 레벨은 총 3개다. 엔트리가 8개이면 레벨 4개가 필요하다. 맨 꼭대기부터 왼쪽 화살표를 따라가면 아래 첨자는 e_1, e_2, e_4, e_8, e_{16}과 같이 특정 패턴이 있는데, 이는 2의 거듭제곱 값으로 증가한다. 따라서 $L(N) = 1 + $ `floor`$(\log(N))$이라는 결론이 나온다.

TIP 이진 힙에서 새로운 레벨 내 엔트리 개수는 이전 레벨들에 있는 엔트리 개수를 모두 합한 것보다 많다. 이진 힙의 높이를 한 레벨만 증가시켜도 이진 힙은 2배 많은 엔트리를 가질 수 있다(기존 갖고 있던 엔트리 개수가 N일 때 엔트리는 2N+1개가 된다)!

N이 두 배가 되면 $\log(N)$의 값은 1만큼 증가한다는 것을 기억하자. 수학적으로 $\log(2N) = 1+\log(N)$으로 나타낸다. [그림 4-7]의 네 가지 선택지 중에서 어느 것이 유효한 최대 이진 힙일까?

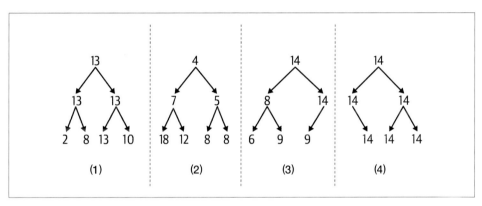

그림 4-7 어느 것이 유효한 최대 이진 힙일까?

먼저 [그림 4-7]의 선택지 각각에 대해 힙 모양 속성을 살펴보자. **(1)**과 **(2)**는 각 레벨이 가득 차 있으므로 유효하다. **(3)**은 마지막 레벨은 가득 차 있지 않지만 왼쪽에서 오른쪽으로 3개의 엔트리(4개가 가능)가 채워져 있으므로 유효하다. **(4)**는 마지막 레벨에 3개의 엔트리가 있지만 맨 왼쪽 엔트리가 없으므로 힙 모양 속성에 위배된다.

이제 최대 이진 힙에 대한 힙 순서 속성을 고려해보자. 각 부모의 우선순위가 자식의 우선순위보다 크거나 같아야 한다. **(1)**은 방향마다 확인해보면 힙 순서 속성을 만족하므로 유효하다. **(3)**에서 우선순위가 8인 엔트리는 오른쪽 자식 엔트리의 우선순위 값인 9보다 작으므로 유효하지 않다. **(2)**는 레벨 0에 있는 우선순위가 4인 엔트리가 두 자식 엔트리의 우선순위보다 작으므로 유효하지 않다.

> **NOTE_** (2)는 사실 각 부모 엔트리의 우선순위가 자식 엔트리의 우선순위보다 작거나 같은 값을 가지는 **최소 이진 힙**에서 유효한 예다. 최소 이진 힙은 7장에서 다룬다.

enqueue()나 dequeue()(최대 힙에서 우선순위가 가장 높은 값을 제거) 후에도 두 힙 속성을 만족하도록 해야 한다. 그러면 이전 [표 4-1]에서 설명했던 enqueue()와 dequeue()가 최악의 경우 성능이 O(N)인 접근 방식을 크게 개선한 O(logN)으로 수행됨을 입증할 수 있다.

4.2 (값, 우선순위) 삽입하기

최대 이진 힙에서 enqueue(value, priority)가 수행되면 새로운 엔트리는 어디에 들어가야 할까? 다음과 같은 항상 동일한 전략으로 동작한다.

- 새로운 엔트리는 마지막 레벨에 가용한 비어 있는 위치에 넣는다.
- 레벨이 가득 차 있다면 새로운 레벨을 추가해 힙을 확장하고, 새로운 엔트리를 그 레벨의 가장 왼쪽 위치에 넣는다.

[그림 4-8]에서 우선순위가 12인 새로운 노드는 레벨 4의 세 번째 위치에 삽입된다. 이때 힙 모양 속성을 만족한다(레벨 4의 모든 엔트리는 왼쪽부터 빈 엔트리 없이 순서대로 채워져 있기 때문이다). 하지만 엔트리가 삽입되면 힙 순서 속성은 만족하지 못한다.

좋은 소식은 새로 추가한 엔트리에서 레벨 0의 최상위 엔트리까지 **경로**에 있는 엔트리만 다시 정렬하면 된다는 점이다. [그림 4-10]은 힙 순서 속성을 복원한 후의 최종 결과를 보여준다. 보다시피 음영 처리된 경로의 엔트리는 위에서 아래로 내림차순(혹은 같게)으로 알맞게 재정렬되었다.

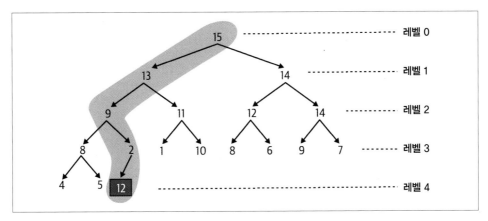

그림 4-8 엔트리 삽입 시 첫 단계는 다음 가용한 위치에 엔트리를 삽입하는 것이다

> **NOTE_** 이진 힙에서 특정 엔트리까지의 **경로**란 레벨 0의 단일 엔트리에서 특정 엔트리에 도달할 때까지 화살표(왼쪽 혹은 오른쪽)를 따라 형성되는 일련의 엔트리다.

힙 순서 속성을 만족하는 최대 힙을 재구성하기 위해, 새롭게 추가된 엔트리는 현시점에서 부모 노드와 교환하면서 알맞은 위치로 이동하게 된다. [그림 4-8]은 예제에 우선순위가 12인 엔트리가 새로 추가되어 힙 순서 속성을 만족하지 않는 모습을 보여준다. 추가된 엔트리의 우선순위가 부모의 우선순위보다 크기 때문이다(12>2). 두 엔트리를 교환하면 최대 힙은 [그림 4-9]와 같다. 위쪽 방향으로 계속 진행한다.

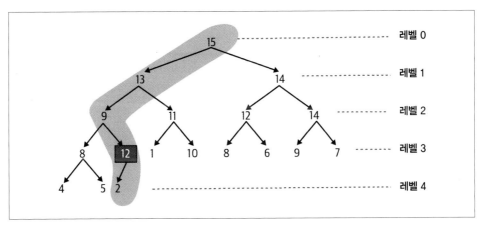

그림 4-9 두 번째 단계로는 필요에 따라 엔트리를 한 레벨 위로 이동한다

우선순위가 12인 엔트리와 아래 엔트리는 최대 이진 힙을 만족한다. 하지만 우선순위가 12인 엔트리는 우선순위가 9인 부모 엔트리보다 값이 크기 때문에, 부모 엔트리와 교환이 일어나 [그림 4-10]처럼 된다.

[그림 4-10]에서 우선순위가 12인 엔트리 아래에 밝은 회색으로 음영 처리된 부분은 유효한 최대 이진 힙이다. 우선순위가 9인 엔트리와 12인 엔트리가 교환될 때, 우선순위가 8인 엔트리 하위는 우선순위가 8보다 작거나 같은 엔트리로 구성되어 있고, 당연히 우선순위가 12인 엔트리보다 작다는 의미이므로 해당 부분은 걱정할 필요가 없다. 우선순위가 12인 엔트리는 우선순위가 13인 부모 엔트리보다 작으므로 힙 순서 속성을 만족한다.

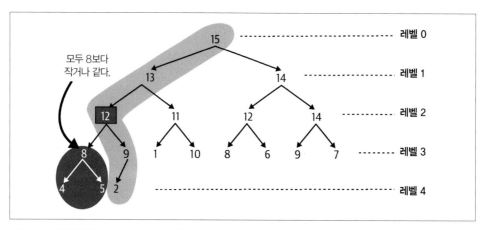

그림 4-10 세 번째 단계로는 필요에 따라 엔트리를 한 레벨 위로 이동한다

[그림 4-10]에서 나타낸 힙에 enqueue(value, 16)을 시도하면 초기에는 레벨 4의 네 번째 이자 우선순위가 9인 엔트리의 오른쪽 자식으로 새로운 엔트리가 들어간다. 이 엔트리는 레벨 0까지 올라가게 되어 [그림 4-11]과 같은 최대 이진 힙을 구성하게 된다.

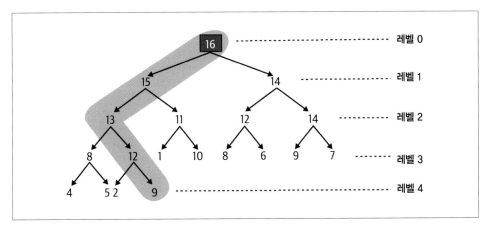

그림 4-11 우선순위가 16인 엔트리를 추가해 꼭대기로 올린다

최악의 경우는 최대 이진 힙에 있는 모든 엔트리보다 우선순위가 높은 엔트리가 추가될 경우다. 경로에서 엔트리 수는 1+floor(log(N))이므로 교환 수행 횟수는 총 엔트리 개수보다 1만큼 작은 floor(log(N))이 된다. 이제 enqueue() 이후에 최대 이진 힙을 재구성하는 시간 복잡도가 O(logN)이 된다. 이 훌륭한 결과는 문제의 반만 다룬 것이다. 최대 이진 힙에서 가장 우선순위가 높은 엔트리를 효율적으로 제거할 수도 있어야 하기 때문이다.

4.3 우선순위가 가장 높은 값 제거하기

최대 이진 힙에서 우선순위가 가장 높은 엔트리를 찾기는 간단하다. 항상 레벨 0의 맨 꼭대기에 있는 단일 엔트리가 우선순위가 가장 높다. 하지만 레벨 0에 엔트리가 없으면 힙 모양 속성에 위반되므로 해당 엔트리를 단순히 제거할 수는 없다. 다행히도, 가장 꼭대기에 있는 엔트리를 제거하고 효율적으로 최대 이진 힙을 재구성할 수 있는 dequeue() 전략이 있다. 다음과 같은 일련의 과정을 거친다.

1. 가장 밑바닥 레벨의 가장 우측에 있는 엔트리를 제거하고 저장한다. 그 시점에는 힙 순서와 힙 모양 속성 모두를 만족할 것이다.
2. 레벨 0에서 가장 우선순위가 높은 엔트리에 대한 값을 반환하기 위해 저장한다.
3. 앞서 힙의 가장 밑바닥 레벨에서 저장했던 엔트리를 레벨 0의 엔트리와 교체한다. 이 교체로 인해 힙 순서 속성이 깨질 수 있다.

해당 목표를 달성하기 위해, [그림 4-12]에서 볼 수 있듯 먼저 우선순위가 9인 엔트리를 제거하고 저장한다. 그 결과로 힙의 구조는 유지가 된다. 다음에는 레벨 0에서 가장 우선순위가 높은 값을 반환하기 위해 기록한다([그림 4-12]에는 나타나지 않는다).

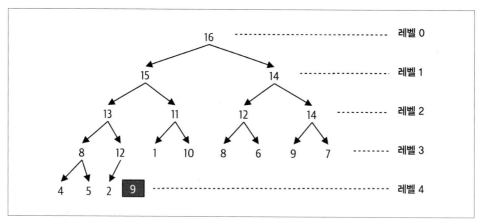

그림 4-12 가장 바닥에 있는 엔트리를 제거하는 첫 단계

마지막으로, 레벨 0의 단일 엔트리와 맨 아래 레벨에서 제거했던 엔트리를 교체하면 [그림 4-13]에서 보듯 최대 힙의 순서 속성에 위반된다. 레벨 0에 있는 단일 엔트리의 우선순위는 왼쪽 자식(우선순위가 15)과 오른쪽 자식(우선순위가 14)보다 작다. 최대 힙을 재구성하려면 꼭대기의 엔트리를 아래로 이동해 힙 순서 속성을 맞추어야 한다.

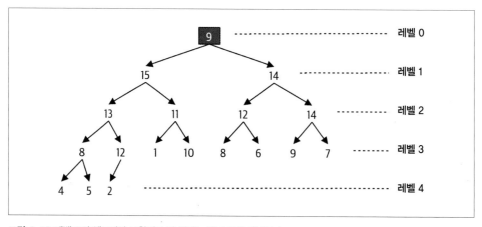

그림 4-13 레벨 0의 엔트리와 교환되고 난 결과는 힙 속성에 위반된다

유효하지 않은 엔트리에서 시작해 해당 엔트리의 자식(왼쪽 혹은 오른쪽) 중 높은 우선순위를 선택한다(왼쪽 자식만 있다면 왼쪽 자식을 사용한다). 예제에서 우선순위가 15인 왼쪽 자식이 우선순위가 14인 오른쪽 자식보다 더 높으며, [그림 4-14]는 두 자식 중 우선순위가 높은 엔트리와 맨 꼭대기 엔트리를 교환한 결과를 나타낸다.

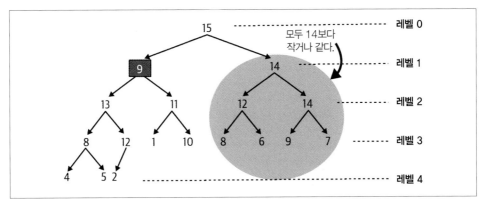

그림 4-14 맨 꼭대기 엔트리와, 우선순위가 더 높은 왼쪽 자식을 교환한다

보다시피 레벨 1에서 우선순위가 14인 엔트리를 기반으로 하는 하위 구조는 유효한 최대 이진 힙이므로 변경할 필요가 없다. 하지만 새로 교환된 엔트리(우선순위가 9)는 힙 순서 속성(해당 엔트리의 두 자식 보다 우선순위가 낮다)을 위반하므로 두 자식 중 우선순위가 13으로 더 높은 엔트리와 교환해 [그림 4-15]와 같이 구성해야 한다.

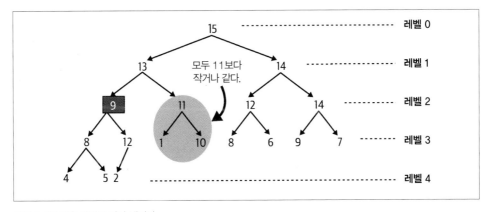

그림 4-15 다음 단계로 하나 내린다

거의 다 왔다! [그림 4-15]에서 우선순위가 9인 엔트리는 두 자식 중 오른쪽 자식이 우선순위 12로 더 높으므로 두 엔트리를 교환해 힙의 순서 속성을 만족하는 힙을 구성하면 [그림 4-16] 과 같다.

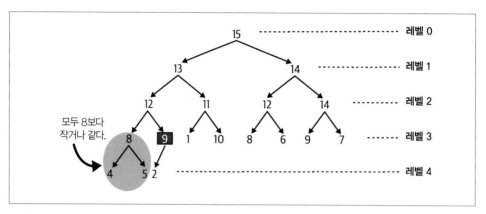

그림 4-16 알맞은 위치로 내려와 힙을 재구성한다

앞서 우선순위 큐에 새로운 엔트리를 넣었을 때와 같이 조정된 엔트리의 간단한 경로는 없지만, 아래로 내려오는 단계가 반복되는 최대 횟수는 최대 이진 힙 레벨의 총 수보다 1이 작은 $floor(log(N))$이다.

또한 두 엔트리의 우선순위를 비교한 횟수도 계산할 수 있다. 엔트리를 아래로 내릴 때마다 최대 두 번 비교한다. 한 번은 두 형제 엔트리 중 큰 우선순위를 찾기 위한 비교이며 다른 하나는 부모 엔트리가 두 형제 중 큰 엔트리보다 큰지를 확인하는 비교이다. 결론적으로 비교 횟수는 $2 \times floor(log(N))$회 이하임을 의미한다.

최대 이진 힙이 최악의 경우 엔트리를 추가하거나 우선순위가 가장 높은 엔트리를 제거하는 시간이 $log(N)$에 정비례한다는 것은 매우 중요하다. 이제 일반 배열을 사용해 이진 힙을 구현하는 방법을 알아보며 해당 이론을 적용해보자.

힙 모양 속성이 모든 엔트리를 왼쪽에서 오른쪽으로, 레벨 0에서 각 하위 레벨까지 순서대로 읽을 수 있을까? 일반 배열에 이진 힙을 저장해 파악해보도록 하자.

4.4 배열로 이진 힙 구성하기

[그림 4-17]은 고정 크기 M 〉 N인 배열에 N=18인 최대 이진 힙을 저장하는 방법을 보여준다. 이와 같이 각 엔트리를 고유한 인덱스 위치에 매핑함으로써 레벨이 5개인 최대 이진 힙을 일반 배열에 저장한다. 각 점선 상자는 이진 힙의 엔트리가 저장된 배열에서 대응되는 인덱스 위치 값을 나타낸다. 다시 한번 언급하면 이진 힙을 그림에 표현할 때는 엔트리의 우선순위만 표현한다.

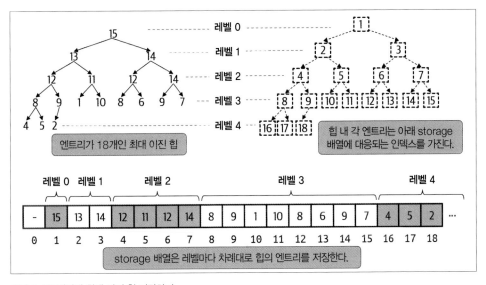

그림 4-17 배열에 최대 이진 힙 저장하기

각 엔트리마다 storage[] 배열에 대응되는 위치가 있다. 모든 계산을 단순화하기 위해 storage[0]는 사용하지 않고 엔트리를 저장하지 않는다. 우선순위가 15인 가장 꼭대기에 있는 엔트리는 storage[1]에 위치한다. 해당 엔트리의 우선순위가 13인 자식 엔트리는 storage[2]에 저장된다. storage[k]의 엔트리가 왼쪽 자식을 가지면 해당 엔트리는 storage[2*k]에 저장된다. [그림 4-17]은 이런 패턴을 보여준다. 비슷하게, storage[k]에 있는 엔트리가 오른쪽 자식을 가지면 해당 엔트리는 storage[2*k+1]에 저장된다.

k > 1에 대해, storage[k]에 있는 엔트리의 부모는 storage[k//2]에 있다. 여기서 k//2는 k를 2로 나누고 소수점 이하를 버린 결과를 값으로 하는 정수다. 힙의 맨 꼭대기 엔트리를 storage[1]에 저장했으므로 엔트리의 부모 위치를 계산하려면 2로 나누기만 하면 된다. 5//2=2이므로 storage[5](우선순위가 11)인 엔트리의 부모는 storage[2]에 있다.

storage[k]의 엔트리는 최대 힙의 엔트리 수가 N일 때 $0 < k \leq N$이면 유효하다. $2 \times k > N$일 때 storage[k]의 엔트리는 자식이 없다는 것이다. 예를 들어 $2 \times 10 = 20 > 18$이므로 storage[10]의 엔트리(우선순위가 1)는 왼쪽 자식이 없다. 또한 storage[9](우연히도 우선순위가 9)의 엔트리는 $2 \times 9 + 1 = 19 > 18$이므로 오른쪽 자식이 없다.

4.5 엔트리 이동의 구현

최대 이진 힙을 저장하기 위해, 먼저 priority와 연관된 value를 가지는 Entry를 구성하자.

```python
class Entry:
  def __init__(self, v, p):
    self.value = v
    self.priority = p
```

[코드 4-2]는 storage 배열에 최대 이진 힙을 저장한다. 객체를 생성할 때 storage의 길이는 size 매개변수보다 1만큼 큰 값이 된다(앞서 설명했듯 첫 번째 엔트리는 storage[1]를 기준으로 채워나간다).

코드의 표현을 단순화하는 헬퍼 메서드 두 개가 있다. 앞서 하나의 엔트리가 다른 엔트리보다 작은지 여부를 몇 번이나 확인했는지 보았다. less(i, j) 함수는 storage[i]에 있는 엔트리의 우선순위가 storage[j]에 있는 엔트리의 우선순위보다 작으면 True를 반환한다. 엔트리가 위 혹은 아래로 이동할 때 두 엔트리를 교환할 필요가 있다. swap(i, j) 함수는 storage[i]와 storage[k]의 엔트리를 서로 교환한다.

코드 4-2 enqueue()와 swim() 메서드를 포함한 힙 구현

```python
class PQ:
  def less(self, i, j):                              ❶
    return self.storage[i].priority < self.storage[j].priority

  def swap(self, i, j):                              ❷
    self.storage[i],self.storage[j] = self.storage[j],self.storage[i]

  def __init__(self, size):                          ❸
    self.size = size
    self.storage = [None] * (size+1)
    self.N = 0

  def enqueue(self, v, p):                           ❹
    if self.N == self.size:
      raise RuntimeError ('Priority Queue is Full!')

    self.N += 1
    self.storage[self.N] = Entry(v, p)
    self.swim(self.N)

  def swim(self, child):                             ❺
    while child > 1 and self.less(child//2, child):  ❻
      self.swap(child, child//2)                     ❼
      child = child // 2                             ❽
```

❶ less()는 storage[i]가 storage[j]보다 우선순위가 낮은지 확인한다.

❷ swap()은 엔트리 i와 j를 교환한다.

❸ storage[1]부터 storage[size]까지 엔트리가 저장될 것이다. storage[0]은 사용하지 않는다.

❹ (v, p) 엔트리를 넣기 위해, 다음으로 비어 있는 위치에 새로운 엔트리를 넣고 힙의 위쪽으로 이동시킨다.

❺ swim()은 힙 순서 속성에 따라 storage 배열을 재구성한다.

❻ storage[child] 엔트리의 부모는 storage[child//2]에 있다. child//2는 child를 2로 나눈 결과에서 소수점 이하를 버린 정수이다.

❼ storage[child]에 있는 엔트리를 해당 엔트리의 부모인 storage[child//2]와 교환한다.

❽ 필요하다면 child를 해당 부모의 위치로 설정해 위로 이동을 계속한다.

swim() 메서드는 정말 간단하다! child로 확인된 엔트리는 새로 추가된 것이고 child//2라는 부모 엔트리가 있어야 한다. 부모 엔트리가 자식보다 우선순위가 낮다면 두 엔트리는 교환되고 다음 상위 엔트리에서 우선순위 비교 및 교환 과정을 계속한다.

[그림 4-18]은 [그림 4-8]에서 enqueue(value, 12)로 시작된 storage의 변화를 보여준다. 후속 행은 각각 [그림 4-9]와 [그림 4-10]으로 진행해 storage 내에 변경된 엔트리를 보여준다. 마지막 행은 최대 이진 힙이 힙 순서 속성과 힙 모양 속성을 따름을 보여준다.

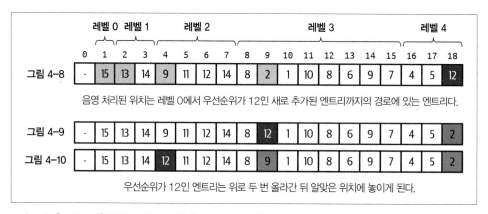

그림 4-18 [그림 4-8]에서 엔트리를 추가한 후 storage의 변화

맨 꼭대기부터 우선순위가 12인 새로 삽입된 엔트리까지 경로에는 5개 엔트리가 있다([그림 4-18]에서 음영 처리된 위치). swim()에서 while 루프를 두 번 순회하면 우선순위가 12인 엔트리는 부모와 교환되고 최종적으로는 힙 순서 속성을 만족하는 storage[4]까지 올라간다. 교환 횟수는 log(N)보다 많을 수 없다(N은 이진 힙의 엔트리 총 개수).

[코드 4-3]은 dequeue()가 실행되고 나서 최대 이진 힙의 구조를 재설립하는 sink() 메서드를 보여준다.

코드 4-3 dequeue()와 sink() 메서드를 포함해 완성된 힙 구현

```
def dequeue(self):
    if self.N == 0:
        raise RuntimeError ('PriorityQueue is empty!')

    max_entry = self.storage[1]                              ❶
```

```
        self.storage[1] = self.storage[self.N]              ❷
        self.storage[self.N] = None
        self.N -= 1                                          ❸
        self.sink(1)
        return max_entry.value                              ❹

    def sink(self, parent):
        while 2*parent <= self.N:                           ❺
            child = 2*parent
            if child < self.N and self.less(child, child+1):  ❻
                child += 1
            if not self.less(parent, child)                 ❼
                break
            self.swap(child, parent)                        ❽
            parent = child
```

❶ 레벨 0에 있는 우선순위가 가장 높은 엔트리를 저장한다.

❷ storage[1]의 엔트리를 힙의 가장 바닥 레벨에 있는 엔트리로 교체하고 가장 바닥 레벨에 있는 엔트리를 지운다.

❸ storage[1]로 sink를 수행하기 전에 엔트리 수를 감소한다.

❹ 우선순위가 가장 높은 엔트리가 가졌던 값을 반환한다.

❺ 자식이 있는 한 확인을 계속 진행한다.

❻ 오른쪽 자식이 존재하며 왼쪽 자식보다 우선순위가 높다면 오른쪽 자식을 선택한다.

❼ parent가 child보다 작지 않다면 힙 순서 속성은 만족한다.

❽ 필요하면 교환하고, child를 새로운 parent로 해 계속 아래로 이동한다.

다음 페이지의 [그림 4-19]는 [그림 4-11]에서 보인 초기 최대 이진 힙을 기반으로 dequeue()를 수행한 storage의 변화를 보여준다. [그림 4-19]의 첫 행은 엔트리가 19개인 배열이다. 두 번째 행에서는 우선순위가 9인 마지막 엔트리가 최대 이진 힙에서 가장 꼭대기 엔트리가 되도록 교환되어 힙 순서 속성이 위반된다. 또한 엔트리 한 개를 제거했으므로 이제 엔트리는 18개다.

그림 4-19 [그림 4-11]에서 dequeue를 수행한 후 storage의 변화

sink()의 while 루프를 연속 세 번 진행한 후에 우선순위가 9인 엔트리는 힙 순서 속성을 만족하는 위치로 내려오게 된다. 각 행에서 가장 왼쪽에 음영 처리된 엔트리는 우선순위가 9인 엔트리이고, 그 우측에 음영 처리된 엔트리는 우선순위가 9인 엔트리의 자식 엔트리이다. 우선순위가 9인 부모 엔트리가 자식 엔트리보다 작을 때마다 자식 엔트리 중 우선순위가 큰 엔트리와 교환되면서 아래로 내려온다. 교환 횟수는 $\log(N)$보다 절대 클 수 없다.

sink() 메서드는 swim()처럼 정해진 경로가 없으므로 시각화하기가 어렵다. [그림 4-19]의 마지막 행에서 우선순위가 9인 엔트리는 자식이 단 하나다(우선순위가 2). sink()가 종료되는 조건은 자식 엔트리가 없는 인덱스 위치 p에 도달(예를 들어, $2 \times p$가 N보다 크다면 storage에서 유효하지 않은 인덱스 위치이기 때문)했거나, 자식 엔트리 중 큰 엔트리의 우선순위보다 크거나 같은 경우(즉, 작지 않은 경우)이다.

> **WARNING_** dequeue()에서 구문의 순서는 매우 중요하다. 특히, sink(1)을 호출하기 전에 N을 1만큼 줄여야 한다. 그렇지 않으면 sink()는 최근에 힙에서 꺼내어진 엔트리에 대응되는 storage의 인덱스 위치가 여전히 힙의 일부라고 잘못 생각할 것이다. 코드를 보면 힙의 일부로 잘못 고려되지 않도록 storage[N]에 None을 설정한다..

dequeue() 로직이 맞다는 확신을 얻으려면 엔트리를 한 개만 포함하는 힙에서 해당 로직이 동작하는 방식을 살펴보자. 엔트리가 한 개인 힙에서 dequeue()를 하면 max_entry의 값을 반환받을 것이고 sink()를 호출하기 전에 N이 0이 되므로, sink()의 while 루프의 조건에서 2×1 > 0이 되어 아무것도 하지 않을 것이다.

4.6 요약

이진 힙 구조는 우선순위 큐 추상 데이터 타입의 효율적인 구현을 제공한다. 7장에서 논의할 여러 알고리즘은 우선순위 큐에 의존한다.

- (값, 우선순위) 엔트리의 enqueue() 수행은 성능이 $O(\log N)$이다.
- 우선순위가 가장 높은 엔트리의 dequeue() 수행은 성능이 $O(\log N)$이다.
- 힙의 총 엔트리 수를 얻는 성능은 $O(1)$이다.

이번 장에서는 최대 이진 힙에 대해서만 학습했다. **최소 이진 힙**min binary heap을 실현하려면 더 작은 우선순위 값을 가지는 엔트리가 더 높은 우선순위를 가지도록 약간만 변경하면 된다. 이는 7장과 연관이 있다. [코드 4-2]에서 미만(<) 대신에 초과(>)를 사용해 less() 메서드를 재작성하면 된다. 이외의 코드는 모두 동일하다.

```
def less(self, i, j):
    return self.storage[i].priority > self.storage[j].priority
```

우선순위 큐는 시간이 흐름에 따라 커지거나 작아질 수 있는 반면에, 힙 기반 구현은 초기 크기 M을 미리 결정해 N<M 엔트리를 저장한다. 힙이 가득 차면 우선순위 큐에 더는 엔트리를 추가할 수 없다. 3장에서 본 것과 비슷하게 저장 배열을 자동으로 늘리거나 줄일 수 있다. 가득 찼을 때 저장 공간 크기를 두 배로 늘리는 기하학적 크기 재조정을 사용하는 한, enqueue()에 대한 전체 상각 성능은 $O(\log N)$으로 유지된다.

4.7 연습 문제

1. 큐를 효율적으로 구현하기 위한 자료구조로 고정 길이 배열인 `storage`를 사용해 `enqueue()`와 `dequeue()` 연산의 성능이 $O(1)$이 되도록 할 수 있다. 이 접근은 원형 큐 circular queue로 알려져 있으며 배열의 첫 번째 값이 항상 `storage[0]`이 아니라는 새로운 제안을 한다. 대신에 [그림 4-20]에서 보듯이 큐에서 가장 오래된 값의 인덱스 위치인 `first`와, 다음 들어오는 값이 위치할 곳을 가리키는 `last`를 추적한다.

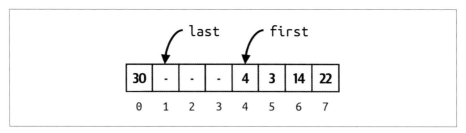

그림 4-20 고정 길이 배열을 원형 큐로 사용하기

값을 넣고 빼는 과정에서 해당 값들을 신중하게 조작해야 한다. 큐에 이미 있는 값의 수인 N을 추적하는 것이 유용하다. [코드 4-4]의 코드를 완성하고 `enqueue()`와 `dequeue()` 연산을 상수 시간에 완료하는지 검증할 수 있는가? 코드에서 모듈러 `%` 연산자를 사용해야 한다.

코드 4-4 원형 큐로 Queue의 구현을 완성하자

```
class Queue:
  def __init__(self, size):
    self.size = size
    self.storage = [None] * size
    self.first = 0
    self.last = 0
    self.N = 0

  def is_empty(self):
    return self.N == 0

  def is_full(self):
    return self.N == self.size
```

```
def enqueue(self, item):
    """가득 차 있지 않다면 item을 넣는 작업은 O(1) 성능에 완료되어야 한다."""

def dequeue(self):
    """비어 있지 않다면 item을 꺼내는 작업은 O(1) 성능에 완료되어야 한다."""
```

2. 크기가 N인 비어 있는 최대 이진 힙에 오름차순으로 $N=2^k-1$개 요소를 넣자. 요소를 넣은 배열을 조사해(사용하지 않는 인덱스 위치 0을 제외), 저장 배열의 가장 큰 k 값에 대한 인덱스 위치를 예측할 수 있겠는가? 비어 있는 최대 힙에 N개 요소를 내림차순으로 넣는다면 모든 N개 값에 대한 인덱스 위치를 예측할 수 있겠는가?

3. 크기가 M과 N인 두 개 힙이 주어졌을 때 크기가 M+N인 배열을 반환하는 알고리즘을 고안하자. M과 N의 요소를 결합해 오름차순으로 가지며 성능은 $O(M\log M+N\log N)$이어야 한다. 알고리즘이 작동한다는 경험적 증거를 나타내는 런타임 성능 테이블을 생성하자.

4. 최대 이진 힙을 사용해 N개 요소를 가지는 컬렉션에서 $O(N\log k)$ 성능으로 가장 작은 k개의 값을 찾아보자. 알고리즘이 작동한다는 경험적 증거를 나타내는 런타임 성능 테이블을 생성하자.

5. 최대 이진 힙에서 각 부모 엔트리는 최대 2개의 자식을 가진다. 또 다른 전략인 팩토리얼 힙factorial heap을 고려해보자. 최상위 엔트리에 두 자식이 있고, 두 자식은 각각 3개 자식(손자 엔트리)을 가진다. 손자 엔트리는 4개의 자식 엔트리를 가지며 [그림 4-21]과 같이 자식들이 구성된다. 다음 레벨로 넘어갈 때마다 엔트리의 자식 개수가 하나씩 늘어난다. 힙 모양과 힙 순서 속성은 여전히 유효하다. 배열에 팩토리얼 힙을 저장하는 구현을 완성하고, 경험적 평가를 수행해 결과가 최대 이진 힙보다 느림을 확인하자. 성능 평가를 분류하기는 더 복잡하지만 팩토리얼 힙은 $O(\log N/\log(\log N))$이라는 것을 확인해야 한다.

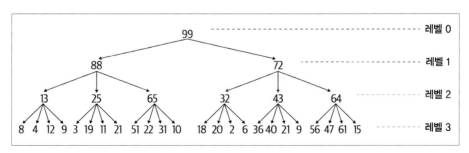

그림 4-21 새로운 팩토리얼 힙 구조

6. 3장의 기하학적 크기 재조정 전략을 사용해 이 장의 PQ 구현을 확장하자. 저장 배열이 가득 차면 자동으로 크기를 두 배로 늘리고 1/4만큼 차면 반으로 줄이는 기능을 사용하자.

7. 배열 기반 힙 자료구조에 대한 반복자는 기본 배열의 수정 없이 큐에서 꺼내어지는 순서 대로 값을 생성해야 한다(반복자는 다른 부작용이 없어야 하기 때문). 하지만 값이 꺼내어지면 힙의 구조가 변경되므로 해당 기능은 쉽게 달성할 수 없다. 한 가지 해결책은 iterator(pq) 제너레이터 함수를 만드는 것이다. 함수는 우선순위 큐 pq를 인자로 받아, 값이 pq에 대한 storage 배열의 인덱스 위치이고 해당 값들의 우선순위는 원본 우선순위 와 동일한 별도의 pqit 우선순위 큐를 생성하도록 한다. pqit는 storage의 내용을 간섭 하지 않고 반환될 엔트리를 추적하기 위해 pq에 대한 storage 배열에 직접 접근한다.

다음 구현을 완성해보자. pq에서 우선순위가 가장 높은 엔트리를 참조하는 인덱스 위치 1 을 pqit에 삽입하는 것으로 시작한다. while 루프의 나머지 내용을 완성하자.

```
def iterator(pq):
  pqit = PQ(len(pq))
  pqit.enqueue(1, pq.storage[1].priority)
while pqit:
    idx = pqit.dequeue()
    yield (pq.storage[idx].value, pq.storage[idx].priority)
    ...
```

원본 pq가 변경되지 않고 유지되는 한 iterator는 우선순위대로 각각의 값을 제공할 것 이다.

정렬

이 장에서 배울 내용은 다음과 같다.

- 비교 기반 정렬 알고리즘은 다음 두 가지 기본 연산을 요구한다.
  - less(i, j)는 A[i] < A[j]인지 판단한다.
  - swap(i, j)는 A[i]와 A[j]의 내용을 교환한다.
- 정렬할 때 비교기를 제공하는 방법[1]
- 코드의 구조에서 삽입 정렬 및 선택 정렬과 같이 비효율적인 $O(N^2)$ 정렬 알고리즘을 식별하는 방법
- 자기 자신을 호출하는 재귀 함수. 이 기본적인 컴퓨터 과학 개념은 문제 해결을 위한 분할 정복 전략의 기초를 구성한다.
- 병합 정렬과 퀵 정렬이 분할 정복을 사용해 $O(N\log N)$의 성능으로 요소가 N개인 배열을 정렬하는 방법. 힙 정렬도 $O(N\log N)$을 보장하는 방법
- 팀 정렬이 삽입 정렬과 병합 정렬의 기능을 결합해, $O(N\log N)$ 성능을 보장하는 파이썬의 기본 정렬 알고리즘을 구현하는 방법

이 장에서는 배열의 N개 요소를 오름차순으로 재배열하는 알고리즘을 소개한다. 값의 컬렉션을 정렬된 순서로 구성하는 작업은 프로그램의 효율성을 향상하는 데 필수다. 또한 정렬은 여

---

1 예를 들면 정수나 문자열을 내림차순으로 정렬하거나, 기본 순서가 없는 2차원 (x, y) 좌표 모음을 정렬하는 데 사용한다.

러 실제 애플리케이션에 필요한데, 예를 들면 회사의 직원의 이름과 전화번호가 포함된 목록이나 공항 디스플레이에 항공편 출발 시각을 표시하는 데 사용된다.

정렬되지 않은 배열에서 값을 찾는 성능은 최악의 경우 $O(N)$이다. 반면에 정렬된 배열에서 이진 배열 탐색을 통해 목푯값을 찾을 때는 최악의 경우 성능이 $O(logN)$이다.

5.1 교환을 통한 정렬

[그림 5-1] 맨 위에 있는 배열 A의 값을 정렬하고자 한다. 연필로 값을 종이에 옮겨 적어보자. 배열 내 두 값의 위치를 반복적으로 교환해 오름차순으로 값을 정렬해보자. 교환은 최소 몇 번 필요할까? 두 값을 서로 비교한 횟수도 계산하자. 필자는 교환 다섯 번으로 배열의 값을 정렬했다. 더 적은 횟수로 정렬이 가능할까?[2]

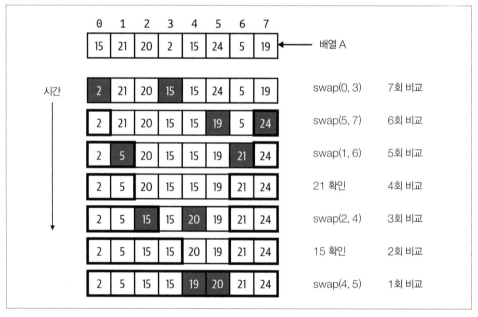

그림 5-1 예제 배열 A의 정렬

---
2 가능하지 않다. 이 장 마지막의 연습 문제에서 확인하자.

교환 횟수도 중요하지만 두 값 간의 비교 횟수도 계산해야 한다. 먼저, 1장에서 본 것과 같이 7회 비교만으로 2가 배열 A에서 가장 작은 값임을 알 수 있다. 가장 작은 값은 A[3]에 있으니 A[0]과 교환한다. 가장 작은 값을 배열의 맨 앞으로 이동하는 것이다. [그림 5-1]에는 교환되는 값들을 음영 처리하고, 최종 위치에 놓인 값은 굵은 테두리로 표시했다. 굵은 테두리 안의 값은 더는 교환되지 않으며 외부의 값들은 아직 정렬되지 않았다.

가장 큰 값 24를 찾기 위해 남은 값들을 조사하고(6회 비교) A[5]와 A[7]을 교환해 가장 큰 값을 배열의 맨 마지막으로 이동시켰다. 남은 값 중에 가장 작은 값 5를 찾았고(5회 비교) A[1]과 A[6]을 교환해 5를 알맞은 위치로 이동시켰다. 21이 알맞은 위치에 있음을 검증하기 위해 4회 비교했으며, 이 시점에 교환은 일어나지 않았다.

3회 비교 후 남은 값 중에 15가 제일 작았고, 두 번째 15를 선택해 A[4]와 A[2]를 교환했다. 2회 비교로 15는 인덱스 위치 3임을 검증했으므로, 추가 1회 비교로 A[4]와 A[5]를 교환해 19를 알맞은 위치로 이동시켰다. [그림 5-1]에 그려진 마지막 단계에서 값 20 왼쪽에 있는 값은 모두 20보다 작거나 같고, 오른쪽에 있는 값은 모두 20보다 크거나 같으므로 값들은 알맞은 위치에 놓였다. 해당 배열은 5회 교환과 28회 비교로 정렬되었다.

[그림 5-1]에서는 작은 그룹의 값을 정렬하기 위해 특정 알고리즘을 사용하지 않았다. 때로는 가장 작은 값을 조사했고 때로는 가장 큰 값을 조사했다. 비교 횟수는 각 교환 후에 감소했으며 교환보다는 비교 횟수가 훨씬 많았다. 이제 값이 N개인 모든 배열에서 동작하는 정렬 알고리즘을 정의하고 런타임 성능을 평가해보자.

5.2 선택 정렬

선택 정렬 Selection sort은 왼쪽에서 오른쪽으로 진행하며 남은 값 중 가장 작은 값을 반복적으로 선택해 알맞은 위치와 교환함으로써 정렬한다. N개 값을 정렬하기 위해, 가장 작은 값을 찾고 A[0]와 교환한다. 이제 A[0]가 가장 작은 값이므로 정렬할 값은 N−1개가 남게 된다. N−1개 중 가장 작은 값을 찾아 A[1]과 교환하고 나면 정렬할 요소는 N−2개가 남는다. 모든 값을 알맞은 위치로 옮길 때까지 이 과정을 반복한다.

TIP 남은 값 중 가장 작은 값이 이미 알맞은 위치에 있다면, 즉 j에 대한 for 루프가 완료될 때 i가 min_index와 같은 경우라면 어떻게 될까? 코드는 A[min_index]와 A[i]를 교환하려고 시도할 것이고 배열 내에는 어떤 변경도 일어나지 않을 것이다. if 문을 추가해 i와 min_index가 다른 경우에만 교환하도록 하면 되지 않을까 생각하겠지만, 그렇게 해도 성능이 눈에 띄게 향상되지는 않는다.

[코드 5-1]에는 0에서 N−2까지, 배열의 거의 모든 인덱스 위치를 순회하는 i에 대한 외부 for 루프가 있다. j에 대한 내부 for 루프는 남은 값 중 가장 작은 값을 찾기 위해 배열 i+1에서 N−1까지 순회한다. i에 대한 for 루프의 마지막에는 인덱스 위치 i와 가장 작은 값을 가지는 min_index 인덱스 위치를 서로 교환한다.

코드 5-1 삽입 정렬

```
def selection_sort(A):
  N = len(A)
  for i in range(N-1):             ❶
    min_index = i                  ❷
    for j in range(i+1, N):
      if A[j] < A[min_index]:      ❸
        min_index = j

    A[i],A[min_index] = A[min_index],A[i]   ❹
```

❶ i에 대한 for 루프를 한 번 수행할 때마다 A[0 .. i-1]이 정렬됨을 알 수 있다.

❷ min_index는 A[i .. N-1]에서 가장 작은 인덱스 위치다.

❸ A[j] < A[min_index]를 만족하는 모든 경우에, 새롭게 발견한 가장 작은 값의 인덱스 위치를 기억하기 위해 min_index를 업데이트한다.

❹ A[0 .. i]의 정렬을 보장하기 위해 A[i]와 A[min_index]를 교환한다.

선택 정렬은 크기가 N인 문제로 시작해서 한 번에 한 단계씩 줄여나가는 방식이다. 처음에는 크기가 N−1, 그다음은 N−2가 되고 전체 배열이 정렬될 때까지 반복한다. [그림 5-2]에서 보듯이 배열을 정렬하기 위해서는 교환이 N−1회 일어난다.

이러한 교환 연산을 통해 N−1개 값이 최종 위치에 알맞게 놓이고 나면, A[N-1]에 있는 값은 정렬되지 않은 값 중 가장 큰 값이며 이미 최종 위치에 놓여 있다. 비교 횟수를 계산하는 것은 더 복잡하다. [그림 5-2]에서는 비교 횟수 1부터 7까지의 합인 28이 된다.

수학적으로 1에서 K까지의 합은 K×(K+1)/2와 같다. [그림 5-3]은 이 공식을 도출하는 과정을 시각화한다. 숫자 28은 칸의 배열이 형성하는 모양 때문에 삼각수triangle number라 한다.

첫 번째 삼각형과 같은 크기를 180도 회전해 두 번째 삼각형을 만들고, 두 삼각형을 결합하면 K×(K+1)의 직사각형이 만들어진다. 각 삼각형 내 정사각형 개수는 7×8 사각형 내 정사각형 개수의 반이다. [그림 5-3]에서는 K=7이다. N개 값을 정렬할 때, 첫 단계에서 가장 작은 값을 찾기 위한 비교 횟수는 K=N−1이다. 총 비교 횟수는 (N−1)×N/2 혹은 $1/2 \times N^2 - 1/2 \times N$가 된다.

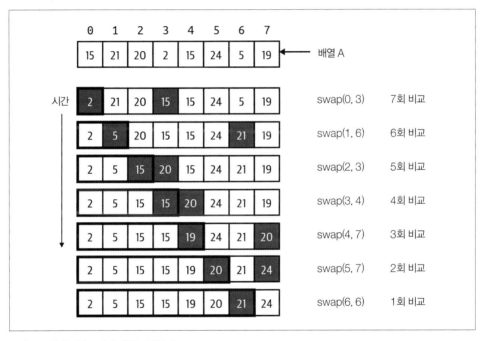

그림 5-2 선택 정렬로 예제 배열 정렬하기

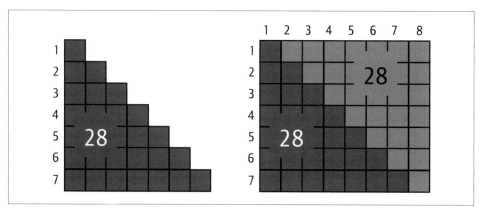

그림 5-3 삼각수 공식 시각화: 1부터 7까지의 합은 28이다.

5.3 성능이 O(N²)인 정렬 알고리즘의 구조

선택 정렬을 분석해보면 비교 횟수의 최고차항이 N^2이며, 이는 성능이 $O(N^2)$이라는 의미다. N개 값을 정렬할 때 $N-1$회의 개별 단계가 어떻게 수행되는지 살펴보며 그 이유를 알아보자. 첫 단계에서 $N-1$회 비교를 통해 가장 작은 값을 찾고 단 하나의 값만 알맞은 위치로 이동한다. 이후 $N-2$개의 단계 각각은 마지막 단계에서 더 이상 작업이 없을 때까지 하나씩 (아주 천천히) 감소한다. 비교 횟수를 줄일 수 있을까?

삽입 정렬 Insertion Sort은 선택 정렬(마찬가지로 $N-1$개의 개별 단계를 사용해 배열을 왼쪽에서 오른쪽으로 정렬)과는 다른 알고리즘이다. A[0]가 알맞은 위치에 있다고 가정하고 시작한다(배열에서 가장 작은 값일 수 있다). 삽입 정렬의 첫 번째 단계에서 A[1]이 A[0]보다 작은 값이면 오름차순 정렬이 필요하므로 두 값을 교환한다. 두 번째 단계에서는 A[2]의 값을 처음 3개 값만 고려해 알맞은 위치로 삽입하려고 시도한다. 여기에는 세 가지 가능성이 존재한다. A[2]가 알맞은 위치이거나, A[0]와 A[1] 사이에 삽입해야 하거나, A[0] 앞에 삽입해야 한다. 하지만 두 배열 위치 사이에 값을 삽입할 수 없으므로, 해당 값이 들어갈 공간을 마련하기 위해 값의 교환을 반복적으로 수행해야 한다.

[그림 5-4]에서 나타나듯 각 단계의 끝에서 이웃하는 비순차적인 값을 반복적으로 교환한다.

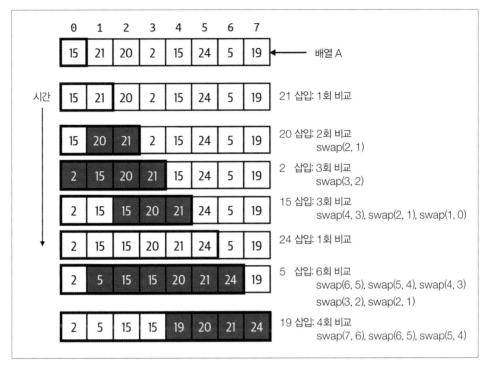

그림 5-4 삽입 정렬로 예제 배열 정렬하기

[그림 5-4]에서 교환된 값은 모두 음영 처리했으며 굵은 테두리는 배열에서 정렬된 값이다. 선택 정렬과는 다르게, 그림에서 볼 수 있듯 굵은 테두리 내 값도 교환이 계속 일어날 수 있다. 가끔 (값 5를 삽입할 때와 같이) 삽입할 값이 대부분의 이미 정렬된 값보다 작아 값을 알맞은 위치로 이동하기 위한 일련의 계단식 교환이 일어나며, 혹은 (21이나 24를 삽입할 때와 같이) 삽입할 값이 이미 정렬된 모든 값보다 커서 교환이 필요 없다. 위 예제에서는 비교 20회와 교환 14회가 일어난다. 삽입 정렬에서 비교 횟수는 교환 횟수보다 항상 크거나 같다. 위 문제 인스턴스에 삽입 정렬을 하면 선택 정렬을 할 때보다 비교 횟수는 적고 교환 횟수는 많다. [코드 5-2]에서 구현을 보면 놀랍도록 간단하다.

코드 5-2 삽입 정렬

```
def insertion_sort(A):
  N = len(A)
  for i in range(1,N):              ❶
```

```
for j in range(i,0,-1):        ❷
    if A[j-1] <= A[j]:         ❸
        break
    A[j],A[j-1] = A[j-1],A[j]  ❹
```

❶ i에 대한 for 루프를 한 번 수행할 때마다 A[0 .. i - 1]이 정렬됨을 알 수 있다.

❷ j는 인덱스 위치 i에서 1까지 감소한다.

❸ A[j-1]≤A[j]일 때 A[j]는 알맞은 위치를 찾았으므로 멈춘다.

❹ 그렇지 않으면 해당 비순차적인 값들을 교환한다.

삽입 정렬은 삽입하려는 각 값이 이미 정렬된 모든 값보다 작을 때 가장 많은 작업을 한다. 삽입 정렬에 대한 최악의 경우는 내림차순으로 정렬된 배열을 정렬할 때다. 각 하위 단계에서 비교 (및 교환) 횟수가 1씩 증가해 합계는 앞서 언급한 삼각수가 된다.

5.4 삽입 정렬과 선택 정렬의 성능

선택 정렬로 N개 값을 정렬할 때 항상 $1/2 \times N^2 - 1/2 \times N$회 비교와 N − 1회 교환이 일어난다. 삽입 정렬은 값 자체의 순서에 따라 성능이 다르므로 수행 횟수를 계산하기가 조금 더 복잡하다. 평균적으로 삽입 정렬은 선택 정렬보다 성능이 좋다. 삽입 정렬에 대한 최악의 경우에는 값이 내림차순으로 값으로 구성되어 있고 비교 횟수와 교환 횟수는 $1/2 \times N^2 - 1/2 \times N$회가 된다. 무엇을 하든 간에 삽입 정렬과 선택 정렬은 N^2회 비교가 필요하므로 런타임 성능은 [그림 5-5]의 그래프와 같다. 이러한 좋지 않은 성능은 문제 인스턴스 크기 524,288은 1,024의 512배이지만 선택 정렬과 삽입 정렬의 런타임 성능이 약 275,000배[3] 더 오래 걸리는 데서도 나타난다. 524,288개 값을 정렬할 때 삽입 정렬은 약 2시간이 걸리고 선택 정렬은 약 4시간이 걸린다. 더 큰 문제를 해결하기 위해서는 완료 시간을 며칠 혹은 몇 주 단위로 측정해야 한다. 이것이 2차 혹은 $O(N^2)$ 알고리즘이 수행하는 작업이며 단순히 수용할 수 없는 성능이다.

---

3 275,000은 약 512의 제곱이다.

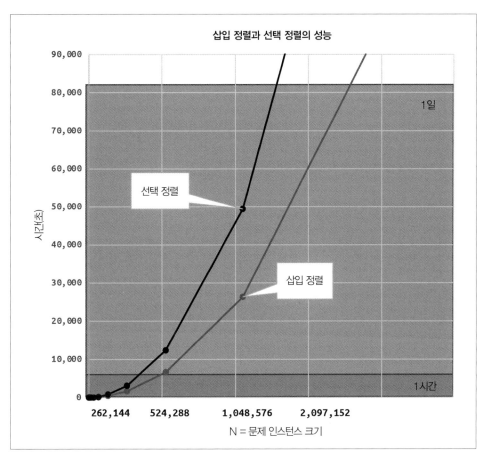

그림 5-5 삽입 정렬과 선택 정렬의 수행 시간 결과

배열을 내림차순으로 정렬하려면 어떻게 해야 할까? 혹은 값이 복잡한 구조체이고 기본 미만 연산이 정의되지 않았다면 어떻게 해야 할까? 이 장에서 다루는 정렬 알고리즘들은 값이 정렬되는 방법을 결정하는 비교 함수에 대한 매개변수를 사용해 확장될 수 있다(코드 5-3). 단순함을 위해 나머지 알고리즘 구현에서는 값이 오름차순으로 정렬되어 있다고 가정하자.

코드 5-3 정렬 알고리즘에 비교 함수 제공하기

```
def insertion_sort_cmp(A, less=lambda one,two: one <= two):
  N = len(A)
  for i in range(1,N):
    for j in range(i,0,-1):
```

```
    if less(A[j-1], A[j]):      ❶
      break
    A[j],A[j-1] = A[j-1],A[j]
```

❶ 제공된 비교 함수 less를 사용해 정렬 방향을 결정한다. less(A[x], A[y])가 True이면 A[x]는 A[y]보다 앞에 있는 값이다.

선택 정렬과 삽입 정렬은 값이 N개인 배열을 정렬하기 위해 N−1개의 단계를 거친다. 각 단계는 문제 크기를 1씩 줄인다. 또 다른 전략인 **분할 정복**divide and conquer은 한 문제를 해결하기 위해 작은 하위 문제 두 개로 나눈다.

5.5 재귀와 분할 정복

재귀recursion라는 개념은 수세기 동안 수학에 존재해왔으며, 함수가 자기 자신을 호출할 때 일어난다.

TIP 피보나치Fibonacci 수열은 두 정수, 0과 1로 시작한다. 수열의 다음 정수는 이전 두 수를 더한 값이며, 다음 정수 몇 개를 보면 1, 2, 3, 5, 8, 13과 같이 진행한다. 수열의 n번째 정수에 대한 재귀적 공식은 F(n)=F(n−1)+F(n−2)이다. 즉 F(n)은 자기 자신을 두 번 호출하도록 정의된다.

정수 N의 팩토리얼은 N보다 작거나 같은 양의 정수를 모두 곱한 것이며 'N!'으로 쓴다. 예를 들어 5!=5×4×3×2×1=120이 된다. 이 연산을 다른 방식으로 표현하면 N!=N×(N−1)!이다. 예를 들어 120=5×4!이고, 4!=24이다. [코드 5-4]는 재귀적 구현을 나타낸다.

코드 5-4 팩토리얼의 재귀적 구현

```
def fact(N):
  if N <= 1:           ❶
    return 1
  return N * fact(N-1)  ❷
```

❶ 종료 조건: fact(1)이나 N ≤ 1을 만족하는 경우에 1을 반환한다.

❷ 재귀 조건: 재귀적으로 fact(N-1)을 계산하고 그 결과에 N을 곱한다.

자기 자신을 호출하는 함수는 이상해 보일 수 있다. 그렇다면 해당 호출이 영원히 진행되지 않을 것이라는 보장은 어떻게 할 수 있을까? 각 재귀 함수는 무한히 동작하는 것을 방지하는 **종료 조건**base case이 있다. fact(1)은 1을 반환하고 더는 자기 자신을 호출하지 않는다.[4] **재귀 조건**recursive case에서는, fact(N)은 N-1이라는 인자로 자기 자신을 호출하고 반환된 계산 값에 N을 곱해 최종 결과를 낸다.

[그림 5-6]은 시간 흐름(아래 방향)에 따른 y = fact(3) 문의 실행을 시각화한다. 각 박스는 주어진 인자를 사용한 fact()의 호출을 나타낸다(3이나 2 또는 1). fact(3)의 실행은 fact(2)를 재귀적으로 호출한다. 이런 호출이 발생하면 원래 fact(3)은 fact(2)의 값을 알아낼 때까지 '일시 중지'(그림에서 회색 박스로 나타냄)될 것이다. fact(2)가 실행될 때 fact(1)의 재귀적 호출이 반드시 일어나며 fact(2)는 fact(1)의 값을 알아낼 때까지 일시 중지(회색 박스)된다. 마지막으로 종료 조건으로 재귀가 중지되고 그림에서 원으로 표시한 박스에서 볼 수 있듯 fact(1)은 결과로 1을 반환한다. 이 반환으로 일시 중지되었던 fact(2)의 실행이 재개되고 2×1=2를 결과로 반환한다. 마침내 원래 fact(3)이 재개되고 3×2=6을 반환해 y를 6으로 설정한다.

재귀 중에 fact(N) 호출은 종료 조건에 만족할 때까지 일시 중지된다.[5] 그런 다음 재귀는 원래 호출이 완료될 때까지 함수 호출을 한 번에 하나씩 **풀기**unwind한다.

팩토리얼 알고리즘은 크기가 N인 문제를 크기가 N-1인 더 작은 문제로 줄임으로써 해결을 시도한다. 크기가 N인 문제를 N/2 정도의 문제 두 개로 나눌 수 있다면 어떨까? 이렇게 나눈 하위 문제는 각각 크기가 N/4인 하위 문제로 나눌 수 있어서, 이런 계산은 영원히 진행될 것만 같을 수 있다. 다행스럽게도 종료 조건은 하위로 나눈 계산이 완료됨을 보장한다.

익숙한 문제를 고려해보자. 정렬되지 않은 N개 값을 가진 배열에서 가장 큰 값을 찾아야 한다. [코드 5-5]에서 find_max(A)에서 재귀 헬퍼 함수 rmax(0, len(A) - 1)[6]은 초기값으로 lo = 0과 hi = N - 1(N은 A 배열의 길이)로 설정하고 실행한다. rmax()의 종료 조건에 따라 lo == hi인 경우 재귀를 중지한다. 이 경우 단일 값을 포함하는 범위에서 가장 큰 값을 찾는 것이기 때문이다. 왼쪽과 오른쪽 하위 문제에서 가장 큰 값을 각각 결정하고 나면 rmax()는

---

4 무한한 재귀 호출로 인한 파이썬 인터프리터의 비정상 종료를 피하고자, 해당 코드는 주어진 정수가 1보다 작거나 같을 때 1을 반환한다.

5 파이썬에서 재귀의 제한은 인터프리터의 비정상 종료를 피하고자 1,000보다 작은 값으로 한다.

6 rmax는 'recursive max'의 약자다.

두 값 중 큰 값을 A[lo .. hi]에서 가장 큰 값으로 반환한다.

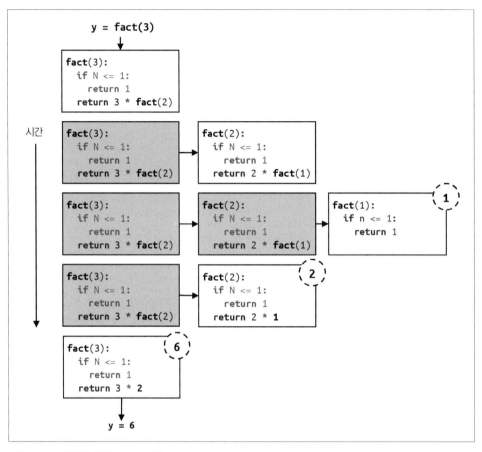

그림 5-6 fact(3)의 재귀적 호출 시각화

코드 5-5 정렬되지 않은 리스트에서 가장 큰 값을 찾는 재귀적 알고리즘

```
def find_max(A):

    def rmax(lo, hi):
        if lo == hi: return A[lo]      ❷

        mid = (lo+hi) // 2             ❸
        L = rmax(lo, mid)             ❹
        R = rmax(mid+1, hi)           ❺
```

```
    return max(L, R)              ❻

    return rmax(0, len(A)-1)       ❶
```

❶ lo와 hi에 알맞은 값으로 초기 재귀 호출을 한다.

❷ 종료 조건: lo == hi일 때 범위 A[lo .. hi]는 단일 값을 포함한다.

❸ A[lo .. hi] 범위에서 중간 인덱스 위치를 찾는다. 범위의 값이 홀수인 경우를 위해 정수 나누기 연산 //을 사용한다.

❹ L은 A[lo .. mid] 범위에서 가장 큰 값이다.

❺ R은 A[mid+1 .. hi] 범위에서 가장 큰 값이다.

❻ A[lo .. hi]에서 가장 큰 값은 L과 R 중에서 더 큰 값이다.

rmax(lo, hi) 함수는 크기가 N인 문제를 크기가 N/2인 두 문제로 나누어 재귀적으로 해결한다. [그림 5-7]은 값이 4개인 배열 A를 사용한 rmax(0, 3)의 실행을 시각화한다. 두 하위 문제로 나누어 각각을 해결하는데, rmax(0,1)은 A의 왼쪽 부분에서 가장 큰 값을 찾고 rmax(2,3)은 A의 오른쪽 부분에서 가장 큰 값을 찾는다. rmax()는 해당 함수 내에서 두 개의 재귀적 호출을 하므로, rmax()에서 실행이 일시 중지된 곳을 설명하고자 새롭게 시각화했다. 여기서도 회색 배경을 사용해서 rmax()가 재귀적 호출을 만들 때 일시 중지된 것을 나타냈다. 코드에서 배경이 검정색인 라인은 재귀 호출이 반환될 때 실행된다.

[그림 5-7]에는 공간상 세 개의 재귀 호출만 나타냈다. 이는 21이 A의 왼쪽 부분에서 가장 큰 값이라고 결정한다. 그림에서 rmax(0,3)에 대한 마지막 실행 상자의 두 줄은 검정색으로 강조했으며, 그 계산의 나머지는 rmax(2,3)을 재귀 호출하면서 진행될 것이다. 이와 비슷한 일련의 재귀 호출 3개는 오른쪽 부분의 하위 문제를 완료하고 결국에는 재귀 호출의 시작인 rmax(0,3)은 max(21, 20)을 반환할 것이다.

[그림 5-8]은 rmax(0,7)의 재귀적 동작 전체를 보여준다. fact()에 대한 필자의 설명과 비슷하게, 그림은 첫 하위 문제 rmax(0,1)을 재귀적으로 계산하는 동안 rmax(0,3) 실행이 어떻게 일시 중지되는지 보여준다. 원래 문제는 rmax()의 매개변수 lo와 hi 값이 같아질 때까지 반복적으로 나누어진다. 그림에서는 값이 N = 8개이므로 lo와 hi 값이 같아지는 순간이 8회 나타난다. 이 경우는 재귀를 중지하는 종료 조건에 해당된다. [그림 5-8]에서 볼 수 있듯 최댓값은 24이며, 해당 값을 반환하는 rmax()의 재귀 호출을 강조 표시해두었다(음영 처리된 원).

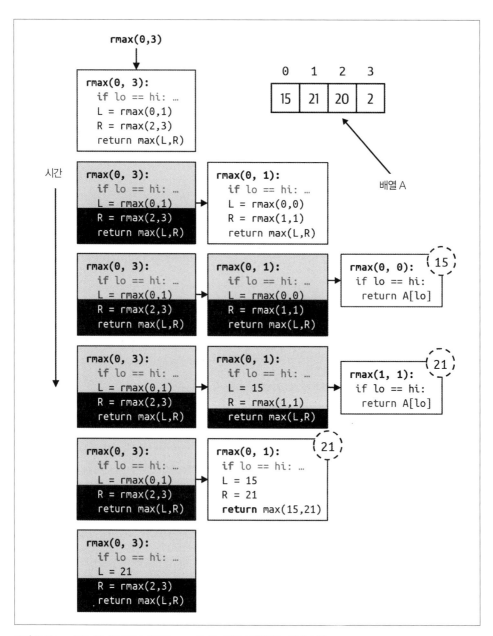

그림 5-7 A = [15,21,20,2]를 사용한 rmax(0,3) 호출로 발생하는 재귀 실행

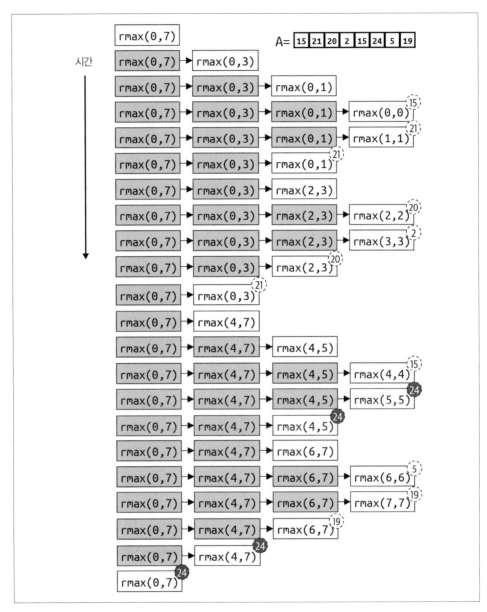

그림 5-8 rmax(0,7)의 전체 재귀 실행 과정

5.6 병합 정렬

앞서 살펴본 예제에서 영감을 받아 '배열을 정렬하기 위한 재귀적 분할 정복 접근이 있는가?'라는 질문을 할 수 있다. [코드 5-6]은 이런 의문에 대한 핵심을 보여준다. 배열을 정렬하기 위해 재귀적으로 왼쪽 반을 정렬하고 재귀적으로 오른쪽 반을 정렬한다. 그런 다음 전체 배열이 정렬되도록 각각의 정렬된 결과를 병합한다.

코드 5-6 재귀적 정렬 개념 구현

```
def sort(A):

    def rsort(lo, hi):          ❶
        if hi <= lo: return     ❷

        mid = (lo+hi) // 2
        rsort(lo, mid)          ❸
        rsort(mid+1, hi)
        merge(lo, mid, hi)      ❹

    rsort(0, len(A)-1)
```

❶ A[lo .. hi]를 정렬하기 위한 재귀적인 메서드

❷ 종료 조건: 값이 한 개 이하인 범위는 이미 정렬되었다고 판단한다.

❸ 재귀 조건: A의 왼쪽 반과 A의 오른쪽 반을 정렬한다.

❹ 배열의 정렬된 두 반쪽을 병합한다.

[코드 5-6]의 구조는 [코드 5-5]에서 기술한 find_max(A)와 동일하다. 해당 구현을 완성하면 추가 저장 공간이 필요하지만 우리가 지향하는 $O(NlogN)$ 성능으로 원본 배열에 정렬의 내용을 바로 적용하는 **병합 정렬**Merge Sort을 이끌어낼 수 있다.

병합 정렬의 핵심은 배열의 정렬된 오른쪽 반과 정렬된 왼쪽 반을 병합하는 merge 함수에 있다. merge()의 메커니즘은 [그림 5-9]와 같이 정렬되어 쌓인 두 종이 더미를 최종 정렬된 종이 더미 하나로 만드는 것과 유사하다.

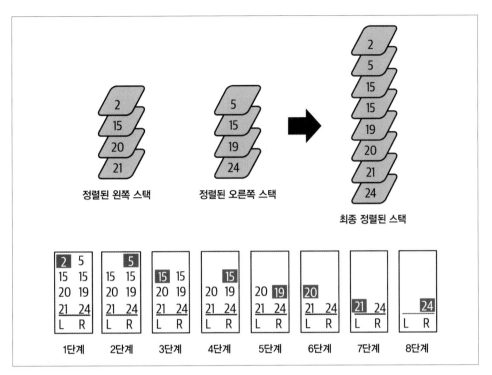

그림 5-9 두 스택을 하나로 병합하기

두 스택을 하나의 스택으로 병합하려면 각 스택의 꼭대기에 있는 값을 보고 둘 중 작은 것을 선택한다. 첫 두 단계에서는 왼쪽 스택에서 2를 꺼내고 오른쪽 스택에서 5를 꺼낸다. 두 값이 동일하다면 임의로 왼쪽 스택에서 먼저 값을 취한다. 왼쪽 스택에서 15를 꺼내고 오른쪽 스택에서 동일하게 15를 꺼낸다. 이 과정을 반복해 한쪽 스택이 모두 소진될 때(마지막 8단계)까지 진행한다. 스택이 단 하나만 남는다면, 남은 값들은 이미 정렬되어 있으므로 모든 값을 취해 병합한다.

[그림 5-9]에서 설명한 병합 과정은 추가 저장 공간을 이용했기에 가능한 것이다. 병합 정렬을 가장 효율적으로 구현하는 방법은 초기에 정렬될 원본 배열의 크기와 동일한 크기의 추가 저장 공간을 할당하는 것이다(코드 5-7).

```
def merge_sort(A):
  aux = [None] * len(A)              ❶

  def rsort(lo, hi):
    if hi <= lo: return              ❷

    mid = (lo+hi) // 2
    rsort(lo, mid)                   ❸
    rsort(mid+1, hi)
    merge(lo, mid, hi)

  def merge(lo, mid, hi):
    aux[lo:hi+1] = A[lo:hi+1]        ❹

    left = lo                        ❺
    right = mid+1

    for i in range(lo, hi+1):
      if left > mid:                 ❻
        A[i] = aux[right]
        right += 1
      elif right > hi:               ❼
        A[i] = aux[left]
        left += 1
      elif aux[right] < aux[left]:   ❽
        A[i] = aux[right]
        right += 1
      else:
        A[i] = aux[left]             ❾
        left += 1

  rsort(0, len(A)-1)                 ❿
```

❶ 원본 배열과 동일한 크기의 보조 저장 공간을 할당한다.

❷ 종료 조건: 값이 1개 이하이면 정렬할 것이 없다.

❸ 재귀 조건: 왼쪽과 오른쪽 하위 배열을 정렬하고 병합한다.

❹ A에서 정렬된 하위 배열을 병합을 위해 준비해둔 aux에 복사한다.

❺ left와 right를 대응되는 하위 배열의 시작 인덱스 위치로 설정한다.

❻ 왼쪽 하위 배열이 소진되면 오른쪽 하위 배열에서 값을 취한다.

❼ 오른쪽 하위 배열이 소진되면 왼쪽 하위 배열에서 값을 취한다.

❽ 오른쪽 값이 왼쪽 값보다 작으면 오른쪽 하위 배열에서 값을 취한다.

❾ 왼쪽 값이 오른쪽 값보다 작거나 같으면 왼쪽 하위 배열에서 값을 취한다.

❿ 최초 재귀 호출을 시작한다.

[그림 5-10]은 merge()의 동적인 동작을 시각화한다. merge(lo,mid,hi)의 첫 단계는 A[lo .. hi]의 요소들을 aux[lo .. hi]에 복사하는 것이다(정렬할 하위 문제이므로).

i에 대한 for 루프는 병합할 두 하위 문제의 총 크기인 8회 실행된다. [그림 5-10]의 세 번째 행부터 변수 left, right 및 i는 각각 특정 위치를 추적한다.

- left는 병합할 왼쪽 하위 배열 내 다음 값의 인덱스 위치다.

- right는 병합할 오른쪽 하위 배열 내 다음 값의 인덱스 위치다.

- i는 마지막 단계에서 A[lo .. hi]의 모든 값이 순서대로 정렬될 때까지 연속적으로 큰 값이 복사될 A 의 인덱스 위치다.

for 루프 내에서 aux에서 선택된 두 값([그림 5-10]에서 회색 음영 처리)을 비교해 더 낮은 값을 A[i]에 복사한다. 각 단계를 거쳐 i가 증가함에 따라 left와 right는 A에 복사된 다음 가장 작은 값을 aux[left]에서 찾았다면 left만 증가시키고 aux[right]에서 찾았다면 right만 증가시킨다. merge()의 성능은 하위 문제들의 크기를 결합한 크기(hi-lo+1)에 정비례한다.

병합 정렬은 O(NlogN) 성능을 보장하는 분할 정복 알고리즘의 훌륭한 예다. 문제가 다음을 만족한다면 성능이 O(NlogN)인 알고리즘이 존재한다.

- 크기가 N인 문제를 크기가 N/2인 독립된 하위 문제로 분할할 수 있는 경우(하나의 하위 문제가 다른 하위 문제보다 약간 더 커도 무방하다).

- 종료 조건으로 아무것도 하지 않거나(병합 정렬과 같이) 상수 시간에 수행 가능한 연산을 하는 경우.

- 하위 문제 내 값 개수에 정비례하는 시간이 요구되는 처리 과정(하위 문제로 나누기 전이나 그 이후의 후처리)이 있는 경우. 예를 들어 merge()에서 for 루프 수행 횟수는 해결해야 할 하위 문제의 크기와 동일하다.

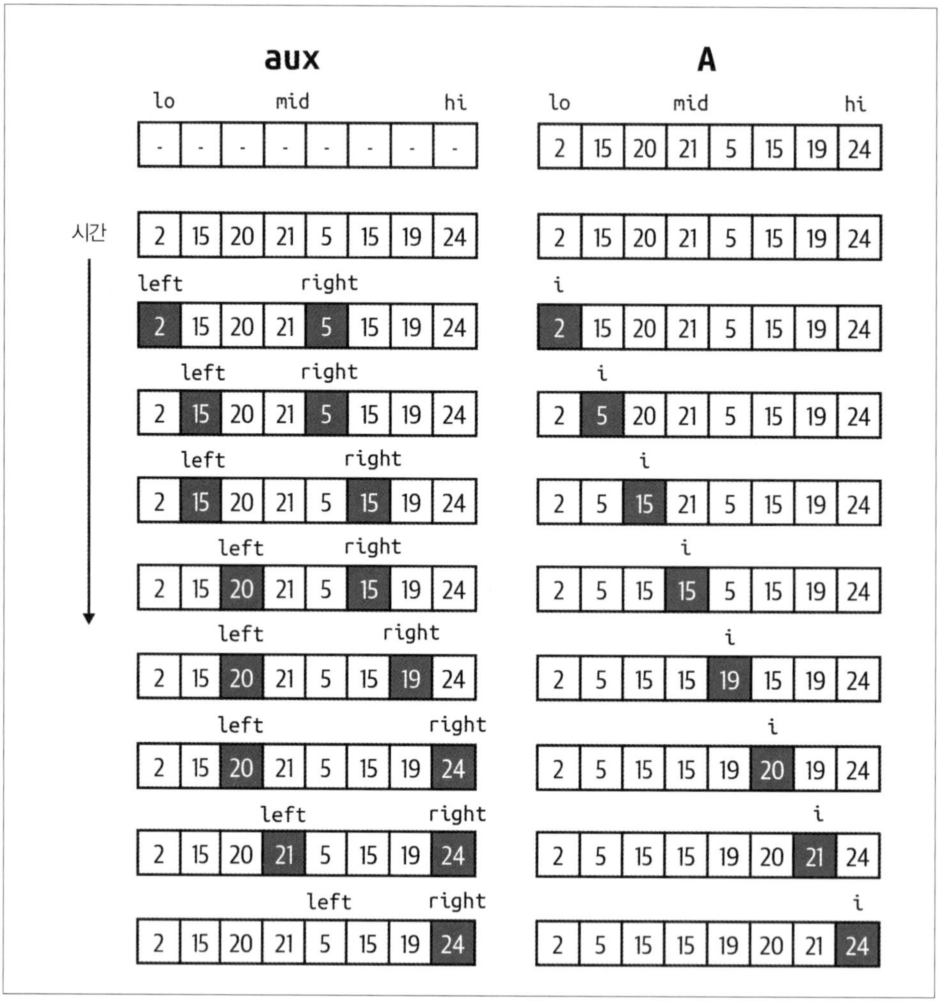

그림 5-10 크기가 4인 정렬된 하위 배열 두 개의 단계별 병합

5.7 퀵 정렬

병합 정렬 외에 분할 정복을 따르는 정렬 알고리즘으로 **퀵 정렬**Quicksort[7]이 있다. 퀵 정렬은 지금까지 설계된 알고리즘 중 가장 효율적이고 많이 연구되었다. A에서 **피벗**pivot 값 p로 사용할 요소를 선택해 재귀적으로 정렬한 다음 p를 정렬된 최종 배열 내 적절한 위치에 삽입한다. 이를 수행하기 위해 A[lo .. hi]의 내용을 p 값을 기준으로 재배열한다(p보다 작으면 왼쪽 하위 배열로, p 보다 크면 오른쪽 하위 배열로). [그림 5-11]을 보면 분할된 배열은 이러한 기준으로 배열되어 있다.

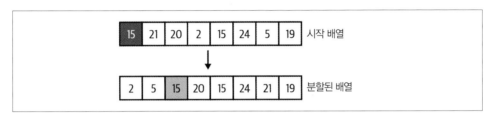

그림 5-11 A[0]을 피벗으로 사용해 partition(A, 0, 7, 0)을 호출한 결과

전체 배열의 정렬 결과를 알지 못한 채, p가 최종 정렬된 배열에서 어디에 위치할지 어떻게 알까? 분할partitioning은 A의 모든 요소를 정렬하지 않고 p를 기반으로 일부만 재정렬한다. partition()의 구현은 1장 연습 문제를 참조하자. [그림 5-11]에서 partition()이 완료된 후, 정렬할 왼쪽 하위 배열은 값이 2개인 반면 오른쪽 하위 배열은 5개다. 각 하위 배열은 퀵 정렬을 통해 재귀적으로 정렬된다(코드 5-8).

---

7 퀵 정렬은 1959년에 토니 호어Tony Hoare가 고안한 것으로, 50년이 넘었다!

```
def quick_sort(A):

  def qsort(lo, hi):
    if hi <= lo:                              ❶
      return

    pivot_idx = lo                            ❷
    location = partition(A, lo, hi, pivot_idx) ❸

    qsort(lo, location-1)                     ❹
    qsort(location+1, hi)

  qsort(0, len(A)-1)                          ❺
```

❶ 종료 조건: 값이 1개 이하이면 정렬할 것이 없다.

❷ A[lo]를 피벗 값 p로 선택한다.

❸ A의 location을 반환한다.

  - A[location] = p
  - 왼쪽 하위 배열 A[lo .. location-1] 내 모든 값은 p보다 작거나 같다.
  - 오른쪽 하위 배열 A[location+1 .. hi] 내 모든 값은 p보다 크거나 같다.

❹ 재귀 조건: p는 이미 A[location]이라는 정렬된 배열에서 알맞은 위치에 있으므로 왼쪽과 오른쪽 하위 배열을 정렬한다.

❺ 최초 재귀 호출을 시작한다.

퀵 정렬은 분할 함수에 따라 성공 여부가 결정되는 훌륭한 재귀 해결책을 제공한다. 예를 들어 값 N개를 포함하는 하위 배열 A[lo .. hi]에 partition()이 실행되고 배열에서 가장 작은 값을 피벗으로 사용한다면, 그 결과로 왼쪽 하위 배열은 비어 있지만 오른쪽 하위 배열은 N−1개 값을 가지게 된다. 하위 문제의 크기를 1만큼 감소하는 것은 삽입 정렬과 선택 정렬의 방식과 동일해 알고리즘 성능은 비효율적인 $O(N^2)$이 된다. 172쪽의 [그림 5-12]에서 위쪽 그림은 [그림 5-11]의 배열에 적용된 퀵 정렬의 핵심 단계를 요약한다. [그림 5-12]에서 아래쪽 그림은 전체 재귀 실행을 보여준다. 우측은 정렬되고 있는 배열 A를 나타내며, 재귀 호출의 결과로 값이 어떻게 변경되는지 보여준다. A[lo .. hi]의 범위에 각 분할을 위해 선택된 피벗은 항상 A[lo]이므로 각 박스는 partition(lo, hi, lo)로 읽을 수 있다. 시간이 흐름에 따라(그림에서 아래 방향) 각 partition() 실행은 1~2회의 재귀적 qsort() 호출을 만든다. 예를 들어 A에서 partition(0, 7, 0)은 15를 최종 인덱스 위치(오른쪽 그림에서 회색 박스로 표시)에 넣고 나면 두 개의 후속 재귀적 실행을 만든다. 하나는 왼쪽 하위 배열에 대한 qsort(0,1)이고 다른 하나는 오른쪽 하위 배열에 대한 qsort(3,7)이다. qsort(3,7)의 실행은 qsort(0,1)이 완료되기 전에는 시작되지 않는다.

partition이 실행될 때마다 값이 하나씩 알맞은 인덱스 위치에 들어가고 회색으로 칠해진다. qsort(lo,hi)가 lo == hi의 범위에서 실행될 때, 해당 값은 알맞은 위치가 되고 회색으로 칠해진다.

피벗이 A[lo]나 A[hi]에 위치한다면, partition(lo, hi, lo)는 qsort()에 대한 단일 재귀 호출을 하게 되어 문제 크기를 1만큼만 줄이게 된다. 예를 들어 [코드 5-8]의 구현에서, 이미 정렬된 배열에 대해 quick_sort()를 호출하면 성능이 O(N²)으로 떨어질 것이다. 이런 문제를 피하기 위해 퀵 정렬은 [코드 5-8]의 pivot_idx = lo를 pivot_idx = random.randit(lo, hi)로 교체해 A[lo .. hi]의 범위 내에서 임의로 피벗 값을 선정하도록 종종 수정된다. 수십 년간의 연구에 따르면 최악의 경우에 퀵 정렬의 런타임 성능이 O(N²)이 되는 이론적 확률이 항상 존재한다. 이런 약점에도 불구하고 퀵 정렬은 추가 저장 공간을 요구하지 않는다. 퀵 정렬에 대한 구조를 살펴보면 O(NlogN) 알고리즘에 대한 체크리스트[8]를 따름을 알 수 있다.

----

8 옮긴이_ 피벗을 기준으로 왼쪽 하위 배열과 오른쪽 하위 배열에 대해 재귀적으로 분할하고 피벗을 지정해 정렬하는 방식의 구조가 일반적인 O(NlogN) 알고리즘의 특징을 따른다는 의미로 해석된다.

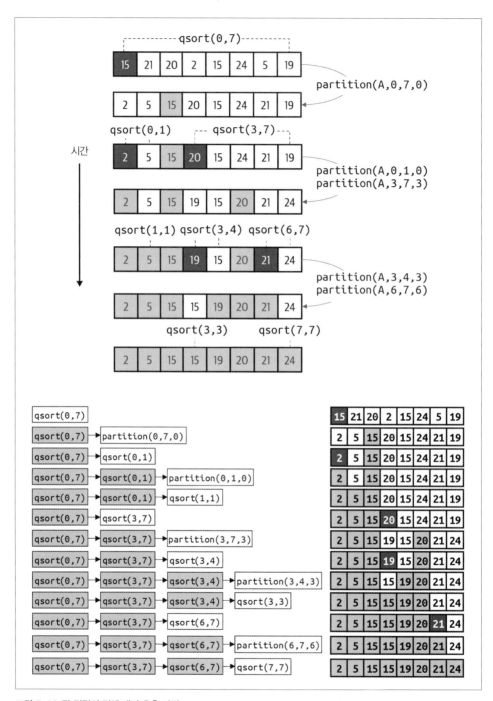

그림 5-12 퀵 정렬의 전체 재귀 호출 과정

O(NlogN)의 성능을 달성하는 또 다른 방법은 각 단계의 런타임 성능이 O(logN)인 N개 단계로 구성하는 것이다. 다음 절에서 힙 자료구조를 사용해 성능이 O(NlogN)인 힙 정렬^{Heap Sort}을 다룬다.

5.8 힙 정렬

최대 이진 힙이 배열 정렬에 유용한 이유를 알아보자. [그림 5-13]은 [그림 4-17]의 힙에 대한 배열 저장 공간을 보여준다. A에서 가장 큰 값은 A[1]에 있다. 이 최댓값이 힙에서 꺼내어지면 기본 배열 저장 공간은 업데이트되어 값의 개수가 하나 적은 수정된 이진 힙을 반영한다. 더 중요하게는, 인덱스 위치 A[18]은 사용되지 않을 뿐 아니라 배열이 정렬된다면 최댓값을 포함해야 하는 인덱스 위치다. 단순히 힙에서 꺼낸 최댓값을 이 위치에 놓는다. 추가 dequeue() 호출 후에 힙에서 두 번째로 큰 값은 이제는 사용되지 않을 인덱스 위치 A[17]에 들어갈 수 있다.

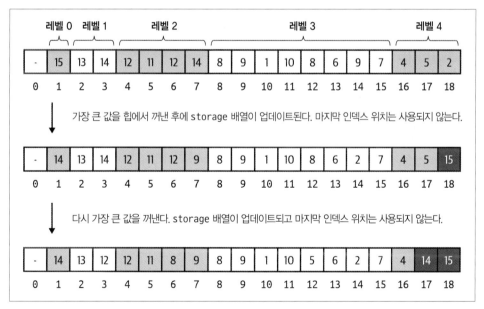

그림 5-13 최대 이진 힙을 사용해 정렬하기

이런 접근 방식이 제대로 동작하도록 하려면 다음과 같은 문제를 해결해야 한다.

- 힙 자료구조는 계산을 단순화하기 위해 크기가 N+1인 배열에 값 N개를 저장하고 인덱스 위치 0의 값을 무시한다.
- 힙은 초기에 비어 있고 새로운 값이 한 번에 하나씩 들어온다. 초기에 N개 값을 한 번에 정렬하려면 모든 값을 '대량 업로드'하는 효율적인 방법이 필요하다.

인덱스 위치를 계산하는 방법을 수정해보자. [그림 5-13]에 보인 대로 요소가 18개인 원본 힙은 요소 19개를 저장할 수 있는 배열에 저장되었다. A[i]는 1부터 인덱싱되는데, 이는 A[1]이 힙에서 첫 번째 값을 저장하고 A[N]이 마지막 값을 저장한다는 의미다. [코드 5-9]에서 less(i, j)와 swap(i, j) 함수는 A[i]나 A[j]에 접근할 때마다 i와 j에서 1을 뺀다. 이는 1부터 인덱싱하는 동작이 0부터 인덱싱하는 배열 저장 공간에서 동작하도록 한다. 힙에서 가장 큰 값은 이제 A[0]에 있다. sort() 함수에서 swap(1, N)의 호출은 실제로는 A[0]과 A[N-1]의 값을 교환한다. 이런 작은 조정으로 sink() 메서드는 그대로 유지된다. 힙 정렬은 swim()은 사용하지 않는다.

코드 5-9 힙 정렬 구현

```
class HeapSort:
  def __init__(self, A):
    self.A = A
    self.N = len(A)

    for k in range(self.N//2, 0, -1):      ❷
      self.sink(k)

  def sort(self):
    while self.N > 1:                      ❸
      self.swap(1, self.N)                 ❹
      self.N -= 1                          ❺
      self.sink(1)                         ❻

  def less(self, i, j):
    return self.A[i-1] < self.A[j-1]       ❶

  def swap(self, i, j):
    self.A[i-1],self.A[j-1] = self.A[j-1],self.A[i-1]
```

❶ 1부터 인덱싱하는 동작이 0부터 인덱싱하는 배열의 저장 공간에서 동작하도록, less()와 swap()은 i와 j에서 1을 뺀다.

❷ 정렬할 배열 A를 상향식의 최대 이진 힙으로 변환하는데, 해당 힙은 자식이 최소 한 개인 가장 높은 인덱스 위치인 N//2에서 시작한다.

❸ while 루프는 정렬할 값이 있는 한 계속된다.

❹ 힙에서 꺼낸 최댓값과 힙의 마지막의 값을 교환한다.

❺ 다음에 수행할 sink()가 제대로 동작하도록 힙 크기를 하나 줄인다.

❻ 새롭게 교환된 값을 알맞은 위치로 내리는 sink()를 호출해 힙 순서 속성을 만족하도록 한다.

힙 정렬에서 가장 중요한 단계는 정렬할 원본 배열에서 초기 이진 힙을 구성하는 것이다. HeapSort의 for 루프가 이 작업을 완료하며 [그림 5-14]가 그 결과를 나타내는데, 단 23회 비교와 5회 교환이 필요했다. for 루프는 자식이 적어도 하나인 가장 높은 인덱스 위치인 N//2에서 시작해 상향식으로 힙을 구성한다. for 루프는 N//2부터 0까지 역순으로 인덱스 위치에 sink()를 호출해, 결국 배열 내 모든 값이 힙 순서 속성을 만족하도록 한다. [그림 5-14]에서 이러한 인덱스 위치를 굵은 테두리로 표시했다.

다소 예상치 못한 이론적 분석에 따르면 배열을 최대 이진 힙으로 변환하는 데 필요한 총 비교 횟수는 최악의 경우에 2N보다 작다. 이러한 결과는 [그림 5-14]의 누적 비교 횟수에서 볼 수 있는데, 이 횟수는 꾸준하지만 천천히 높아진다. 그림에서는 레벨 간 값이 어떻게 교환되는지 보여주고자 인덱스 위치를 레벨에 따라 음영 처리했다.

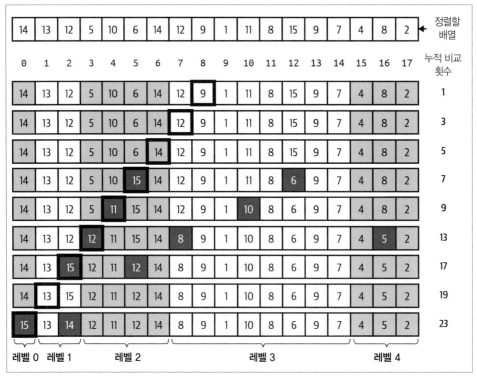

그림 5-14 배열을 최대 이진 힙으로 변환하기

[그림 5-14]에서 마지막 행은 최대 이진 힙을 나타낸다(사실 [그림 4-16]에서 표현한 것과 동일하다). 이제 모든 인덱스 위치를 사용하기 위해 인덱스 위치 1만큼 오프셋을 가진다. [코드 5-9]의 sort() 함수는 이제 힙의 마지막 값과 최댓값을 반복적으로 교환([그림 5-13]에서 소개한 내용 참조)하면 최종 정렬된 배열에서 해당 값이 위치해야 하는 곳으로 정확하게 이동하게 된다. sort()가 호출되면 힙 크기는 1씩 감소하고 sink()는 4장에서 기술한 O(logN)의 런타임 성능으로 힙 순서 속성을 만족하도록 한다.

5.9 O(NlogN) 알고리즘의 성능 비교하기

서로 다른 정렬 알고리즘(O(NlogN)으로 분류된 모든 알고리즘)의 런타임 성능을 어떻게 비교할까? [표 5-1]은 몇 가지 경험적 결과를 나타낸다. 열의 아래 방향으로 읽어내려가면 문제 크기가 2배가 됨에 따른 알고리즘의 시간적 성능 결과를 볼 수 있다. 각 시간 값은 이전 값에 비해 2배보다 약간 더 크다. 이와 같은 상대적 성능은 O(NlogN) 알고리즘 동작의 특성이다.

표 5-1 정렬 알고리즘에 따른 런타임 성능(초)

N	병합 정렬	퀵 정렬	힙 정렬	팀 정렬	파이썬 내장 정렬
1,024	0.002	0.002	0.006	0.002	0.000
2,048	0.004	0.004	0.014	0.005	0.000
4,096	0.009	0.008	0.032	0.011	0.000
8,192	0.020	0.017	0.073	0.023	0.001
16,384	0.042	0.037	0.160	0.049	0.002
32,768	0.090	0.080	0.344	0.103	0.004
65,536	0.190	0.166	0.751	0.219	0.008
131,072	0.402	0.358	1.624	0.458	0.017
262,144	0.854	0.746	3.486	0.970	0.039
524,288	1.864	1.659	8.144	2.105	0.096
1,048,576	3.920	3.330	16.121	4.564	0.243

이제 각 행에서 각 알고리즘의 절대 런타임 성능이 다르다. 2장에서는 분류 내 다양한 행동이 곱셈 상수에 따라 어떻게 달라지는지 학습했다. [표 5-1]은 이러한 관찰의 증거를 보여준다. 문제가 충분히 커지면 퀵 정렬은 병합 정렬보다 15% 정도 빠른 반면에 힙 정렬은 4배 이상 느리다.

[표 5-1]의 마지막 두 열은 2002년에 팀 피터가 파이썬을 위해 개발한 **팀 정렬**Tim Sort이라는 새로운 알고리즘의 성능을 나타낸다. 팀 정렬은 자바, 파이썬, 스위프트 같은 주요 프로그래밍 언어에서 사용되는 표준 정렬 알고리즘으로 빠르게 확산되었다. '팀 정렬' 열은 단순화된 팀 정렬 구현에 대한 런타임 성능을 나타내는데, 마찬가지로 O(NlogN)이다. 마지막 열은 '파이썬 내장 정렬'이며 list 데이터 타입에 내장 sort() 메서드를 사용한 런타임 성능을 나타낸다. 내부적으로 구현되어 매우 효율적이며 퀵 정렬보다 약 15배 빠르다. 팀 정렬은 서로 다른 정렬 알고리즘 두 개를 혼합해 높은 처리 성능을 달성한다. 다음 절에서 자세히 알아보자.

5.10 팀 정렬

팀 정렬은 삽입 정렬과 병합 정렬에서 사용하는 merge() 헬퍼 함수를 결합한 알고리즘으로, 실제 데이터 정렬에서 다른 알고리즘의 성능을 능가한다. 특히 부분적으로 정렬된 긴 일련의 데이터를 활용해 성능을 극대화한다.

[코드 5–10]를 보면 팀 정렬은 먼저 compute_min_run()에서 계산된 size를 사용해 N/size 개의 하위 배열을 부분적으로 정렬한다. size는 일반적으로 32와 64사이 정수다. 이 숫자는 N 과 무관한 상수로 다뤄진다. 이 단계는 부분적으로 정렬된 일련의 데이터가 있는지 확인해, 정렬된 하위 배열 두 개를 하나로 합치는 병합 정렬에서 가져온 헬퍼 함수인 merge()의 성능을 향상한다.

코드 5-10 기본 팀 정렬 구현

```
def tim_sort(A):
  N = len(A)                                  ❶
  if N < 64:
    insertion_sort(A,0,N-1)
    return

  size = compute_min_run(N)                   ❷
  for lo in range(0, N, size):                ❸
    insertion_sort(A, lo, min(lo+size-1, N-1))

  aux = [None]*N                              ❹
  while size < N:
    for lo in range(0, N, 2*size):
      mid = min(lo + size - 1, N-1)           ❺
      hi  = min(lo + 2*size - 1, N-1)
      merge(A, lo, mid, hi, aux)              ❻

    size = 2 * size                           ❼
```

❶ 크기가 작은 배열은 삽입 정렬을 통해 정렬된다.

❷ 정렬할 하위 배열의 길이로 사용할 size를 계산한다. 일반적으로 32와 64 사이 값이다.

❸ 삽입 정렬을 사용해 각 하위 배열 A[lo .. lo+size-1]을 정렬한다. 각 하위 배열의 길이는 size이지만 마지막 남은 하위 배열은 size보다 작을 수 있다.

❹ merge()는 원본 배열의 크기와 동일한 추가 저장 공간을 사용한다.

❺ 병합할 두 하위 배열에 대한 인덱스 위치를 A[lo .. mid]와 A[mid+1 .. hi]로 계산한다. 마지막 하위 배열이 원본 배열의 크기를 넘지 않도록 유의하자.

❻ A[lo .. hi]를 정렬하기 위해 임시 저장 공간인 aux를 사용해 병합한다.

❼ 길이가 size인 모든 하위 배열이 다른 것과 병합되었다면 다음 while 루프 순회에서는 이전 하위 배열 크기의 두 배로 진행된다.

임시 저장 공간 aux는 한 번 할당되어 merge()의 각 실행에서 사용된다. 팀 정렬의 실제 구현은 오름차순 혹은 내림차순의 하위 배열을 찾는 조금 더 복잡한 로직을 가진다. 또한 앞서 보인 merge() 함수처럼 한 번에 하나의 값만 수행하지 않고, 값의 그룹을 '한 번에' 병합할 수 있는 보다 정교한 merge() 함수가 있다. 구현을 단순화한 [그림 5-15]는 핵심 구조를 보여준다. 정렬 알고리즘이 오랜 기간 광범위하게 연구되었음에도 21세기에 발견된 알고리즘이 실제 데이터 세트에 적용했을 때 그토록 효과적이라는 점은 놀라운 사실이다.

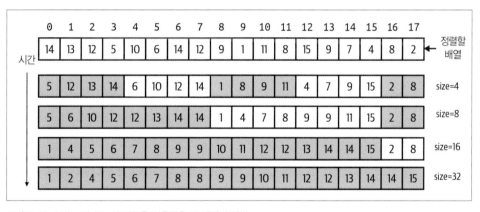

그림 5-15 초기 크기 4로 팀 정렬을 적용했을 때 배열의 변화

[그림 5-15]는 팀 정렬이 동작하는 방식을 보여주며, 시각화하기 좋게끔 min_run 값으로 4를 사용한다. 첫 단계에서는 삽입 정렬을 사용해 크기 4인 4개의 하위 배열을 정렬한다. 값이 2와 8인 마지막 두 개는 길이가 2인 부분 하위 배열에 들어간다. 이렇게 정렬한 하위 배열은 그림

에서 흰색과 회색 음영을 번갈아 사용해 나타냈다. N/size개의 정렬된 하위 배열이 생긴다(원본 배열의 길이가 size로 나누어지지 않을 경우 하나가 더 생긴다). 앞서 값 size개를 정렬하는 런타임 성능은 size×(size-1)/2에 정비례함을 보았다. 이는 N/size회 발생하므로 총 런타임 성능은 N×(size-1)/2에 정비례한다. size는 상수로 간주하므로 해당 초기 단계는 O(N)으로 분류된다.

두 번째 단계에서는 이웃하는 **런**[run9]의 쌍을 병합한다. 5.6절 '병합 정렬'에서 설명했듯 merge()의 총 실행 횟수는 N에 비례한다.. while 루프의 첫 번째 순회 후에 정렬된 하위 배열의 크기는 [그림 5-15]에서 음영 처리된 영역으로 볼 수 있듯 두 배가 되어 8이 된다. 예제에서는 3회 순회하며 size는 계속해서 두 배가 되어 4부터 32까지(32는 N보다 크다) 커진다. 일반적으로는 정렬된 하위 배열의 크기 size에서 시작해 while 루프를 size×2^k > N일 때까지 k회 순회한다. 이 계산은 2^k > N/size로도 쓴다.

k를 찾기 위해 양쪽에 로그를 취하면 k > log(N/size)가 된다. log(a/b)=log(a)−log(b)이므로 k > log(N)−log(size)로 나타낼 수도 있다. size는 상수이므로 k가 log(N)에서 작은 상숫값을 뺀 값보다 크거나 같은 가장 작은 정수라는 사실에만 집중하면 된다.

요약하면, 팀 정렬의 첫 단계(삽입 정렬 적용)는 O(N)으로 분류되며 두 번째 단계(merge()를 반복해서 수행)는 k가 log(N)보다 크지 않은 O(k×N)이므로 전체 성능은 O(NlogN)이다.

5.11 요약

정렬은 컴퓨터 과학에서 근본적인 문제이며 광범위하게 연구되었다. 원시 값을 가지는 배열은 기본적으로 서로 비교가 가능하기 때문에 정렬할 수 있다. 더 복잡한 데이터 타입(문자열이나 2차원 포인터 등)은 동일한 정렬 알고리즘이 동작하도록 사용자 정의 순서 지정 함수를 사용해 정렬할 수 있다.

---

9 옮긴이_ 팀 정렬에서 삽입 정렬을 통해 만드는 하위 배열을 런이라고 한다.

180 똑똑한 코드 작성을 위한 실전 알고리즘

이 장에서 배운 내용은 다음과 같다.

- 성능이 $O(N^2)$인 일부 기본 정렬 알고리즘은 대규모 데이터 세트를 정렬하는 데 부적합하다.

- 재귀 개념은 문제를 더 작은 하위 문제로 나누어 해결하는 핵심 전략이다.

- 병합 정렬과 힙 정렬은 서로 다른 방식으로 $O(NlogN)$ 성능을 달성한다.

- 퀵 정렬은 병합 정렬에 필요한 추가 저장 공간 없이도 $O(NlogN)$ 성능을 달성한다.

- 팀 정렬은 파이썬에서 사용하는 기본 정렬 알고리즘으로, 다른 프로그래밍 언어에서도 점차 도입하고 있다.

5.12 연습 문제

1. A에서 값 t가 나타나는 횟수를 반환하는 재귀 함수 count(A, t)를 작성하자. find_max(A)와 비슷한 재귀적 구조로 구현해야 한다.

2. 0에서 N-1까지 고유한 정수 N개의 순열을 포함하는 배열이 주어졌을 때 값을 오름차순으로 정렬하는 데 필요한 최소 교환 횟수를 구하자. 그리고 이러한 배열을 입력으로 받아 정숫값을 반환하는 num_swaps(A) 함수를 작성하자. 배열을 실제로 정렬할 필요는 없고 정렬에 필요한 교환 횟수만 구하면 된다.

   고유한 값 N개를 가지는 배열로 동작하는 문제를 3장의 심볼 테이블을 사용해 확장하고, [그림 5-1]에 5회의 교환이 필요함을 확인해보자.

3. 값이 N개인 정렬되지 않은 배열에서 가장 큰 값을 찾는 재귀 함수인 find_max(A)에서 필요한 총 비교 횟수는 얼마인가? 이 횟수는 1장에서 본 largest(A)를 사용해 비교한 횟수와 비교해 더 작은지(혹은 큰지) 확인해보자.

4. 병합 정렬의 merge() 단계에서 한쪽(왼쪽 혹은 오른쪽)이 소진되는 경우가 발생한다. 현재 merge() 함수는 한 번에 하나씩 순회한다. 이러한 로직을 aux[lo:hi+1] = A[lo:hi+1]과 같이 파이썬에서 배열의 슬라이스 전체를 복사하는 기능을 사용해 바꿔보자. 실행해보고 성능이 개선되는지 확인하자.

5. A에서 가장 큰 값 두개를 반환하는 `recursive_two(A)` 함수의 재귀적 구현을 완료하자. 1장에서 진행한 다른 접근과 런타임 성능 및 미만 연산 수행 횟수를 비교해보자.

6. 피보나치수열은 $F_0 = 0$과 $F_1 = 1$을 기반 조건으로, 재귀적 공식 $F_N = F_{N-1} + F_{N-2}$로 정의된다. 이와 비슷한 뤼카 수열Lucas numbers도 L0 = 0과 L1 = 1을 기반 조건으로 $L_N = L_{N-1} + L_{N-2}$로 정의된다. 표준 재귀 접근으로 `fibonacci(n)`과 `lucas(n)`을 구현하고 N = 40이 될 때까지 F_N과 L_N을 모두 계산하는 데 걸리는 시간을 측정하자. 사용하는 컴퓨터 성능에 의존하므로 코드가 종료하려면 N의 값을 늘리거나 줄여야 할 수 있다. 이제 다음 두 가지 성질을 사용해 새로운 `fib_with_lucas(n)`을 구현하자.

- `fib_with_lucas(n)`: i = n//2, j = n−i로 설정했다면 $F_{i+j} = (F_i + L_i) \times (F_j + L_j)/2$이다.
- `lucas_with_fib(n)`: $L_N = F_{N-1} + F_{N+1}$

`fib_with_lucas()`와 `fibonacci()`의 시간 결과를 비교하자.

이진 트리

이 장에서 배울 내용은 다음과 같다.

- 이진 트리를 생성하는 방법과 값을 삽입, 삭제 및 탐색해 이진 트리를 조작하는 방법

- 다음과 같은 전역 속성을 강제하는 이진 탐색 트리를 관리하는 방법

  - 노드의 왼쪽 하위 트리의 값은 모두 해당 노드의 값보다 작거나 같다.

  - 노드의 오른쪽 하위 트리의 값은 모두 해당 노드의 값보다 크거나 같다.

- 탐색, 삽입 및 삭제 연산은 균형 이진 트리에서 성능이 $O(\log N)$이지만, 주의하지 않으면 허용 불가능한 $O(N)$으로 저하될 수 있다.

- 탐색, 삽입 및 삭제에 대한 $O(\log N)$ 성능을 보장하기 위해 삽입 및 삭제 연산 후에 이진 탐색 트리를 재조정하는 방법

- 이진 트리 구조를 사용해 심볼 테이블 데이터 타입을 구현하는 방법

- 이진 트리 구조를 사용해 우선순위 큐를 구현하는 방법

6.1 시작하기

연결 리스트와 배열은 정보를 선형 배치해 저장한다. 이 장에서는 컴퓨터 과학 분야에서 중요한 개념인 재귀 자료구조의 **이진 트리**^{binary tree}를 소개한다. 5장에서는 '자신을 호출하는 함수'라는 **재귀**의 개념을 학습했다. 이번 장에서는 이진 트리가 재귀 자료구조라는 것을 배운다. 즉, 이진 트리는 다른 이진 트리 구조를 참조한다는 의미다. 재귀 자료구조의 개념을 소개하기에 앞서 이미 학습한 연결 리스트 자료구조를 다시 한번 살펴보자.

연결 리스트는 각 노드에 하위 리스트의 첫 번째 노드를 참조하는 next를 가지므로 재귀 자료구조의 예가 된다. 연결 리스트는 값이 N개인 컬렉션의 동적인 증가 및 축소를 지원해 고정 길이 배열을 개선한다. [코드 6-1]에서 sum_list() 재귀 함수는 연결 리스트 내 값들의 총합을 반환한다. 이 구현을 전통적인 순회 방식과 비교해서 보자.

코드 6-1 연결 리스트 내 값들의 총합을 구하는 재귀 및 순회 함수

```
class Node:
  def __init__(self, val, rest=None):
    self.value = val
    self.next = rest

def sum_iterative(n):
  total = 0                        ❶
  while n:
    total += n.value               ❷
    n = n.next                     ❸
  return total

def sum_list(n):
  if n is None:                    ❹
    return 0
  return n.value + sum_list(n.next) ❺
```

❶ 계산을 준비하기 위해 total을 0으로 초기화한다.

❷ 연결 리스트에 있는 각 노드 n의 값을 total에 더해준다.

❸ 연결 리스트의 다음 노드로 이동한다.

❹ 종료 조건: 존재하지 않는 노드에 대해 0을 반환한다.

❺ 재귀 조건: 연결 리스트 n의 합은 해당 노드의 값과 리스트에 남은 부분의 합을 더한 것이다.

while 루프는 연결 리스트의 각 노드를 방문하고 노드에 저장된 모든 값을 total에 누적한다. 대조적으로 sum_list()는 재귀를 마무리하는 **종료 조건**과, 더 작은 문제 인스턴스들의 결과를 함께 구성하는 **재귀 조건**을 가지는 재귀 함수다. 종료 조건에서는 존재하지 않는 리스트의 합은 0이다. 리스트 n에 노드가 적어도 하나 있다면 재귀의 경우는 리스트에 남은 부분(즉, n.next로 시작하는 리스트)의 합을 계산하고 그 결과를 n.value에 더해 총합을 만든다.

노드가 N개인 연결 리스트는 재귀적으로 첫 번째 노드 n과 남은 N−1개 노드를 가지는 하위 리스트로 나누어진다. 정의에 따라 남은 부분은 하위 리스트이므로 재귀적 분해이긴 하지만, 단지 크기가 N인 문제를 크기가 N−1인 더 작은 문제로 나누는 것뿐이다(예를 들어 'N개 노드에 포함된 값의 합 찾기'를 'N−1개 노드에 포함된 값의 합 찾기'로). 보다 생산적으로 세분화되는 재귀 자료구조를 구성하기 위해, 곱셈과 같은 이진 연산을 사용해 기본 수학적 표현식을 나타내도록 해보자. 유효한 표현식은 값이거나, 이진 연산을 사용해 두 개의 하위 표현식을 결합하는 것이다. 예를 들면 다음과 같다.

- 3과 같은 모든 숫자 값
- (3+2)와 같이 왼쪽 값 3과 오른쪽 값 2의 덧셈
- (((1+5)*9)−(2*6))과 같이 왼쪽 표현식 ((1+5)*9)와 오른쪽 표현식 (2*6)의 뺄셈

표현식은 결합되어 원하는 만큼 커질 수 있다. [그림 6−1]의 표현식에는 7개의 수학 연산과 8개의 숫자가 있다. 연결 리스트는 이런 비선형 표현을 모델링할 수 없다. 가계도를 사용한 족보를 시각화해본 적이 있다면, 다이어그램을 **수식 트리**expression tree라고 부르는 이유를 알 수 있다.

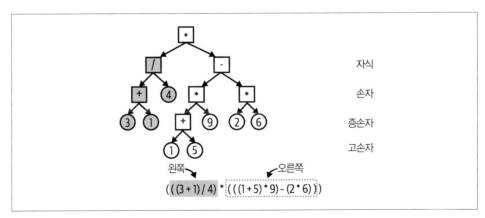

그림 6-1 수식 트리를 이용해 수학 표현식 구성하기

최상단의 곱하기 노드는 두 개의 자식 노드를 가지며, 4개의 손자 노드(그중 하나는 값이 4), 6개의 증손자 노드 및 2개의 고손자 노드로 이어진다.

[그림 6-1]의 표현식은 재귀적 구조를 시연하는 두 표현식의 곱을 나타낸다. 이 표현식의 값을 계산하기 위해 먼저 왼쪽 표현식을 재귀적으로 계산해 결과 1을 만든다. 비슷한 방법으로 오른쪽 표현식은 42로 계산되어, 원래 표현식의 결과는 1*42=42가 된다.

[그림 6-1]은 원본 표현식의 재귀적 하위 구조를 시각화한다. 최상단은 곱셈 표현식을 나타내는 상자이고 왼쪽과 오른쪽 화살표는 각 하위 표현식으로 연결된다. 각각의 원은 숫자 값을 포함하는 Value 노드를 나타내고 재귀를 종료하는 종료 조건이 된다. [코드 6-2]의 Expression 자료구조는 left와 right 하위 표현식을 사용해 표현식을 모델링한다.

코드 6-2 수학 표현식을 나타내기 위한 Expression 자료구조

```
class Value:                                    ❶
  def __init__(self, e):
    self.value = e

  def __str__(self):
    return str(self.value)

  def eval(self):
    return self.value

class Expression:                               ❷
  def __init__(self, func, left, right):
    self.func  = func
    self.left  = left
    self.right = right

  def __str__(self):                            ❸
    return '({} {} {})'.format(self.left, self.func.__doc__, self.right)

  def eval(self):                               ❹
    return self.func(self.left.eval(), self.right.eval())

def add(left, right):                           ❺
  """+"""
  return left + right
```

❶ Value는 숫자 값을 저장한다. 해당 값이나 문자열 표현을 반환할 수 있다.

❷ Expression는 func 함수와 left 및 right 하위 표현식을 저장한다.

❸ 괄호로 둘러싼 표현식의 문자열을 재귀적으로 만들기 위해 내장 __str()__ 메서드를 제공한다.

❹ left와 right 자식의 값을 확인하고 func에 전달해 표현식을 평가한다.

❺ 덧셈을 수행하는 함수. 곱셈을 위한 mult()도 비슷하다. 함수에 대한 __doc__ 문자열은 연산자 기호를 포함한다.

Expression을 계산하는 것은 결국 Value 객체에서 종료하는 재귀 과정이다. [그림 6-2]는 5장에서 소개한 것과 같은 기술을 사용해 m=((1+5)*9) 표현식의 재귀적 계산을 시각화한다.

```
>>> a = Expression(add, Value(1), Value(5)
>>> m = Expression(mult, a, Value(9))
>>> print(m, '=', m.eval())
((1 + 5) * 9) = 54
```

m을 계산하기 위해 최대 2회의 재귀 호출이 일어나며 각각 left와 right 표현식에 호출된다. 예시에서 왼쪽 표현식 a=(1+5)는 재귀적으로 계산되지만 오른쪽 하위 표현식 9는 그렇지 않다. 마지막 계산의 54는 최종 결과로 반환된다. 이 예시는 Expression 재귀 이진 트리 자료구조의 유용성을 입증하며, 재귀 구현이 간결하고 우아함을 보여준다.

재귀 자료구조에는 구조적 결함이 없어야 한다. 예시를 보자.

```
>>> n = Node(3)
>>> n.next = n              # 이것은 위험하다!
>>> print(sum_list(n))
RecursionError: maximum recursion depth exceeded
```

이 연결 리스트는 next 노드를 자기 자신으로 연결하는 노드 n을 정의한다! sum_list() 함수에는 어떠한 문제도 없다. 연결 리스트에 구조적 결함이 있으므로 sum_list(n)의 종료 조건을 절대 만족시킬 수 없다. 비슷한 상황이 Expression에도 발생할 수 있다. 이 결함은 프로그래밍 실수이며 이런 결함을 회피하려면 코드를 주의 깊게 테스트해야 한다.

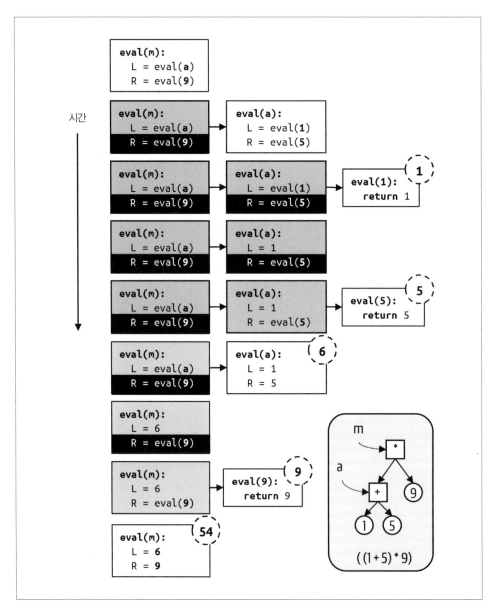

그림 6-2 ((1+5)*9)의 재귀적 계산 시각화

6.2 이진 탐색 트리

이진 트리는 모든 재귀적 자료구조의 대부다. **이진 탐색 트리**^{binary search tree}는 효율적인 탐색, 삽입 및 삭제 연산을 가지는 값의 컬렉션을 저장할 수 있다.

이진 배열 탐색의 성능이 $O(logN)$이 되려면 값을 정렬된 배열에 저장해야 한다. 사용자가 정보를 더 쉽게 볼 수 있도록 정보를 정렬된 순서로 생성하는 데는 무수히 많은 이유가 있다. 실용적인 관점으로 보면, 매우 큰 고정 배열은 기반 운영체제에서 할당되는 연속적인 메모리를 필요로 하므로 운영하기가 쉽지 않다. 게다가 배열의 크기를 변경하면 다음과 같은 문제가 있다.

- 배열에 값을 추가하기 위해 더 큰 배열이 새로 생성되고, 이전 배열에 있던 값들은 (새 값을 위한 공간을 추가한) 새로 생성한 배열로 복사된다. 마지막으로 이전 배열을 위한 메모리가 해제된다.
- 배열에서 값을 제거하기 위해, 제거된 값의 오른쪽에 있는 모든 값이 왼쪽으로 하나의 인덱스만큼 이동해야 한다. 코드는 배열의 끝에 '사용하지 않는' 인덱스 위치가 있음을 기억해야 한다.

파이썬 프로그램은 프로그래머가 따로 처리하지 않아도 내장 list 자료형이 증가하고 축소할 수 있어 이런 어려움을 피할 수 있지만, 최악의 경우에 파이썬 list에 값을 추가하는 성능은 $O(N)$을 유지한다. [표 6-1]은 크기가 N인 list의 앞쪽에 값을 1,000개 추가(한 번에 하나씩)할 때와 크기가 N인 list의 뒤쪽에 1,000개를 추가(한 번에 하나씩)할 때의 런타임 성능 측정 결과를 보여준다.

표 6-1 리스트의 삽입과 삭제 성능을 이진 탐색 트리와 비교(밀리초)

N	앞에 추가 (Prepend)	뒤에 추가 (Append)	삭제	트리
1,024	0.07	0.004	0.01	0.77
2,048	0.11	0.004	0.02	0.85
4,096	0.20	0.004	0.04	0.93
8,192	0.38	0.004	0.09	1.00
16,384	0.72	0.004	0.19	1.08
32,768	1.42	0.004	0.43	1.15
65,536	2.80	0.004	1.06	1.23
131,072	5.55	0.004	2.11	1.30

N	앞에 추가 (Prepend)	뒤에 추가 (Append)	삭제	트리
262,144	11.06	0.004	4.22	1.39
524,288	22.16	0.004	8.40	1.46
1,048,576	45.45	0.004	18.81	1.57

[표 6-1]에서 볼 수 있듯 리스트 뒤쪽에 값을 추가하는 시간은 0.004로 상수다. 이는 list에 값을 삽입하는 **최상의 경우**로 볼 수 있다. list의 앞쪽에 값 1,000개를 추가하는 시간은 기본 적으로 문제 인스턴스 크기 N이 두 배가 되면 따라서 두 배가 된다. 이 연산은 $O(N)$으로 분류된다. [표 6-1]은 정렬된 값의 컬렉션을 유지하기 위해 list를 사용하는 숨겨진 비용을 보여준다. '삭제' 열은 리스트에서 첫 번째 값을 1,000회 제거하는 경우도 크기 N이 두 배가 되면 런타임 성능이 두배가 되므로 성능이 $O(N)$임을 보여준다. 삭제 열에서 각 행의 값은 이전 행 값의 거의 두 배다.

TIP 값을 1,000회 삽입하는 성능이 O(N)이라면, 2장에서 소개한 추론으로 단일 값을 삽입하는 성능 또한 O(N)이다. 이런 동작은 곱셈 상수가 서로 다를 뿐이므로 값을 10,000개 삽입하는 경우에도 O(N)이 된다.

이런 실증적 시도는 단순히 값을 삽입하거나 삭제할 때 $O(N)$ 성능을 보인다. 배열을 정렬된 순서로 유지하면 프로그램의 속도가 느려질 뿐이다. 반면에 [표 6-1]의 '트리' 열은 새로운 값 1,000개를 추가하는 동안 값의 컬렉션을 유지하기 위해 균형 이진 트리를 사용하는 경우 런타임 성능을 보여준다. 문제 크기가 2배가 될수록 런타임 성능이 일정하게 증가하는 것으로 나타나며 이는 $O(logN)$ 성능의 특징이다. 더욱이 이진 탐색 트리는 효율적 탐색, 삽입 및 삭제 연산을 제공한다.

[그림 6-3]은 이진 탐색 트리(왼쪽)와 같은 값을 포함하는 정렬된 배열(오른쪽)을 보여준다. 이진 배열 탐색을 소개할 때 보았던 [그림 2-5]와 같은 배열이다. 이진 트리의 최상위 노드는 트리의 루트root로 지정되는데, 연결 리스트에서 첫 번째 노드를 특별하게 지정하는 방법과 유사하다. 이 트리에는 총 7개의 노드가 있다.

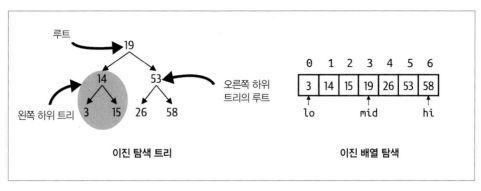

그림 6-3 값이 7개인 이진 탐색 트리

이진 탐색 트리의 각 노드는 [코드 6-3]에 정의된 구조를 가진다. left는 자신의 하위 트리의 루트 노드를 참조하며 right도 마찬가지다. 이진 탐색 트리는 트리에서 각 노드 n에 대해 두 개의 전역 제한을 더한다.

- 노드 n이 left 하위 트리를 가지면, 하위 트리의 모든 값은 n.value보다 작거나 같다.
- 노드 n이 right 하위 트리를 가지면, 하위 트리의 모든 값은 n.value보다 크거나 같다.

[그림 6-3]에서 이러한 속성을 확인할 수 있다. **잎새**^{leaf} 노드는 left나 right 하위 트리가 없는 노드이며, 해당 트리에는 각각 값이 3, 15, 26, 58인 4개의 잎새 노드가 있다. 잎새가 바닥에 있고 루트가 최상위에 있으므로 컴퓨터 과학에서 트리는 뒤집혀 있다고 말하곤 한다.

코드 6-3 이진 탐색 트리의 구조

```
class BinaryNode:
  def __init__(self, val):
    self.value = val      ❶
    self.left  = None     ❷
    self.right = None     ❸
```

❶ 각 노드는 value를 저장한다.

❷ 각 노드에 left 하위 트리가 있다면 value보다 작거나 같은 값을 포함한다.

❸ 각 노드에 right 하위 트리가 있다면 value보다 크거나 같은 값을 포함한다.

[그림 6-3]을 다시 보면, 루트의 왼쪽 하위 트리에서 값이 14인 루트 노드가 왼쪽 잎새 노드(값이 3인 노드)와 오른쪽 잎새 노드(값이 15인 노드)를 가진다. 이 값들은 [그림 6-3]의 오른쪽에 그려진 배열에서 중앙에 있는 19를 기준으로 작거나 같은 값과 일치한다. 이진 탐색 트리는 [표 6-2]에서 나타내듯 값이 한 번에 하나씩 추가됨에 따라 위에서 아래로 자란다.

표 6-2 19, 14, 15, 53, 58, 3, 26을 순서대로 삽입해 이진 탐색 트리 생성하기

트리	설명
19	19를 삽입하기 위해, 루트를 19로 하는 하위 트리를 생성한다.
19 → 14	14를 삽입하려면, 14가 19보다 작거나 같으므로 19의 왼쪽 하위 트리로 14를 삽입하지만, 아직 왼쪽 하위 트리가 없으므로 루트를 14로 하는 하위 트리를 생성한다.
19 → 14 → 15	15를 삽입하려면, 15가 19보다 작거나 같으므로 14가 루트인 19의 왼쪽 하위 트리에 삽입된다. 그리고 15는 14보다 큰 값이므로 14의 오른쪽 하위 트리에 삽입되지만 아직 오른쪽 하위 트리가 없으므로 15를 루트로 하는 하위 트리를 생성한다.
19 (14, 53) → 15	53을 삽입하려면, 53이 19보다 크므로 19의 오른쪽 하위 트리에 삽입하지만 아직 오른쪽 하위 트리가 없으므로 53을 루트로 하는 하위 트리를 생성한다.
19 (14, 53) → (15, 58)	58을 삽입하려면, 58은 19보다 크므로 53이 루트인 19의 오른쪽 하위 트리에 삽입된다. 그리고 58은 53보다 크므로 53의 오른쪽 하위 트리에 삽입되지만 아직 오른쪽 하위 트리가 없으므로 58을 루트로 하는 하위 트리를 생성한다.
19 (14, 53) (3, 15, 58)	3을 삽입하려면, 3은 19보다 작거나 같으므로 루트가 14인 19의 왼쪽 하위 트리에 삽입된다. 그리고 3은 14보다 작으므로 14의 왼쪽 하위 트리에 삽입되지만 아직 왼쪽 하위 트리가 없으므로 3을 루트로 하는 하위 트리를 생성한다.
	26을 삽입하려면, 26은 19보다 크므로 루트가 53인 19의 오른쪽 하위 트리에 삽입된다. 그리고 26은 53보다 작거나 같으므로 53의 왼쪽 하위 트리에 삽입되지만 아직 왼쪽 하위 트리가 없으므로 26을 루트로 하는 하위 트리를 생성한다.

이진 트리에 대한 root 노드 참조를 유지하기 위해 BinaryTree 클래스가 있으면 편리하다.

이 장 전반에 걸쳐 더 많은 함수가 BinaryTree 클래스에 추가될 것이다. [코드 6-4]는 이진 탐색 트리에 값을 삽입하는 데 필요한 코드를 보여준다.

코드 6-4 이진 탐색 트리의 사용성을 향상하기 위한 BinaryTree 클래스

```
class BinaryTree:
  def __init__(self):
    self.root = None                            ❶

  def insert(self, val):                        ❷
    self.root = self._insert(self.root, val)

  def _insert(self, node, val):
    if node is None:
      return BinaryNode(val)                    ❸

    if val <= node.value:                       ❹
      node.left = self._insert(node.left, val)
    else:                                       ❺
      node.right = self._insert(node.right, val)
    return node                                 ❻
```

❶ self.root는 BinaryTree의 루트 노드(혹은 비어 있다면 None)다.

❷ self.root를 루트로 하는 트리에 값을 삽입하기 위해 _insert() 헬퍼 함수를 사용한다.

❸ 종료 조건: 비어 있는 하위 트리에 val을 추가하기 위해 새로운 BinaryNode를 반환한다.

❹ val이 node의 값보다 작거나 같다면, node.left 하위 트리에 val을 삽입한 결과가 node.left의 하위 트리가 되도록 설정한다.

❺ val이 node의 값보다 크다면, node.right 하위 트리에 val을 삽입한 결과가 node.right의 하위 트리가 되도록 설정한다.

❻ 이 메서드가 val이 삽입된 하위 트리의 루트를 반환한다는 설계를 유지하려면, 메서드는 node를 반환해야 한다.

BinaryTree의 insert(val) 함수는 재귀 _insert(node, val) 헬퍼 함수[1]를 수행해, self.root가 루트인 하위 트리에 val을 삽입한 결과의 하위 트리가 되도록 self.root를 설정한다.

캐주얼하고 우아한 insert()의 한 줄 구현은 재귀 자료구조를 사용한 프로그램의 기능이다. _insert() 함수는 val을 삽입하고 결과로 만들어진 하위 트리의 루트를 반환한다.

TIP 예제에서 삽입되는 값들은 모두 고유하지만, 일반적으로 이진 탐색 트리는 중복된 값을 포함할 수 있으므로 _insert() 함수는 val ≤ node.val인지를 확인한다.

_insert(node, val)에서 종료 조건은 node가 None일 때 발생하는데, 이는 val이 존재하지 않는 하위 트리에 삽입되도록 요청되는 경우에 발생한다. 이 경우에는 새롭게 생성된 BinaryNode를 루트로 하는 하위 트리를 생성해 반환한다. 재귀 조건은 val이 왼쪽 하위 트리 node.left나 오른쪽 하위 트리 node.right에 삽입되는 경우다. 재귀 경우의 마지막에 _insert()는 node를 루트로 하는 하위 트리에 val을 추가한 뒤, 하위 트리의 루트인 node를 반환한다.

_insert(node, val)은 이진 탐색 트리 속성을 유지한다. 즉, node의 왼쪽 하위 트리의 모든 값은 node.value보다 작거나 같고 node의 오른쪽 하위 트리의 모든 값은 node.value보다 같거나 크다.

> **NOTE_** 이진 트리의 노드 n은 left와 right 자식을 가질 수 있으며, 이때 n은 left와 right의 **부모 노드**parent node다. n의 **자손**은 left와 right 하위 트리 내에 있게 된다. 루트 외의 각 노드에는 적어도 해당 노드가 파생되는 **조상** 노드가 있다.

[그림 6-3]에 있는 이진 탐색 트리에 29를 삽입해보자. 29는 루트보다 큰 값이므로 53을 루트로 하는 오른쪽 하위 트리에 삽입되어야 한다. 29는 53보다 작으므로 26을 루트로 하는 왼쪽 하위 트리에 삽입된다. 마지막으로 29는 26보다 크므로 26의 새로운 오른쪽 하위 트리는 [그림 6-4]와 같이 형성된다.

---

1 모든 재귀 헬퍼 함수는 언더스코어(_)로 시작한다. BinaryTree에 대한 공용 인터페이스의 일부가 되지 않도록 선언하기 위함이다.

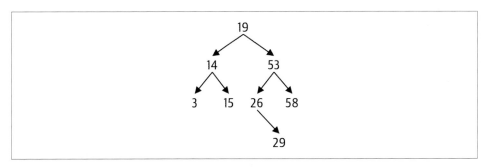

그림 6-4 이진 탐색 트리에 29를 삽입하는 예제

[그림 6-5]에서 볼 수 있듯 최종 이진 트리의 구조는 값을 삽입하는 순서에 따라 다르다. [그림 6-5]의 왼쪽 이진 탐색 트리는 트리의 루트가 5이므로 5를 제일 먼저 삽입했음을 알 수 있다. 게다가 모든 노드는 상위 노드 다음에 삽입되어야 한다.

[그림 6-5]의 오른쪽 이진 탐색 트리는 오름차순으로 7개의 값을 추가해 형성되었다. 이는 이진 탐색 트리에서 값을 삽입하는 **최악의 경우**를 보여준다. 최악의 경우에 이진 탐색 트리 이미지를 45도 시계 방향으로 회전시키면 연결 리스트가 되고, 이는 이진 탐색 트리의 효율성을 잃어버린 것과 같다. 이 장 마지막에서는 삽입과 삭제에 따라 더 균형 있는 이진 트리 구조를 유지하는 전략을 소개한다.

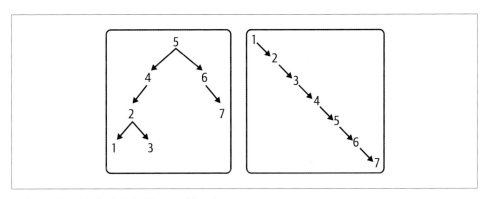

그림 6-5 값을 삽입하는 순서에 따른 이진 탐색 트리

6.3 이진 탐색 트리에서 값 탐색하기

_insert() 메서드는 추가할 값을 포함하는 새로운 잎새 노드를 삽입하기 위해 재귀적으로 알맞은 위치를 찾는다. 같은 재귀적 접근으로 이진 탐색 트리에서 값의 포함 여부를 확인할 수 있다. 하지만, 실제로는 [코드 6-5]는 while 루프를 통해 값을 찾는 더 단순한 방식으로 구현되었다.

코드 6-5 BinaryTree가 값을 포함하는지 결정하기

```
class BinaryTree:
  def __contains__(self, target):
    node = self.root              ❶
    while node:
      if target == node.value:    ❷
        return True

      if target < node.value:     ❸
        node = node.left
      else:
        node = node.right         ❹

    return False                  ❺
```

❶ root에서 탐색을 시작한다.

❷ target 값이 node 값과 같으면 성공으로 True를 반환한다.

❸ target 값이 node 값보다 작으면, left 하위 트리로 node를 설정하고 하위 트리로 탐색을 계속한다.

❹ target 값이 node 값보다 크면 right 하위 트리로 탐색을 계속한다.

❺ 조사할 노드를 모두 탐색했으면 트리에는 해당 값이 없다고 판단되므로 False를 반환한다.

__contains()__ 함수는 BinaryTree 함수[2]에 추가되었다. __contains()__ 함수의 구조는 연결 리스트에서 값을 찾는 것과 유사하다. 차이점은 target에 상대적인 값을 기준으로 left 혹은 right에서 다음 노드로 탐색을 진행할 수 있다는 것이다.

---

2 해당 함수의 구현은 BinaryTree 객체에 값이 포함되어 있는지 여부를 확인해주는 파이썬 in 연산자를 사용하도록 해준다.

6.4 이진 탐색 트리에서 값 제거하기

연결 리스트에서 값을 제거하는 작업은 3장에서 학습했듯 비교적 직관적인 반면, 이진 탐색 트리에서 값을 제거하는 작업은 좀 더 까다롭다. 만약 루트 노드에 포함된 값을 제거한다면, '함께 붙어 있던' 고아가 된 왼쪽과 오른쪽 하위 트리는 어떻게 해야 할까? 또한 매번 작동하는 일관되게 노력이 최소한으로 필요한 전략이 있어야 한다. 이진 탐색 트리의 루트 노드에 포함된 값을 제거하는 직관적인 해결책을 찾아보자. [그림 6-6]은 값이 19인 루트 노드를 제거한 후에 가능한 이진 탐색 트리 두 가지를 보여준다.

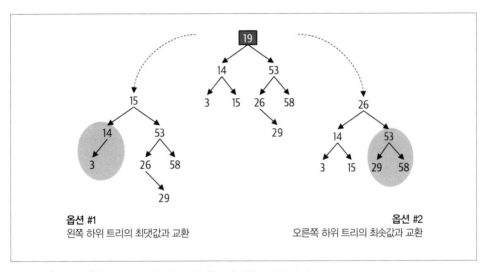

그림 6-6 [그림 6-4]에서 19를 제거한 후에 가능한 이진 탐색 트리 두 가지

두 옵션 모두 이진 탐색 트리를 유지한다. 각 왼쪽 하위 트리의 값은 여전히 루트 값보다 작거나 같고, 각 오른쪽 하위 트리의 값은 여전히 루트 값보다 크거나 같다. 두 옵션 모두 이진 탐색 트리를 유지하기 위한 동작을 최소화하려고 노력한다.

- 옵션 #1: 왼쪽 하위 트리에서 최댓값을 찾아 제거해 루트 값으로 사용한다.
- 옵션 #2: 오른쪽 하위 트리에서 최솟값을 찾아 제거해 루트 값으로 사용한다.

두 옵션 모두 유효하며 필자는 두 번째를 선택한다. 새로운 루트 값 26은 원래 오른쪽 하위 트리에서 가장 작은 값이므로 결과적으로 해당 트리는 유효한 이진 탐색 트리가 된다. 즉, 26은

[그림 6-6]에서 음영 처리된 수정 하위 트리의 모든 값보다 작거나 같다는 의미다. 게다가 26 은 원래 루트 노드인 19보다 크므로 원래 왼쪽 하위 트리의 모든 값보다 크거나 같다.

주어진 하위 트리에서 최솟값을 삭제하는 하위 문제를 해결해보자. 하위 트리의 최솟값은 왼쪽 자식이 없다(만약 있다면 더 작은 값이 존재한다는 의미이므로). [그림 6-7]을 보면 주어진 이 진 탐색 트리에서 루트가 53인 오른쪽 하위 트리의 최솟값은 26이며 해당 노드는 왼쪽 자식이 없다. 값 26을 제거하면, 루트가 29인 오른쪽 하위 트리를 값 53의 새로운 왼쪽 하위 트리가 되도록 '끌어올려야' 한다. 26은 왼쪽 하위 트리가 없으므로, 루트가 29인 트리를 53의 왼쪽 자식으로 설정해도 동작에 문제가 없으며 잃어버리는 값도 없다.

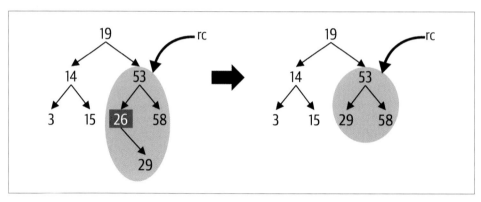

그림 6-7 하위 트리에서 최솟값 제거하기

[코드 6-6]은 BinaryTree의 헬퍼 함수인 _remove_min(node)를 포함하는데, 이 함수는 node를 루트로 하는 하위 트리의 최솟값을 제거하며 node가 None일 때 절대 호출되지 않는다. [그림 6-7]에서 트리의 오른쪽 자식인 rc에서 _remove_min()이 실행되면 재귀 조건에 따라 루트가 26인 왼쪽 하위 트리에서 최솟값을 제거한다. 따라서 26이 더는 왼쪽 자식이 없으므로 종료 조건을 만족하게 되며, 루트가 29인 오른쪽 하위 트리를 26이 있던 공간에 '끌어올려서' 53의 새로운 왼쪽 하위 트리가 되도록 한다.

```
def _remove_min(self, node):
    if node.left is None:                    ❶
        return node.right

    node.left = self._remove_min(node.left)  ❷
    return node                              ❸
```

❶ 종료 조건: node가 left 하위 트리를 가지지 않으면, node를 루트로 하는 하위 트리에서 **최솟값**이 된다. 제거하려면 해당 노드를 '끌어올리고' right(None이 될 수도 있다) 하위 트리를 반환한다.

❷ 재귀 조건: left 하위 트리에서 최솟값을 제거하고, 반환된 하위 트리는 node의 새로운 left 하위 트리가 된다.

❸ _remove_min()은 왼쪽 하위 트리가 업데이트된 노드를 반환해 재귀 조건을 완료한다.

이 코드는 간결하고 우아하다. 앞서 논의한 다른 재귀 함수들과 마찬가지로, _remove_min()은 수정된 하위 트리의 루트 노드를 반환한다. 이 헬퍼 함수로 이진 탐색 트리에서 값을 제거하는 remove()의 구현을 완성할 수 있다. 코드의 동작을 시각화한 [표 6-3]은 루트 노드에 포함된 값 19를 제거할 때 이진 트리가 변경되는 예를 보여준다.

표 6-3 루트 노드가 이진 탐색 트리에서 제거되는 방식

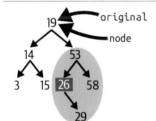

루트 노드에 포함된 값이 제거되므로 original을 node와 동일하게 설정한다.

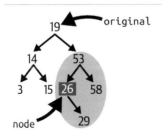

while 루프가 종료되면 node는 original의 right 하위 트리에서 가장 작은 값을 참조하도록 변경된다. 예제에서는 값이 26인 노드이며, 해당 노드는 전체 하위 트리의 새로운 루트 노드가 된다. 이때 다음을 이해하는 것이 중요하다.

– node는 left 하위 트리가 없다.

– node의 값은 루트가 53인 하위 트리에서 가장 작은 값이다.

– node의 값은 루트가 14인 하위 트리에 있는 모든 값보다 크거나 같다.

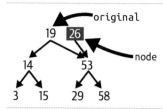

original.right(값이 53인 노드)를 루트로 하는 하위 트리에서 최솟값을 제거한 후에, node.right는 업데이트된 하위 트리(값이 29, 53, 58인 3개 노드로 구성)로 설정된다. 일시적으로 original.right와 node.right는 모두 53을 루트로 하는 하위 트리를 가리킨다.

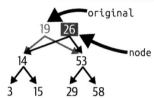

업데이트를 완료하기 위해 node.left는 original.left를 참조하도록 설정된다. _remove()가 완료되면 node를 반환하고, 해당 노드는 전체 이진 탐색 트리의 루트 노드이든 다른 노드의 자식이든 original을 '대신'한다.

[코드 6–7]은 remove()의 구현을 보여준다.

코드 6-7 BinaryTree에서 값 제거하기

```
def remove(self, val):
  self.root = self._remove(self.root, val)          ❶

def _remove(self, node, val):
  if node is None: return None                      ❷

  if val < node.value:
    node.left = self._remove(node.left, val)        ❸
  elif val > node.value:
    node.right = self._remove(node.right, val)      ❹
  else:                                             ❺
    if node.left is None:  return node.right
    if node.right is None: return node.left         ❻

    original = node                                 ❼
    node = node.right
    while node.left:                                ❽
      node = node.left

    node.right = self._remove_min(original.right)   ❾
    node.left = original.left                       ❿

  return node
```

❶ _remove() 헬퍼 함수를 사용해, self.root를 루트로 하는 트리에서 val을 제거한다.

❷ 종료 조건: 존재하지 않는 트리에서 val을 제거하려고 하면 None을 반환한다.

❸ 재귀 조건 #1: 제거하려는 값이 node.value보다 작으면, node.left에서 val을 제거한 결과를 node.left의 하위 트리로 설정한다.

❹ 재귀 조건 #2: 제거하려는 값이 node.value보다 크면, node.right에서 val을 제거한 결과를 node.right의 하위 트리로 설정한다.

❺ 재귀 조건 #3: node가 하위 트리의 루트이면서 제거할 값을 포함할 수 있는데, 그런 경우 해야 하는 작업을 한다.

❻ 쉬운 경우부터 먼저 처리한다. 하나의 자식만 가진다면, 해당 자식을 반환한다.

❼ 유지해야 하는 node의 left와 right 하위 트리를 잃어버리지 않도록 original에 node를 저장해둔다.

❽ 먼저 node = node.right를 사용해 node.right를 루트로 하는 하위 트리에서 최솟값을 찾는다. node가 왼쪽 자식이 있는 한 현재 가장 작은 값이 아니므로, left 하위 트리가 없을 때까지 반복해서 node를 이동시킨다. 이 작업으로 original의 right 하위 트리에서 최솟값을 찾는다.

❾ node는 orignal의 left와 right 자식에 대한 새로운 루트가 될 것이다. 여기서는 original.right에서 최솟값을 제거한 결과를 node.right의 하위 트리로 설정한다.

❿ node를 루트로 하도록 하위 트리를 연결한다.

마지막으로, 이진 트리 값을 오름차순으로 반환하는 기능을 살펴보자. 컴퓨터 과학에서는 이를 **순회**traversal라 한다.

6.5 이진 탐색 트리 순회하기

연결 리스트에서는 각 요소를 처리하기 위해 첫 번째 노드에서 시작하고 while 루프를 사용해 next 참조를 따라가 모든 노드를 방문한다. 이진 탐색 트리에서는 left와 right를 따라가야 하므로 이러한 선형 접근이 동작하지 않는다. 이진 트리 자료구조는 재귀적 특성이 있으므로 재귀적 해결책이 필요하다. [코드 6-8]은 파이썬 제너레이터를 사용하는 우아한 재귀적 해결책을 보여준다.

```
class BinaryTree:

    def __iter__(self):
        for v in self._inorder(self.root):      ❶
            yield v

    def _inorder(self, node):
        if node is None:                          ❷
            return

        for v in self._inorder(node.left):        ❸
            yield v

        yield node.value                          ❹

        for v in self._inorder(node.right):       ❺
            yield v
```

❶ self.root를 루트로 하는 이진 탐색 트리의 **중위 순회**inorder traversal 결과의 모든 값을 생산한다.

❷ 종료 조건: 존재하지 않는 하위 트리에 대해 생성할 것이 없는 경우.

❸ 중위 순회로 모든 값을 생성하기 위해, 먼저 node.left를 루트로 하는 하위 트리에서 중위 순회로 모든 값을 생성한다.

❹ 이제 node의 값을 꺼낼 단계다.

❺ 마지막으로, node.right를 루트로 하는 하위 트리에서 중위 순회로 모든 값을 생성한다.

__iter()__ 함수는 파이썬의 일반적인 관용구를 사용해, 재귀 헬퍼 함수 _inorder()에서 제공하는 값을 반복해서 산출한다. 재귀의 종료 조건은 node를 루트로 하는 존재하지 않는 이진 탐색 트리에 대한 값을 산출하도록 요청할 때이며, 이 경우 _inorder()는 아무것도 반환하지 않는다. 재귀 조건으로는 해당 함수는 이진 탐색 트리 속성에 의존하는데, 즉 node.left를 루트로 하는 하위 트리의 모든 값이 node.value보다 작거나 같고 node.right를 루트로 하는 하위 트리의 모든 값은 node.value보다 크거나 같다는 의미다. 자신의 값을 산출하기 전에 node.left의 모든 값을 재귀적으로 산출하고 그 후에 node.right의 값을 산출한다. [그림 6-8]에 이 과정을 값이 5개인 이진 탐색 트리 T로 시각화했다.

이진 탐색 트리에서 값을 탐색, 삽입, 삭제하는 방법을 알아보고, 트리의 값을 오름차순으로 얻어오는 방법도 살펴보았다. 이제 기본 연산의 성능을 분석해보자.

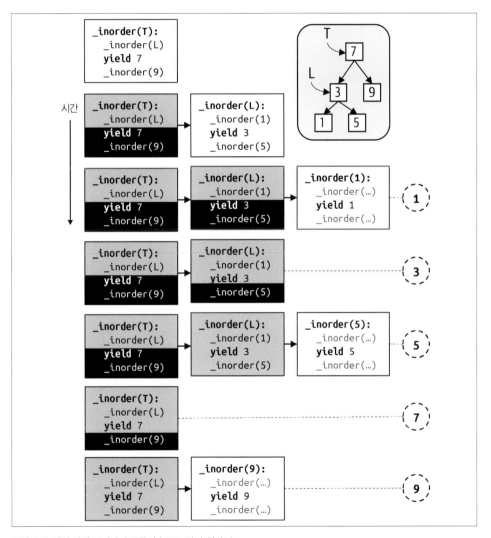

그림 6-8 이진 탐색 트리에서 오름차순으로 값 순회하기

6.6 이진 탐색 트리 성능 분석하기

탐색, 삽입 및 삭제 연산에서 결정적 요소는 트리의 **높이**[height]다. 높이는 트리의 루트 노드의 높이로 정의된다. 노드의 높이는 해당 노드에서 가장 거리가 먼 잎새 노드까지 접근하는 데 필요한 left와 right 참조 수다. 이는 잎새 노드의 높이가 0임을 의미한다.

TIP 잎새 노드의 높이가 0이므로 존재하지 않는 이진 노드의 높이는 0이 될 수 없다. None의 높이, 즉 존재하지 않는 이진 노드의 높이는 계산의 일관성을 유지하기 위해 −1로 정의한다.

최악의 경우, 탐색 동안 방문한 노드 수는 이진 탐색 트리의 루트 노드의 높이에 기반한다. 이진 탐색 트리에 노드가 N개 주어지면 트리의 높이는 얼마인가? 이는 값이 삽입된 순서에 전적으로 의존한다. **완전 이진 트리**[complete binary tree]는 효율적으로 $N=2^k-1$개 노드를 높이가 $k-1$인 트리에 저장하므로 **최상의 경우**를 나타낸다. 예를 들어, [그림 6-9]의 이진 트리는 노드가 N=63개이고 루트 노드의 높이는 5이다. target 값을 찾는 데는 비교가 6회 이상 필요하지 않다(높이 5에서 left와 right 참조로 6회까지 노드를 방문할 수 있으므로). $2^6-1=63$이므로, 값에 대한 탐색 시간은 $\log(N+1)$에 비례한다는 의미다. 하지만 **최악의 경우**, 모든 값이 오름차순(혹은 내림차순)으로 삽입되면 이진 탐색 트리는 [그림 6-5]에서 본 긴 선형 체인으로 구성된다. 일반적으로 탐색의 런타임 성능은 O(h)이며, h는 이진 탐색 트리의 높이이다.

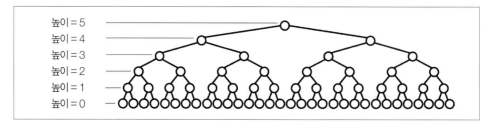

그림 6-9 완전 이진 트리는 최대로 많은 값을 최소 높이에 저장한다

값 삽입은 값 탐색과 동일한 시간 복잡도를 가진다. 단 하나의 차이점은 탐색이 존재하지 않는 left 혹은 right 하위 트리로 마무리되면 새로운 잎새 노드가 삽입된다는 점이다. 따라서 삽입도 O(h) 성능이 O(h)이다.

이진 탐색 트리에서 값을 삭제하는 데는 세 단계가 필요하다.

1. 삭제할 값을 포함하는 노드를 찾는다.

2. 삭제할 값을 포함하는 노드의 오른쪽 하위 트리에서 최솟값을 찾는다.

3. 오른쪽 하위 트리에서 값을 제거한다.

최악의 경우에 각 단계는 높이에 정비례할 수 있다.[3] 최악의 경우, 값을 삭제하는 데 걸리는 시간은 $3 \times h$에 비례하며 h는 이진 탐색 트리의 높이다. 2장의 결과에 기반해 3은 곱셈 상수이므로, 값을 삭제하는 시간도 $O(h)$가 된다.

이진 탐색 트리의 구조는 전적으로 값이 삽입되고 삭제되는 순서에 기반한다. 이진 탐색 트리는 사용되는 방법을 스스로 제어할 수 없으므로, 구조가 제대로 수행되지 않을 때 이를 감지하는 메커니즘이 필요하다. 3장에서는 해시 테이블의 크기가 임계치에 도달하면 자체적으로 모든 엔트리를 재해싱함으로써 크기를 재조정하는 방법을 설명했다. 이러한 기하학적 크기 재조정 전략을 사용함으로써 비싼 $O(N)$ 수행의 요청이 줄어들고 get()의 평균 런타임 성능은 $O(1)$이 된다.

여기서는 기하학적 크기 재조정 전략이 동작하지 않는다. 크기를 언제 재조정할지 결정하는 N에 기반한 단순한 임계 계산이 없기 때문이다. 또한 재조정 이벤트가 더 드물게 일어난다는 보장이 없다. [그림 6-10]에서 볼 수 있듯 값을 몇 개만 이상하게 삽입해도 불균형 트리가 된다.

----

3 이 장의 연습 문제를 참조하자.

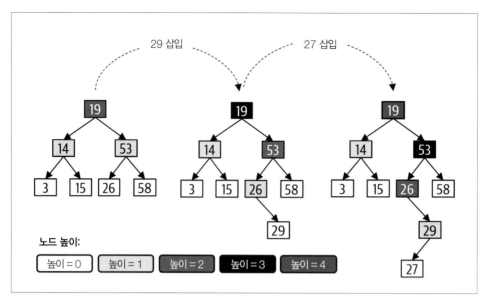

그림 6-10 값을 두 개 삽입한 뒤 불균형 트리가 되었다

[그림 6-10]의 맨 왼쪽 완전 이진 트리는 완전히 균형을 이룬 구조다. 각 잎새 노드는 높이가 0이고 루트 노드는 높이가 2다. 그림 가운데 트리처럼 29를 삽입하면 알맞은 위치에 새로운 잎새 노드가 생성된다. 29의 모든 조상 노드는 높이가 1만큼 증가하고 이에 따라 음영이 바뀐다. 그림 맨 오른쪽 트리처럼 27을 삽입하면 트리는 균형을 잃는다. 14를 루트로 하는 왼쪽 하위 트리는 높이가 1이지만 53을 루트로 하는 오른쪽 하위 트리는 높이가 3이다. 26, 53 등 다른 노드도 비슷하게 균형을 잃는다. 다음 절에서는 이진 탐색 트리의 불균형 탐지 및 재균형 전략을 알아보자.

6.7 자가 균형 이진 트리

AVL 트리[4]는 최초로 알려진 자가 균형 이진 트리로, 1962년에 개발되었다. 전제는 이진 탐색 트리에 값이 삽입되거나 제거된 후에 트리 구조에서 약점이 감지되고 복구가 된다는 것이다. AVL 트리에서는 각 노드의 왼쪽 하위 트리의 높이에서 오른쪽 하위 트리의 높이를 뺀 값, 즉

---

4 AVL 트리는 발명가 아델슨-벨스키(Adelson–Velskii)와 랜디스(Landis) 이름을 따서 지어졌다.

높이 차이가 −1, 0 혹은 1이다.

[코드 6-9]에서 볼 수 있듯 각 **BinaryNode**는 이진 탐색 트리에서 **height**를 저장해야 한다. 이진 탐색 트리에 노드가 삽입될 때마다 영향을 받는 노드의 높이가 반드시 계산되어 불균형 트리 노드가 즉시 감지된다.

코드 6-9 AVL 이진 노드의 구조

```
class BinaryNode:
  def __init__(self, val):
    self.value = val                                             ❶
    self.left  = None
    self.right = None
    self.height = 0                                              ❷

  def height_difference(self):                                   ❸
    left_height = self.left.height if self.left else -1          ❹
    right_height = self.right.height if self.right else -1
    return left_height - right_height                            ❺

  def compute_height(self):                                      ❻
    left_height = self.left.height if self.left else -1
    right_height = self.right.height if self.right else -1
    self.height = 1 + max(left_height, right_height)
```

❶ BinaryNode의 구조는 기본적으로 이진 탐색 트리와 동일하다.

❷ 각 BinaryNode의 높이를 기록한다.

❸ 왼쪽과 오른쪽 하위 트리의 높이 차를 계산하는 헬퍼 함수다.

❹ left 하위 트리가 없다면 left_height를 -1로 설정하고, 있다면 알맞은 높이를 설정한다.

❺ left_height에서 right_height를 뺀 높이 차이를 반환한다.

❻ 노드의 height를 업데이트하는 헬퍼 함수는 left와 right 하위 트리가 각각 정확한 height 값을 가진다고 가정한다.

[코드 6-10]은 _insert()에서 반환된 노드가 알맞게 계산된 **height**를 가짐을 보여준다.

```
def _insert(self, node, val):
    if node is None:
        return BinaryNode(val)                ❶

    if val <= node.value:
        node.left = self._insert(node.left, val)
    else:
        node.right = self._insert(node.right, val)

    node.compute_height()                     ❷
    return node
```

❶ 종료 조건에서 새롭게 생성된 잎새 노드가 반환될 때, 해당 노드의 높이는 기본적으로 0이다.

❷ 재귀 종건이 완료될 때, val은 node.left나 node.right에 삽입되었다. 이는 node의 높이도 다시 계산해야 함을
의미한다.

insert(27)의 실행 동안, 27의 새로운 잎새 노드가 일련의 재귀 실행 끝에 이진 탐색 트리로
추가된다(그림 6-11). _insert()의 최종 실행은 값 27을 포함하는 새로운 잎새 노드가 반환
되는 종료 조건에 있다. [그림 6-11]은 새로운 잎새 노드(27)와 원래 잎새 노드(29)가 모두
높이가 0인 짧은 순간을 포착한 것이다. _insert()의 마지막에서 노드의 높이를 계산하기 위
한 단 하나의 추가 구문으로, 재귀의 복귀로 인해 각 조상 노드([그림 6-11]에서 화살표를 따
라 음영 처리)의 높이도 재계산된다. 이는 이진 탐색 트리에서 높이 조정이 필요한 노드에만
적용됨을 알아두자. compute_height() 함수는 노드의 높이에 대한 논리적 정의, 즉 자식 하
위 트리보다 1만큼 큰 높이 값을 적용한다.

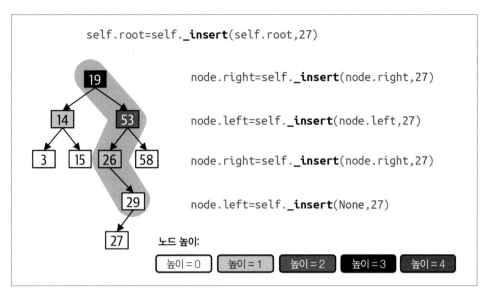

그림 6-11 값 삽입 시 재귀 호출

재귀 실행이 복귀함에 따라 27의 각 조상 노드의 높이가 재계산된다. 이진 탐색 트리에서 노드마다 정확한 `height` 값이 있으므로 `_insert()`는 노드가 불균형을 이루면 즉시 검출할 수 있다. 불균형이란 노드의 왼쪽과 오른쪽 하위 트리의 높이 차이가 1보다 큰 경우다.

TIP AVL 트리에서 모든 노드에 대한 높이 차는 −1, 0 혹은 1이다. 높이의 차는 노드의 왼쪽 하위 트리의 높이에서 노드의 오른쪽 하위 트리의 높이를 뺀 값으로 계산된다. 하위 트리가 없다면 높이 값으로 -1을 사용한다.

26을 포함하는 노드는 높이 차이가 −1−1=−2이므로 오른쪽으로 기울어졌고, 53을 포함하는 노드는 높이 차이가 2−0=2이므로 왼쪽으로 기울어졌다. 마지막으로 루트 노드는 높이 차이가 1−3=−2이므로 오른쪽으로 기울어졌다. 이렇게 기울어진 노드가 확인되면 트리가 다시 균형을 이루도록 조정하는 전략이 필요하다. 재귀의 복귀로 높이를 계산하는 것과 같은 방법으로, `_insert()` 함수는 새로운 노드가 추가되어 트리에 불균형이 발생하면 즉시 감지할 수 있다. 재귀 복귀로 불균형을 감시하는데 처음으로 검출되는 불균형 노드는 26이다.

AVL 트리 설계자는 **노드 회전**node rotation 개념을 개발했다. [그림 6−12]에서 각각 값이 10, 30, 50인 노드 3개를 높이에 따라 음영 처리했다. 값 50을 포함하는 루트 노드는 높이가 h다. 회색 삼각형은 값이 이진 탐색 트리 속성에 맞도록 구성된 하위 트리다. 예를 들어 값 10을 포함하

는 노드의 왼쪽 하위 트리는 10L로 이름을 붙였고 10L 내에 있는 값은 모두 10보다 작거나 같
다. 알아두어야 할 것은 해당 하위 트리의 높이가 h−3이라는 것뿐이다(동일하게 음영 처리된
나머지 하위 트리 10R, 30R, 50R도 마찬가지).

트리가 왼쪽으로 기울었다. 트리의 왼쪽 하위 트리의 높이는 h−1인 반면에 오른쪽 하위 트리
는 그보다 작은 h−3이므로 높이 차이는 +2가 된다. AVL 트리는 [그림 6−12]의 오른쪽 그림
과 같이 불균형을 감지하고 트리를 재설정하기 위해 노드를 회전해 스스로 재균형을 잡는다.
노드 회전 이후 이진 탐색 트리의 높이는 최종 h−1이고 값 30을 포함하는 노드는 이제 새로운
루트가 되었다. 이 회전은 **오른쪽 회전**이며 손으로 시각화해볼 수 있다. 30을 포함하는 노드의
원래 위치에 손을 놓았다가 오른쪽으로 회전하면, 해당 노드는 위로 올라가고 50을 포함하는
노드는 밑으로 내려간다.

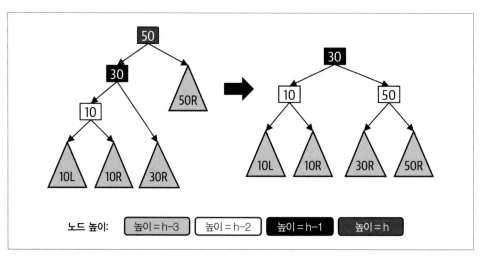

그림 6-12 루트 노드를 오른쪽으로 회전해 이진 탐색 트리 재균형 이루기

[그림 6−13]에 볼 수 있듯 값 3개를 포함하는 이진 탐색 트리에 네 가지 불균형 시나리오가 있
다. 시나리오 Left−left[5]는 [그림 6−12]의 예시를 간소화한 것이며 트리의 균형을 잡으려면 오
른쪽 회전만 필요하다. 비슷하게 시나리오 Right−right는 Left−left 불균형 트리의 대칭이며
트리의 균형을 잡으려면 왼쪽 회전만 필요하다. 시나리오 이름은 루트를 기준으로 각 자식 노

---

5 옮긴이_ AVL 트리의 회전에는 방향에 따라 LL(Left−left), RR(Right−right), LR(Left−right), RL(Right−left) 타입이 있다. 이러한 회
전 방식의 이름은 번역하지 않고 영문 그대로 표기한다.

드의 상대적 위치에 따라 주어진다. 이러한 회전 연산의 결과로 트리가 균형을 이루며 30을 포함하는 루트 노드, 10을 포함하는 왼쪽 자식, 50을 포함하는 오른쪽 자식으로 구성된다.

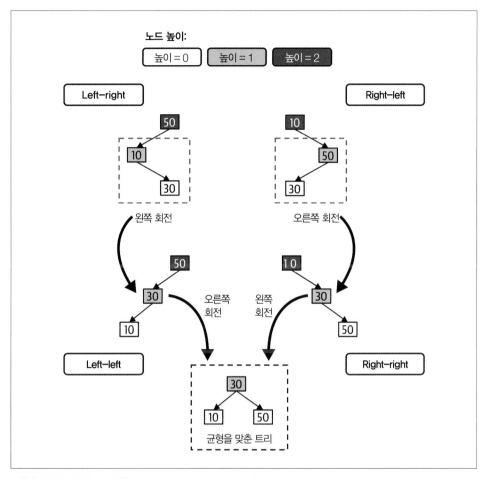

그림 6-13 네 가지 노드 회전

시나리오 Left–right는 좀 더 복잡한 불균형 트리로, 두 단계로 재균형을 진행해야 한다. 먼저 10을 루트로 하는 왼쪽 하위 트리를 왼쪽 회전해 10 노드를 아래로 내리고 30 노드를 위로 올려 시나리오 Left–left와 일치하도록 한다. 다음으로 오른쪽 회전해 트리의 균형을 맞춘다. 이렇게 두 단계로 이루어진 작업을 **left–right 회전**이라 불린다. 시나리오 Right–left는 시나리오 Left–right와 대칭이며 **right–left 회전**을 통해 트리의 균형을 맞춘다. 이 책의 깃허브는 이러한 복합 연산에 대한 최적화된 구현을 포함한다.

[코드 6-11]에서 새로운 헬퍼 함수 두 개는 노드가 왼쪽으로 기울어진 불균형을 해결한다.

코드 6-11 알맞은 회전 전략을 선택하는 헬퍼 함수

```
def resolve_left_leaning(node):              ❶
    if node.height_difference() == 2:
        if node.left.height_difference() >= 0:   ❷
            node = rotate_right(node)
        else:
            node = rotate_left_right(node)       ❸
    return node                              ❼

    def resolve_right_leaning(node):          ❹
        if node.height_difference() == -2:
            if node.right.height_difference() <= 0:  ❺
                node = rotate_left(node)
            else:
                node = rotate_right_left(node)   ❻
        return node                          ❼
```

❶ 높이 차이가 +2일 때 노드는 왼쪽으로 기울어진 것이다.

❷ node의 left 하위 트리가 일부 왼쪽으로 기울어진 것이 확인되면 rotate_right 경우로 판단한다.

❸ 그렇지 않으면 node의 left 하위 트리가 일부 오른쪽으로 기울어진 것이므로 rotate_left_right를 수행한다.

❹ 높이 차이가 −1일 때 노드는 오른쪽으로 기울어진 것이다.

❺ node의 right 하위 트리가 일부 오른쪽으로 기울어진 것이 확인되면 rotate_left 경우로 판단한다.

❻ 그렇지 않으면 node의 right 하위 트리가 일부 왼쪽으로 기울어진 것이므로 rotate_right_left를 수행한다.

❼ (잠재적 재균형을 맞춘) 하위 트리의 노드가 반환됨을 기억하자.

이때 전략은 불균형 노드가 감지되면 즉시 해결하는 것이다. [코드 6-12]는 해결 헬퍼 함수를 사용한 _insert()의 최종 구현이다. 노드의 왼쪽 하위 트리에 값을 추가하는 것은 절대 오른쪽 기울임을 만들지 않는다. 비슷하게 노드의 오른쪽 하위 트리에 값을 추가하는 것은 왼쪽 기울임을 만들지 않는다.

코드 6-12 불균형 노드가 감지될 때 노드 회전하기

```
def _insert(self, node, val):
    if node is None:
        return BinaryNode(val)

    if val <= node.value:
        node.left = self._insert(node.left, val)
        node = resolve_left_leaning(node)        ❶
    else:
        node.right = self._insert(node.right, val)
        node = resolve_right_leaning(node)       ❷

    node.compute_height()
    return node
```

❶ left 하위 트리에 왼쪽 기울임이 발생했다면 해결하자.

❷ right 하위 트리에 오른쪽 기울임이 발생했다면 해결하자.

해당 회전 함수의 구현은 깃허브에서 확인할 수 있다. [표 6-4]의 코드와 재균형 트리는 rotate_left_right 경우를 표현한다. 위 그림은 new_root와 영향을 받는 노드들 및 하위 트리를 보여주며, 아래 그림은 재조정된 트리를 나타낸다. child와 node의 높이가 새로 계산되었다.

[표 6-4]의 불균형 노드는 더 큰 이진 트리 내에 존재할 수 있으므로 rotate_left_right()가 균형 이진 트리를 위해 새로운 루트 노드를 반환하는 방법에 주의를 기울이자. 호출 함수인 _insert()나 _remove()에서 new_root의 높이를 계산할 것이다. 결과의 이진 트리가 여전히 이진 탐색 트리 속성을 만족함을 시각적으로 확인할 수 있다. 예를 들어 30L 내에 있는 값은 모두 10보다 크거나 같고 30보다는 작거나 같으므로, 이 하위 트리는 10을 포함하는 노드의 오른쪽 하위 트리가 될 수 있다. 비슷한 방식으로 30R 하위 트리는 50을 포함하는 노드의 왼쪽 하위 트리가 될 수 있다.

표 6-4 left-left 회전의 구현

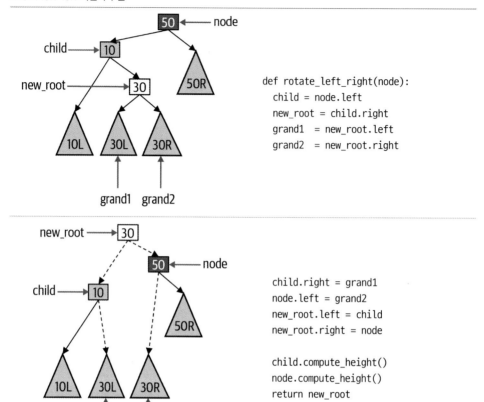

```
def rotate_left_right(node):
    child = node.left
    new_root = child.right
    grand1 = new_root.left
    grand2 = new_root.right
```

```
child.right = grand1
node.left = grand2
new_root.left = child
new_root.right = node

child.compute_height()
node.compute_height()
return new_root
```

개정된 _insert() 메서드는 필요시 이진 탐색 트리를 재조정한다. [코드 6-13]에서 볼 수 있 듯 이 헬퍼 함수로 _remove()와 _remove_min()에도 비슷한 변경을 적용했다. 코드를 수정 해 트리 구조가 변경될 때마다 네 가지 회전 전략을 적용하도록 했다.

코드 6-13 AVL 속성을 유지하기 위해 _remove() 업데이트하기

```
def _remove_min(self, node):
    if node.left is None: return node.right

    node.left = self._remove_min(node.left)
    node = resolve_right_leaning(node)        ❶
```

```
      node.compute_height()
      return node

  def _remove(self, node, val):
    if node is None: return None

    if val < node.value:
      node.left = self._remove(node.left, val)
      node = resolve_right_leaning(node)            ❷
    elif val > node.value:
      node.right = self._remove(node.right, val)
      node = resolve_left_leaning(node)             ❸
    else:
      if node.left is None:  return node.right
      if node.right is None: return node.left

      original = node
      node = node.right
      while node.left:
        node = node.left

      node.right = self._remove_min(original.right)
      node.left = original.left
      node = resolve_left_leaning(node)             ❹

    node.compute_height()
    return node
```

❶ node.left가 루트인 하위 트리에서 최솟값을 제거하면 node가 오른쪽으로 기울어진다. 필요시 회전해 재균형을 맞춘다.

❷ node의 left 하위 트리에서 값을 제거하면 node가 오른쪽으로 기울어진다. 필요시 회전해 재균형을 맞춘다.

❸ node의 right 하위 트리에서 값을 제거하면 node가 왼쪽으로 기울어진다. 필요시 회전해 재균형을 맞춘다.

❹ node.right가 되기 위해 반환된 하위 트리에서 최솟값을 제거한 후에 node는 왼쪽으로 기울어진다. 필요시 회전해 재균형을 맞춘다.

AVL 구현은 이제 트리에 새로운 값이 삽입되거나 삭제될 때마다 알맞게 재균형을 맞춘다. 각 재균형은 연산 수가 고정되어 있고 O(1) 상수 시간에 수행된다. AVL 트리는 여전히 이진 탐색 트리이므로 탐색과 순회 함수는 변경이 필요하지 않다.

6.8 자가 균형 트리 성능 분석하기

compute_height() 헬퍼 함수와 노드 회전 메서드는 모두 상수 시간에 수행되며 함수 어디에도 추가적인 재귀 호출이나 루프가 없다. 이러한 트리 유지 함수는 노드에서 불균형이 감지될 때만 실행된다. AVL 트리에 값을 삽입할 때 노드 회전은 두 번 이상 필요하지 않다. 값을 삭제할 때는 이론적으로 노드 회전이 여러 번 있을 수 있다(이 장 마지막에 있는 연습 문제에서 이러한 동작을 알아본다). 최악의 경우 노드 회전은 $\log(N)$회 이하이므로 탐색, 삽입 및 삭제의 런타임 성능은 모두 $O(\log N)$이 된다.

이제 이 장에서 배운 내용을 활용해 재귀 자료구조를 추가로 조사할 준비가 되었다. 이 장을 마무리하면서 심볼 테이블과 우선순위 큐 데이터 타입을 재고하며 이진 트리가 더 효율적인 구현을 제공할 수 있는지 여부를 알아보자.

6.9 이진 탐색 트리를 (키, 값) 심볼 테이블로 사용하기

같은 이진 탐색 트리 구조를 사용해 3장에서 소개한 심볼 테이블 데이터 타입을 구현할 수 있다(그림 6-14).

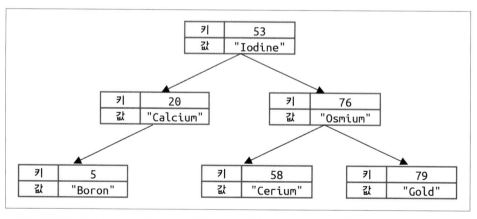

그림 6-14 이진 트리를 심볼 테이블로 사용하기(키는 고유 숫자이고 값은 요소 이름이다)

이진 트리를 심볼 테이블로 활용하기 위해, `BinaryNode` 구조체를 `key`와 `value` 모두를 저장하도록 수정해야 한다(코드 6-14).

코드 6-14 심볼 테이블을 저장하기 위해 이진 트리를 사용할 때의 BinaryNode 업데이트

```
class BinaryNode:
  def __init__(self, k, v):
    self.key = k          ❶
    self.value = v        ❷
    self.left = None
    self.right = None
    self.height = 0
```

❶ key는 이진 탐색 트리를 탐색하는 데 사용된다.

❷ value는 이진 탐색 트리의 수행과 관계없는 임의의 데이터를 포함한다.

이제 `BinaryTree`에는 심볼 테이블에 필요한 인터페이스를 제공하기 위해, `insert()`와 `__contains()__` 대신에 `put(k, v)`와 `get(k)` 함수가 필요하다. 코드는 크게 변경되지 않으므로 책에 싣지 않고 깃허브(*https://oreil.ly/fUosk*)로 제공한다. 이진 탐색 트리를 통해 탐색할 때 `left`로 갈지 혹은 `right`로 갈지는 `node.key`에 기반해 결정된다.

이진 탐색 트리를 사용하면 `__iter()__` 순회 함수를 사용해 오름차순으로 심볼 테이블에서 키를 가져올 수 있다는 이점이 있다.

3장에서는 개방 주소법과 분리 연쇄법이 심볼 테이블 데이터 타입을 구현하는 방법을 설명했다. 개방 주소법과 분리 연쇄법 해시 테이블의 결과를 이진 탐색 트리의 런타임 성능과 비교해보자(표 3-4). 해당 시도는 영어 사전 단어 N=321,129개를 심볼 테이블에 삽입한다. 해당 단어를 모두 저장하는 이진 트리의 최소 높이는 얼마일까? 이 높이를 계산하는 공식은 $\log(N+1)-1$이며 계산 결과는 17.293이다. 이와 같이 영어 사전 단어를 오름차순으로 삽입한 후에 완성된 AVL 이진 트리의 높이는 18이다. 이는 정보를 저장하는 AVL 트리의 효율성을 보여준다.

3장의 해시 테이블 구현은 이진 탐색 트리보다 훨씬 좋은 성능을 보인다(표 6-5). 심볼 테이블에 오름차순으로 키가 필요한 경우, 심볼 테이블에서 키를 모두 얻은 다음에 따로 정렬하기를 추천한다.

표 6-5 3장의 해시 테이블과 AVL 심볼 테이블 구현 비교(초)

타입	개방 주소법	분리 연쇄법	AVL 트리
구성 시간	0.54	0.38	5.00
접근 시간	0.13	0.13	0.58

6.10 이진 탐색 트리를 우선순위 큐로 사용하기

4장에서 소개한 힙 자료구조가 이진 트리 구조에 기반한다는 점을 고려하면, AVL 이진 탐색 트리를 사용해 구현된 우선순위 큐의 런타임 성능을 비교해보는 것은 자연스러운 일이다. 해당 이진 탐색 트리는 priority를 이용해 구조를 탐색한다(그림 6-15).

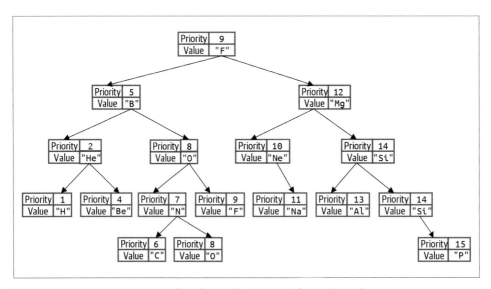

그림 6-15 이진 트리를 우선순위 큐로 사용하기(우선순위는 숫자이고 값은 요소 심볼이다)

이진 탐색 트리로 우선순위 큐를 구현하면 두 가지 장점이 있다.

- 배열 기반 힙은 개수가 고정된 값을 위한 저장 공간을 미리 생성해야 한다. 반면에 이진 탐색 트리를 사용하면 구조가 필요한 만큼 커질 수 있다.

- 힙 구조에서는 값을 꺼내지 않고 우선순위대로 우선순위 큐를 순회[6]할 수 있는 반복자를 제공할 방법이 없다. 반면에 이진 탐색 트리 구조로는 순회 로직을 사용해 해당 기능을 제공할 수 있다.

시작하면 [코드 6-15]에 나와 있듯 BinaryNode는 이제 value와 priority를 모두 저장한다. priority 항목은 탐색, 삽입 및 제거 연산을 위해 이진 트리를 탐색하는 데 사용될 것이다.

코드 6-15 우선순위 큐를 저장하기 위해 이진 트리를 사용할 때의 BinaryNode 업데이트

```
class BinaryNode:
  def __init__(self, v, p):
    self.value = v          ❶
    self.priority = p        ❷
    self.left  = None
    self.right = None
    self.height = 0
```

❶ value는 이진 탐색 트리의 연산과 관계없는 임의의 데이터를 포함한다.

❷ priority는 이진 탐색 트리를 탐색할 때 사용된다.

최대 이진 힙에서 우선순위가 가장 높은 엔트리는 storage[1]에 있으며 $O(1)$ 상수 시간에 접근할 수 있다. 하지만 우선순위 큐를 저장하기 위해 이진 탐색 트리를 사용하는 경우는 그렇지 않다. 우선순위가 가장 높은 BinaryNode는 이진 탐색 트리의 가장 오른쪽 노드에 있다. 이진 트리가 균형을 이루는 경우 이 값의 위치를 찾으려면 $O(\log N)$의 런타임 성능이 필요하다.

하지만 가장 큰 변경은 우선순위 큐가 저장 공간으로 이진 탐색 트리를 사용하는 경우 삭제되는 값은 우선순위가 가장 높은 값이라는 점이다. 즉 범용 remove() 함수는 필요하지 않다는 의미다. 그 대신에 [코드 6-16]과 같이 _remove_max() 헬퍼 함수가 PQ에 추가된다. 나머지 헬퍼 함수는 표준 우선순위 큐 인터페이스의 일부다. N개 쌍이 저장되고 PQ 클래스에서 관리된다.

---

6 이 장의 마지막에 있는 연습 문제에서 방법을 알아보자.

```
class PQ:
  def __init__(self):
    self.tree = BinaryTree()                              ❶
    self.N = 0

  def __len__(self):
    return self.N

  def is_empty(self):
    return self.N == 0

  def is_full(self):
    return False

  def enqueue(self, v, p):
    self.tree.insert(v, p)                                ❷
    self.N += 1

  def _remove_max(self, node):                            ❸
    if node.right is None:
      return (node.value, node.left)                      ❹

    (value, node.right) = self._remove_max(node.right)    ❺
    node = resolve_left_leaning(node)                     ❻
    node.compute_height()                                 ❼
    return (value, node)

  def dequeue(self):                                      ❽
    (value, self.tree.root) = self._remove_max(self.tree.root)
    self.N -= 1
    return value                                          ❾
```

❶ 저장 공간으로 균형 이진 트리를 사용한다.

❷ (v, p) 쌍을 넣기 위해, 이진 탐색 트리에 해당 쌍을 삽입하고 N을 증가시킨다.

❸ _remove_max() 헬퍼 함수는 node를 루트로 하는 하위 트리에서 우선순위가 가장 높은 노드를 삭제하고, 삭제 완료된 노드와 삭제된 값을 튜플로 반환한다.

❹ 종료 조건: 오른쪽 하위 트리가 없는 노드는 우선순위가 가장 높다. 삭제될 노드의 값과 결국 해당 노드와 교체될 왼쪽 하위 트리를 모두 반환한다.

❺ 재귀 조건: 제거된 value와 업데이트된 하위 트리의 루트를 받는다.

❻ node가 균형이 맞지 않는다면(지금은 왼쪽으로 기운 경우) 회전으로 맞춰준다.

❼ 삭제된 값을 가진 노드를 반환하기 전에 node 높이를 계산한다.

❽ dequeue() 메서드는 이진 탐색 트리에서 우선순위가 가장 높은 노드를 삭제하고 해당 값을 반환한다.

❾ N의 값을 감소한 후에, 우선순위가 가장 높았던 value를 반환한다.

이러한 우선순위 큐 구현의 런타임 성능은 4장의 힙 기반 우선순위 큐 구현보다 2배 느리지만 여전히 $O(\log N)$을 보인다. AVL 이진 탐색 트리 구조를 유지하려면 우선순위 큐에 실제 필요한 것보다 더 많은 작업이 필요하기 때문이다. 그럼에도 제거되는 순서대로 (value, priority) 쌍에 대해 순회하는 기능이 필요한 경우 이진 탐색 트리가 효율적인 대안이다.

6.11 요약

이진 트리는 동적인 재귀 자료구조로, 왼쪽과 오른쪽 하위 구조에 값을 구성한다. 왼쪽과 오른쪽 하위 구조를 사용해 값이 N개인 컬렉션을 각각 N/2개로 고르게 분할할 수 있다. 이진 트리는 효율적인 구현을 이끄는 수많은 재귀 자료구조의 기반이 된다. 그 예는 다음과 같다.

- 레드-블랙 트리red-black tree는 균형 이진 트리에 대한 더 효율적인 접근이지만 구현은 AVL 트리보다 복잡하다.
- B-트리 및 B+ 트리는 데이터베이스나 파일 시스템에 사용한다.
- R-트리 및 R* 트리는 공간 정보 처리에 사용한다.
- k-d 트리, 쿼드트리Quadtree 및 팔진트리Octree는 공간 분할 구조에 사용한다.

요약하면 다음과 같다.

- 트리는 재귀 자료구조이므로 재귀 함수를 사용해 제어하는 것은 자연스럽다.
- 이진 탐색 트리를 순회하는 데는 일반적으로, 모든 값이 오름차순으로 반환되는 중위 순회를 사용한다. Expression 재귀 구조는 후위 순서로 값을 생성하는 후위 순회 함수를 포함한다(일부 휴대용 계산기에서 사용되는 후위 표기법으로 구성).
- 이진 탐색 트리는 주요 연산을 $O(\log N)$의 런타임 성능으로 수행하도록 항상 균형을 유지해야 한다. AVL 기술은 노드 간 높이 차이가 모두 −1, 0 혹은 1이 되는 AVL 속성을 강제해 트리의 균형을 맞춘다.

이 작업을 효율적으로 하기 위해 각 이진 노드는 높이를 저장한다.

- 균형 이진 트리로 우선순위 큐를 구현해 (value, priority) 쌍을 저장할 수 있으며 priority로 노드 간 비교가 가능하다. 해당 구조의 이점은 우선순위 큐의 구조에 아무런 영향 없이 우선순위 순으로 큐에 저장된 값의 쌍을 중위 순회로 가져올 수 있다는 점이다.

- 심볼 테이블은 이진 탐색 트리에서 각 키가 고유하도록 제한을 강제함으로써 균형 이진 탐색 트리를 사용해 구현할 수 있다. 하지만 성능은 3장에서 소개한 해시 테이블 구현보다 효율적이지 않을 것이다.

6.12 연습 문제

1. 재귀 count(n, target) 함수를 작성하자. 첫 노드가 n인 연결 리스트에서 target이 나타나는 횟수를 반환하도록 한다.

2. 노드가 N개이고 가장 큰 두 수를 찾는 시간이 $O(N)$인 이진 탐색 트리 구조를 구상하자. 그다음에는 노드가 N개이고 가장 큰 두 수를 찾는 시간이 $O(1)$인 이진 탐색 트리 구조를 구상하자.

3. 이진 탐색 트리에서 k번째로 작은 키를 찾으려면 어떻게 해야 할까? 노드 k개를 모두 방문할 때까지 전체 트리를 순회하는 비효율적인 방법 대신에, k가 0에서 N−1 사이일 때 k번째 작은 수를 반환하는 select(k) 함수를 BinaryTree에 추가하자. 효율적으로 구현하려면 BinaryNode 클래스에 추가로 항목 N을 저장하기 위한 인자가 필요하다. 이때 N은 해당 노드를 루트로 하는 하위 트리 내 노드 개수를 기록한다(해당 노드도 포함). 예를 들어 잎새 노드는 N의 값이 1이다.

   BinaryTree에 rank(key) 함수도 추가하자. 정렬된 순서로 key의 등급을 반영하는 0과 N−1 사이 정수를 반환하도록 한다(다시 말해, 트리에 있는 키의 수는 엄격하게 key보다 작다).

4. 값이 [3, 14, 15, 19, 26, 53, 58]로 주어지면, 이 값들을 비어 있는 이진 탐색 트리에 삽입하는 방법은 7!=5,040가지다. 결과 트리가 [그림 6-3]의 이진 탐색 트리와 같이 높이가 2이고 완전한 균형을 이루는 방법의 수를 계산하자.

   결과를 임의의 2^{k-1}개 값을 포함하는 컬렉션으로 일반화하고 임의의 k에 대해 이를 계산하는 재귀 공식 c(k)을 제시할 수 있는가?

5. BinaryTree를 위한 contains(val) 메서드를 작성하자. BinaryNode에 재귀 contains(val) 메서드를 실행하도록 한다.

6. 이 장에서 설명했듯 AVL 트리는 자가 균형을 유지한다. 주어진 N에 대해, 모든 트리가 완전 이진 트리로 완전히 채워지지 못한다. N개 값을 포함하는 AVL 트리의 최대 높이를 계산할 수 있는가? 크기가 N인 AVL 트리 10,000개를 생성하고 각 N에 대해 관찰된 높이의 최댓값을 기록하자.

최대 높이의 증가 여부를 기록하는 테이블을 생성하자. 노드가 N개인 AVL 트리가 노드가 N−1개인 AVL 트리보다 1만큼 더 큰 높이를 갖도록 하는 N의 값을 예측해보자.

7. [코드 6-17]의 SpeakingBinaryTree를 완성하자. insert(val) 연산은 작업에 대한 설명을 생성한다. [표 6-2]는 각각 대응되는 연산에 대해 원하는 출력을 포함한다. 해당 재귀 연산은 '하향식'으로 처리하는 반면 대부분의 재귀 함수는 종료 조건에서 '상향식'으로 처리하므로 이 장의 다른 작업과는 다르다.

코드 6-17 발생한 일에 대한 설명을 반환하도록 _insert() 메서드 개선하기

```
class BinaryNode:
  def __init__(self, val):
    self.value = val
    self.left  = None
    self.right = None

class SpeakingBinaryTree:
  def __init__(self):
    self.root = None

  def insert(self, val):
    (self.root,explanation) = self._insert(self.root, val,
        'To insert `{}`, '.format(val))
    return explanation

  def _insert(self, node, val, sofar):
    """
    node를 루트로 하는 하위 트리에 val을 삽입해 얻은 결과인
    (node, explanation)를 반환한다.
    """
```

튜플 (node, explanation)을 반환하도록 _insert() 함수를 수정하자. 여기서 node는 결과 node이고 explanation은 작업에 대한 설명 문자열을 포함한다.

8. check_avl_property(n) 메서드를 작성해, n을 루트로 하는 하위 트리가 다음을 만족하도록 하자.

- 각 자손 노드의 계산된 높이가 알맞은 값이다.
- 각 자손 노드는 AVL 트리 속성을 만족한다.

9. n을 루트로 하는 이진 트리의 구조를 얻기 위해 전위 순서prefix order로 괄호와 함께 문자열을 생성하는 tree_structure(n) 함수를 작성하자. 전위 순서는 왼쪽 및 오른쪽 표현 전에 노드의 값을 먼저 출력한다. 해당 문자열은 쉼표와 괄호로 정보를 분리해 이후에 다시 분석 가능하도록 한다. [그림 6-3]의 완전 이진 트리에 대한 해당 규칙의 문자열은 '(19,(14,((3,,),(15,,)),(53,(26,,),(58,,)))'이 되며 [그림 6-5] 왼쪽 부분의 이진 트리의 문자열은 '(5,(4,(2,(1,,),(3,,)),),(6,,(7,,)))'이 된다.

추가로 recreate_tree(expr) 함수를 작성해 괄호를 사용한 expr 트리 구조 문자열을 인자로 받아 이진 트리의 루트 노드를 반환하도록 하자.

10. left-right 회전과 right-left 회전(왼쪽 회전 및 오른쪽 회전에 추가로)을 단일 회전으로 계산한다면, AVL 이진 탐색 트리에 값을 삽입할 때 회전이 2회 이상 필요하지 않다. 하지만 AVL 트리에서 값을 삭제하는 경우에는 회전이 여러 번 필요하다.

단일 값이 삭제되는 경우에 노드 회전이 여러 번 필요한 가장 작은 AVL 이진 트리는 무엇인가? 그러한 트리는 노드가 최소 4개일 것이다. 이 질문에 답하려면 회전이 사용된 수를 추적하는 기능이 필요하다. 또한 이전 연습에서 트리를 기록하기 위한 tree_structure()의 결과를 사용해 여러 회전을 감지한 후 구조를 복구할 수 있다. 노드 4~40개를 포함하는 임의 AVL 트리 10,000개를 생성하고 각 트리에서 삭제할 값을 임의로 선택하는 함수를 작성하자. 삭제 요청에 대해 3회까지의 회전이 필요한 AVL 트리의 크기를 계산해야 한다. 힌트는 주어진 삭제 요청에 대해 1회 회전이 필요하고 노드가 4개인 AVL 트리를 생성할 수 있고, 주어진 삭제 요청에 대해 2회 회전이 필요하고 노드가 12개인 AVL 트리도 생성할 수 있다는 점이다. 주어진 삭제 요청에 대해 3회 회전이 필요한 가장 작은 AVL 트리는 무엇인가?

11. 노드가 $N=2^k-1$개인 완전 이진 트리는 노드 N개를 저장하기 위한 가장 간결한 표현이다. 구성 가능한 가장 간결하지 않은 AVL 트리는 무엇인가? 피보나치 트리는 모든 노드에서 왼쪽 하위 트리의 높이가 오른쪽 하위 트리의 높이보다 단지 1만큼 크다. 이것을 재균형에서 하나의 삽입이 남은 AVL 트리로 생각해보자. N>0에 대해 피보나치 트리의 루트를 나타내는 BinaryNode를 반환하는 재귀 함수 fibonacci_avl(N)을 작성하자. BinaryTree 객체를 포함하지 않고 수행하는 편이 더 간단하다. 반환된 루트 노드는 값 F_N을 가진다. 예를 들어 fibonacci_avl(6)은 [그림 6-16]에 나온 이진 트리의 루트 노드를 반환한다.

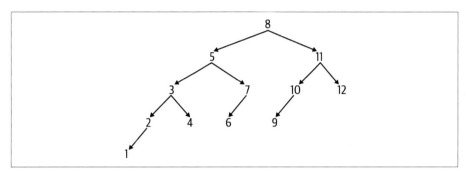

그림 6-16 노드가 12개인 피보나치 트리

그래프

이 장에서 배울 내용은 다음과 같다.

- 스택 추상 데이터 타입

- 인덱스 최소 우선순위 큐 데이터 타입

- 노드와 간선을 사용한 그래프 모델링 방법. 유향 그래프에서 간선은 방향을 가진다. 가중 그래프에서 간선은 연관된 숫자 값을 가진다.

- 깊이 우선 탐색에서 스택을 사용해 그래프를 검색하는 방법

- 너비 우선 탐색에서 큐를 사용해 그래프를 검색하는 방법. 시작 노드와 목표 노드 간에 경로가 존재하면 너비 우선 탐색은 존재하는 경로 중 가장 짧은 경로를 반환한다.

- 유향 그래프에 순환이 있는지 여부를 확인하는 방법. 일련의 간선이 특정 노드에서 시작해 특정 노드로 끝나는지 확인한다.

- 유향 그래프에 토폴로지 정렬을 사용하는 방법. 그래프에서 모든 의존성을 분석해 노드 간 선후 관계대로 정렬한다.

- 가중 그래프에서 한 노드에서 모든 다른 노드까지 가장 짧은 누적 경로를 결정하는 방법

- 가중 그래프에서 두 노드 간에 가장 짧은 누적 경로를 결정하는 방법

7.1 그래프로 문제 모델링하기

지금까지 데이터를 저장하고 처리하는 정보 시스템에서 일반적인 문제를 해결하기 위한 알고리즘을 다루었다. 문제를 적절히 모델링하면 이러한 알고리즘으로 수많은 실제 문제를 해결할 수 있다. 이 장에서는 그래프를 사용해 다음 세 가지 문제를 해결해본다.

- 미로는 다른 방으로 통하는 출입구가 있는 여러 방으로 구성되어 있다. 입구에서 출구까지의 최단 경로를 찾자.
- 프로젝트는 작업 모음으로 정의되는데, 일부 작업은 시작 전에 다른 작업이 선행되어야 한다. 프로젝트를 완수하기 위해 수행해야 할 작업을 순서대로 설명하는 선형 스케줄을 수립하자.
- 맵은 고속도로 구간과 해당 구간의 길이를 마일 단위로 저장하는 컬렉션을 포함한다. 맵에서 두 위치 사이의 최단 거리를 구해보자.

이러한 문제는 수세기 동안 수학자들이 연구한 기본 개념인 **그래프**graph를 사용해 효율적으로 모델링할 수 있다. 데이터 간의 관계를 모델링하는 것은 종종 데이터 값 자체만큼 중요하다. 그래프는 정보를 **간선**edge으로 연결된 **노드**node로 모델링한다. 간선 수 $e = (u, v)$는 노드 u와 v 간의 관계를 나타내는 데 사용된다. [그림 7–1]에서 볼 수 있듯 그래프는 다양한 애플리케이션 도메인의 개념을 모델링한다. 예를 들어 **무향 그래프**undirected graph는 프로페인 분자의 탄소와 수소 원자 간의 구조적 관계를 모델링할 수 있으며, 모바일 앱에 **유향 그래프**directed graph를 사용해 뉴욕 도로의 운전 방향을 나타낼 수 있다. 운전자의 도로 지도책에는 **가중 그래프**weighted graph를 사용해 뉴잉글랜드의 주도 간 운전 거리를 나타낼 수 있다. 약간의 계산으로 코네티컷주의 하트퍼드에서 메인주의 뱅고어로 가는 최단 운전 거리는 278마일임을 알 수 있다.

그래프는 별개의 노드[1] N개의 컬렉션을 포함하는 데이터 타입이며, 각 노드에는 식별을 위한 고유 레이블이 있다. 두 노드 u, v를 연결하려면 그래프에 간선을 추가한다. 간선은 (u, v)로 표현하며 u와 v는 **종점**endpoint이라고 한다. 각 간선 (u, v)는 u와 v를 연결하므로 u는 v에 인접한다고 할 수 있다(그리고 반대로 v는 u에 인접한다고도 할 수 있다).

---

1 노드는 종종 정점(vertex)이라 불리지만 networkx와 일관성을 유지하기 위해 이 장에서는 노드라는 용어를 사용한다.

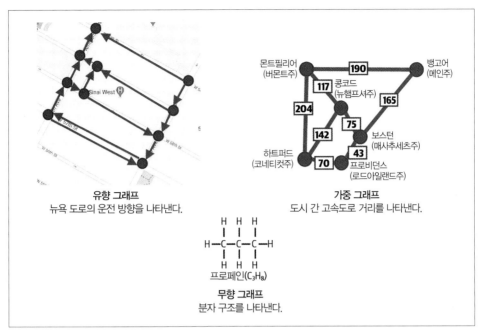

유향 그래프
뉴욕 도로의 운전 방향을 나타낸다.

가중 그래프
도시 간 고속도로 거리를 나타낸다.

무향 그래프
분자 구조를 나타낸다.

그림 7-1 그래프를 이용한 문제 모델링

[그림 7-2]의 그래프에는 고유한 노드 12개와 간선 12개가 있다. 각 노드가 섬이고 간선은 섬을 연결하는 다리라고 생각하자. 여행자는 섬 B2에서 섬 C2로, 섬 C2에서 섬 B2로 걸어서 갈수 있다. 반면에 섬 B2에서 섬 B3로 바로 갈 방법은 없다. 섬 B2에서 C2로 간 다음 섬 C2에서 C3로 건너간 뒤 마침내 섬 C3에서 섬 B3로 갈 수 있다. 'B' 섬과 'C' 섬 사이를 연결하는 다리는 있지만 'A' 섬으로는 어떠한 다리도 연결되어 있지 않으므로 'A' 섬에서 'B' 섬으로 여행할 방법은 없다.

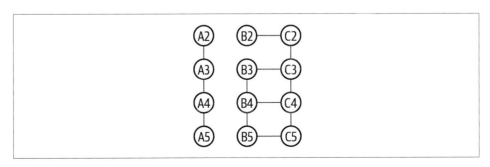

그림 7-2 노드 12개와 간선 12개로 이루어진 무향 그래프

노드와 간선이 포함된 그래프가 주어질 때 일반적으로 문제는 그래프에 포함된 간선만을 사용해 **시작** 노드(예를 들면 B2 섬을 나타내는 노드)에서 **목표** 노드(B3 섬을 나타내는 노드)로 가는 경로를 계산하는 것이다.

경로는 시작에서 출발해 목표에서 끝나는 일련의 간선으로 이루어진다. 당연히 모든 간선은 두 종점 노드 간에 경로를 형성하지만 두 노드를 연결하는 간선이 없다면 어떨까? [그림 7-2] 그래프에는 일련의 간선 (B2, C2), (C2, C3), (C3, B3)에 따라 노드 B2와 B3 간 경로가 존재한다.

경로 내에서 각 연속적인 간선은 반드시 이전 간선이 종료된 노드에서 시작되어야 한다. 경로는 또한 [B2, C2, C3, B3]와 같이 길을 따라 지나는 일련의 노드를 나열해 표현할 수도 있다. B2와 B3 사이의 또 다른 경로로 [B2, C2, C3, C4, B4, B3]가 있다. **순환**은 [C4, C5, B5, B4, C4]와 같이 같은 노드에서 시작해 같은 노드로 경로가 끝나는 것이다. 그래프에서 간선 u에서 v까지 경로가 존재한다면 노드 v는 노드 u로부터 **도달 가능**하다. 일부 그래프에서는 두 노드 간 경로가 없을 수도 있다. 예를 들어, [그림 7-2]의 그래프에서 A2에서 B2로 가는 경로는 없다. 이런 경우에 그래프가 **비연결**disconnected되었다고 간주한다. 연결 그래프에서는 두 노드 사이의 경로를 계산할 수 있다.

이 장에서는 세 가지 그래프 타입을 소개한다.

무향 그래프

u는 v에 인접하고 v는 u에 인접하도록 서로 연결한 간선 (u, v)를 포함하는 그래프다. 양방향으로 여행 가능한 다리와 같다.

유향 그래프

방향이 고정된 간선 (u, v)를 포함하는 그래프다. 그래프에 간선 (u, v)가 있으면 v는 u에 인접하지만 반대는 그렇지 않다. 여행자가 섬 u에서 v로 건너가는 데 사용하는 일방통행 다리와 같다(v에서 u로는 갈 수 없다).

가중 그래프

간선과 연관된 숫자 값인 **가중치**weight를 가지는 간선 $(u, v, weight)$를 포함하는 그래프다(이때 그래프는 유향 그래프도, 무향 그래프도 될 수 있다). 가중치는 u와 v 간 관계에 관한 부분을 나타낸다. 예를 들어 가중치는 노드 u와 v로 모델링한 위치 사이의 물리적 거리를 마일^{mile}로 표시할 수 있다.

이 장의 모든 그래프에서는 각 간선이 고유하며(즉 노드 쌍 사이에 여러 간선이 있을 수 없다), 자기 자신을 다시 연결하는 간선인 **자기 루프**$^{self-loop}$가 없는 **단순 그래프**$^{simple\ graph}$다. 그래프에서 간선은 모두 방향이 없거나 모두 방향이 있도록 한다. 비슷하게, 모두 가중 간선이거나 모두 연관된 가중치가 없도록 한다.

이 장의 모든 알고리즘에는 다음과 같은 기능을 제공하는 그래프 데이터 타입이 필요하다.

- 그래프 내 노드의 수 N과 간선의 수 E를 반환한다.
- 노드와 간선의 컬렉션을 생성한다.
- 주어진 노드에 대한 인접 노드나 간선을 생성한다.
- 그래프에 노드나 간선을 추가한다.
- 그래프에서 노드나 간선을 제거한다(해당 기능은 이 장에서 소개할 알고리즘에 필수는 아니지만 완전한 구현을 위해 포함한다).

파이썬에는 이러한 기능을 제공하는 내장 자료구조가 없다. 처음부터 코드를 구현하는 대신에 그래프를 생성하고 제어하기 위한 오픈 소스 라이브러리인 **NetworkX**(*https://networkx.org*)를 설치하자. 이 라이브러리를 설치하면 관련 기능을 재개발할 필요가 없을 뿐 아니라 networkx에 이미 구현된 많은 그래프 알고리즘에 접근할 수 있다. 게다가 networkx는 그래프 시각화를 위한 파이썬 라이브러리와 원활하게 통합된다. [코드 7-1]은 [그림 7-2]에 있는 그래프를 구성한다.

코드 7-1 [그림 7-2]의 그래프를 구성하는 프로그램

```
import networkx as nx
G = nx.Graph()                                    ❶
G.add_node('A2')                                  ❷
G.add_nodes_from(['A3', 'A4', 'A5'])              ❸

G.add_edge('A2', 'A3')                            ❹
G.add_edges_from([('A3', 'A4'), ('A4', 'A5')])    ❺
```

```
for i in range(2, 6):
  G.add_edge('B{}'.format(i), 'C{}'.format(i))               ❻
  if 2 < i < 5:
    G.add_edge('B{}'.format(i), 'B{}'.format(i+1))
  if i < 5:
    G.add_edge('C{}'.format(i), 'C{}'.format(i+1))

>>> print(G.number_of_nodes(), 'nodes.')                     ❼
>>> print(G.number_of_edges(), 'edges.')
>>> print('adjacent nodes to C3:', list(G['C3']))            ❽
>>> print('edges adjacent to C3:', list(G.edges('C3')))      ❾
12 nodes.
12 edges.
adjacent nodes to C3: ['C2', 'B3', 'C4']
edges adjacent to C3: [('C3', 'C2'), ('C3', 'B3'), ('C3', 'C4')]
```

❶ nx.Graph()는 무향 그래프를 새로 생성한다.

❷ 노드는 None을 제외한 모든 해시 가능한 파이썬 객체가 될 수 있다. 문자열도 좋다.

❸ add_nodes_from()을 사용해 리스트에서 여러 노드를 추가한다.

❹ add_edge(u, v)를 사용해 두 노드 u와 v 간에 간선을 추가한다.

❺ add_edges_from()을 사용해 리스트에서 여러 간선을 추가한다.

❻ 노드가 추가되기 전에 간선이 추가되면 해당하는 노드는 자동으로 그래프에 추가된다.

❼ 그래프는 노드와 간선의 수를 보고한다.

❽ G[v] 조회 기능을 사용해 v와 인접한 노드를 찾는다.

❾ G.edges(v) 함수를 사용해 v와 인접한 간선을 찾는다.

인접 노드나 간선은 요청 시 특정 순서로 반환되지는 않는다.

7.2 깊이 우선 탐색으로 미로 풀기

[그림 7-3]과 같은 사각 미로를 탈출하는 프로그램은 어떻게 작성할까? 해당 미로는 15개 칸으로 구성된 3×5 형태이며 입구는 상단에, 출구는 하단에 있다. 미로 안에서는 벽으로 막히지 않은 방 사이를 수직 혹은 수평으로만 이동할 수 있다. 첫 단계는 15개 노드로 구성된 무향 그

래프를 사용해 미로를 모델링하는 것이다. 칸을 모델링하는 각 노드는 (열, 행)으로 레이블링한다. 예를 들어, 미로의 **시작**은 (0, 2)이고 **목표**는 (2, 2)다. 두 번째 단계는 두 노드 (u, v)가 벽으로 막혀 있지 않다면 간선을 추가하는 것이다. 결과 그래프를 미로에 겹쳐 보면 그래프의 노드와 미로의 칸이 일대일 대응을 이룸을 알 수 있다.

시작 노드 (0, 2)에서 목표 노드 (2, 2)까지의 경로를 찾는 것은 원래 사각 미로에서 해결책을 찾는 것과 같다. 이 절에서는 크기에 상관없이 미로를 해결하기 위한 기술을 소개한다. 미로를 손으로 직접 풀 때는 '막다른 골목'으로 이어지는 경로를 제외해가면서 수많은 경로를 탐색하게 된다. 사실 이 방법은 상당한 이점이 있다. 미로 전체를 한눈에 볼 수 있고 최종 목표에 얼마나 가까운지에 대한 감각에 기반해 탐색할 경로를 결정하기 때문이다. 이와 달리 당신이 미로 안에 갇혀 있고 현재 서 있는 칸에 바로 연결된 칸만 볼 수 있다고 상상해보자.[2] 이러한 제한이 있다면 완전히 다른 접근 방식이 필요하다.

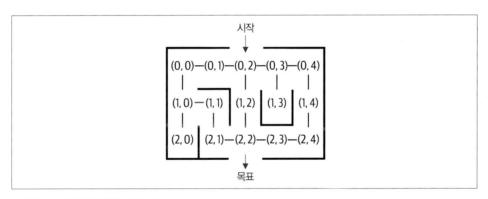

그림 7-3 그래프로 모델링한 사각 미로

[그림 7-4]와 같은 미로에 대응되는 무향 그래프를 사용해 미로를 해결하는 전략을 개발해보자. 미로는 임의로 생성되며 이는 그 자체로 흥미로운 연습이 된다.[3]

(0, 2)에서 시작하면 간선으로 연결된 인접 노드 3개를 볼 수 있다. 임의로 동쪽에 있는 (0, 3)으로 이동하지만 이후에 (0, 1)과 (1, 2)도 방문해야 한다. 노드 (0, 3)은 인접 노드가 3개지만, 앞서 (0, 2)에서 왔다는 것을 기억하고 이미 지나온 경로는 반복하지 않으므로 이번

---

2 실생활에서 옥수수 밭 미로에서 일어날 수 있는 일이다. 캘리포니아 딕슨에 있는 Cool Patch Pumpkins는 세계에서 가장 큰 옥수수 밭 미로다. 25만 5000제곱미터에 달하며 미로를 통과하려면 몇 시간이 걸린다.

3 자세한 사항은 ch07.maze 프로그램을 보자.

에는 임의로 남쪽에 있는 (1, 3)으로 이동한다. 다만 (0, 4)는 기억해두고 다음 탐색에 이용해야 한다. [그림 7-4]에 음영 처리된 경로를 따라가보면 막다른 골목에 도달했음을 알 수 있다.

(1, 3)은 이미 방문한 노드 외에 인접한 노드가 없는 막다른 곳이다. 어떻게 해야 할까? 지나오면서 아직 탐색하지 않은 노드는 [그림 7-4]에 원으로 표시되어 있다. 표시한 노드를 역추적하고 해당 노드에서 탐색하는 것이 효과적이다.

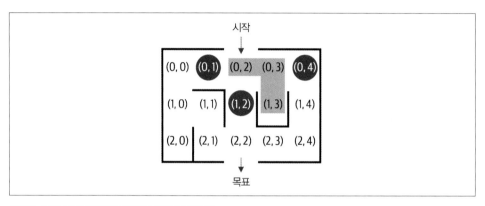

그림 7-4 미로를 탐색하다가 막다른 골목에 도달했다

다음은 지정된 시작 노드에서 시작해 그래프를 탐색하는 그래프 탐색 알고리즘의 활동에 대한 개요다.

- 방문하는 노드마다 방문 처리한다.
- 현재 노드와 인접하고 방문 처리되지 않은 노드를 찾고, 그중 임의의 노드를 선택해 탐색을 진행한다.
- 막다른 곳에 도달하면 기억해두었던 방문 처리되지 않은 마지막 노드로 돌아간다.
- 도달 가능한 노드가 모두 방문 처리될 때까지 탐색을 계속한다.

탐색 알고리즘이 완료되고 나면 시작 노드에서 모든 노드까지의 경로를 재구성할 수 있어야 한다. 이것이 가능하려면 탐색 알고리즘은 반드시 해당 기능을 지원하기에 충분한 정보를 포함하는 자료를 반환해야 한다. 일반적인 해결책은 node_from[] 자료를 반환하는 것인데, node_from[v]는 v가 시작 노드에서 도달할 수 없다면 None이 되고 v를 탐색하기 전에 발견된 이전 노드가 u이면 u가 된다. [그림 7-4]에서 node_from[(1, 3)]은 노드 (0, 3)이 된다.

이러한 과정은 연결 리스트에서 값을 탐색할 때처럼 단순히 **while** 루프에서 수행될 수 없다. 대신에 그래프를 탐색하는 동안 탐색 상태를 유지하기 위한 **스택**stack 추상 데이터 타입 사용법을 알아보자.

구내식당에서는 보통 쟁반을 쌓아두고 손님이 차례로 맨 위에 있는 쟁반을 가져가도록 한다. 스택 데이터 타입은 쟁반 더미와 같은 동작을 나타낸다. 새로운 값이 스택 맨 위에 올라오도록 value를 추가하는 push(value) 연산과 스택 맨 위 값을 제거하는 pop() 연산이 있다. 즉 **후입 선출**Last In, First Out (LIFO) 방식에 따라 스택에 마지막으로 들어온 것이 스택에서 맨 먼저 꺼내어진다. 값 3개를 1, 2, 3 순으로 스택에 넣으면 3, 2, 1 순으로 꺼내어진다.

[코드 7-2]의 Stack 구현은 [코드 6-1]의 Node 연결 리스트 자료구조를 사용한다. 코드에는 연결 리스트의 앞쪽에 값을 추가하는 push() 연산이 있다. pop() 메서드는 연결 리스트의 첫 번째 값을 삭제하고 반환한다. Stack에서 push()와 pop() 연산은 스택 내 값의 개수와는 무관하게 상수 시간에 수행된다.

코드 7-2 Stack 데이터 타입의 연결 리스트를 이용한 구현

```
class Stack:
  def __init__(self):
    self.top = None                          ❶

  def is_empty(self):
    return self.top is None                  ❷

  def push(self, val):
    self.top = Node(val, self.top)           ❸

  def pop(self):
    if self.is_empty():                      ❹
      raise RuntimeError('Stack is empty')

    val = self.top.value                     ❺
    self.top = self.top.next                 ❻
    return val
```

❶ 초기에 top은 None이고 비어 있는 Stack을 반영한다.

❷ top이 None이면 Stack은 비어 있다.

❸ 새로운 Node가 남은 연결 리스트의 첫 번째 값이 되도록 한다.

❹ Stack이 비어 있다면 RuntimeError를 발생시킨다.

❺ 반환될 스택의 top에서 가장 최신 값을 꺼낸다.

❻ Stack에서 top을 다음 Node로 설정한다(None이라면 Stack이 비어 있다는 것이다).

깊이 우선 탐색 Depth First Search 알고리즘은 스택을 사용해 미래에 탐색할 표시된 노드를 추적한다. [코드 7-3]은 스택을 기반으로 깊이 우선 탐색을 구현한다. 이 탐색 전략을 깊이 우선이라고 하는 이유는 단 한발짝만 들어가면 해결책이 있다고 예상하며 탐색을 진행하기 때문이다.

시작 노드 src에서 시작하면 해당 노드는 방문 처리(예를 들어 marked[src]를 True로 설정)하고 나서 이후 처리를 위해 스택에 넣어둔다. while 루프를 돌 때마다 스택은 이미 방문 처리된 노드를 포함한다. 노드는 스택에서 한 번에 하나씩 꺼내어지며 아직 방문 처리되지 않은 인접 노드는 이후 과정을 위해 방문 처리되고 스택에 추가된다.

코드 7-3 지정된 시작 노드 src에서 시작해 그래프 깊이 우선 탐색하기

```
def dfs_search(G, src):          ❶
  marked = {}                    ❷
  node_from = {}                 ❸

  stack = Stack()
  marked[src] = True             ❹
  stack.push(src)

  while not stack.is_empty():    ❺
    v = stack.pop()
    for w in G[v]:
      if not w in marked:
        node_from[w] = v         ❻
        marked[w] = True         ❼
        stack.push(w)

  return node_from               ❽
```

❶ 시작 노드 src에서 시작해 그래프 G를 깊이 우선 탐색한다.

❷ marked 사전 타입은 이미 방문한 노드를 기록한다.

❸ 탐색이 각 노드에 어떻게 도달했는지 기록한다. node_from[w]은 src로 역방향으로 향하는 이전 노드다.

❹ 탐색을 시작하기 위해 Stack에 src 노드를 표시하고 넣는다. Stack의 맨 위 노드는 다음으로 탐색할 노드를 나타낸다.

❺ 깊이 우선 탐색이 완료되지 않았다면 v는 다음으로 탐색할 노드다.

❻ v에 인접하고 방문 처리되지 않은 노드 w에 대해, 탐색이 v에서 와서 w에 도달함을 기억한다.

❼ 스택 맨 위에 w를 넣고, 다시 방문하지 않도록 방문 처리한다.

❽ src에서 시작된 탐색의 이전 노드 v에 대해 기록하는 **탐색의 구조**를 반환한다.

[그림 7-5]는 깊이 우선 탐색의 실행을 시각화한 것으로 while 루프를 돌 때마다 스택이 업데이트된 상태를 보여준다. 스택 맨 위에 있는 음영 처리된 노드는 현재 탐색 중인 칸이고 나머지는 **미래에 처리**할 노드를 나타낸다. 그렇다면 깊이 우선 탐색은 영원히 목적 없이 방황하는 것을 어떻게 방지할까? 노드가 스택에 들어가면 방문 처리된다는 것은 스택에 다시 들어갈 일이 없음을 의미한다. w에 대한 for 루프는 v에 인접하고 방문 처리되지 않은(아직 탐색하지 않은) 모든 노드를 찾는다. 각 w를 방문 처리하고 이후 탐색을 위해 w를 스택에 넣는다.

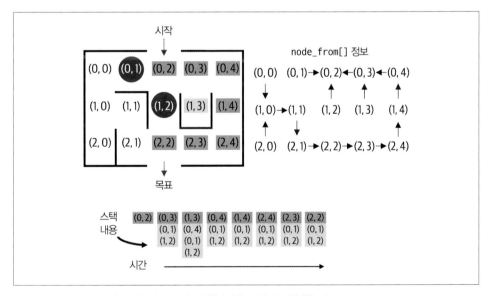

그림 7-5 깊이 우선 탐색은 시작에서 목표에 도달할 수 있는 경우 목표를 찾는다

탐색 중 (1, 3)에서 첫 번째 막다른 곳을 발견했지만 빠르게 복구하고 (0, 4)를 꺼내 탐색을 계속한다. [그림 7-5]는 출구를 찾은 상태를 보여주지만 탐색은 src에서 접근 가능한 모든 노드를 탐색하고 스택이 빌 때까지 계속된다.

스택은 궁극적으로 비게 될 것이다. 그래프 내 노드 개수는 한정되어 있으며 방문 처리되지 않은 노드는 stack에 들어가기 전에 방문 처리되기 때문이다. 노드는 '방문되지 않은 상태'로 남아 있을 수 없으므로, 결국 src에서 도달 가능한 각 노드는 stack에 단 한 번만 들어갈 것이고 이후에 while 루프에서 꺼내질 것이다.

깊이 우선 탐색 트리의 결과는 [그림 7-5] 오른쪽에 있는 node_from[]에 포함된 내용으로 나타난다. 화살표 방향에 순환이 없으므로 해당 구조는 **트리**라 할 수 있다. 이는 **역방향**으로 작업해 (0, 2)에서 도달 가능한 모든 노드까지 경로를 복구하는 데 사용할 정보를 인코딩한다. 예를 들어, node_from[(0, 0)] = (1, 0)은 (0, 2)에서 (0, 0)까지 경로상 마지막에서 두 번째는 (1, 0)이었음을 의미한다.

예제에서는 6회 이동 후 목표를 찾았는데, 이것이 목표로 가는 최단 경로는 아니다. 깊이 우선 탐색은 발견한 경로의 길이에 관한 보장이 없지만, 결국 지정된 시작 노드에서 모든 도달 가능한 노드까지 경로를 찾을 것이다. src에서 출발한 깊이 우선 탐색으로 계산한 node_from[]이 주어지면, [코드 7-4]의 path_to() 함수는 src로부터 도달 가능한 target까지 연결된 일련의 노드를 계산한다. 각 node_from[v]는 src에서 시작해 탐색하는 동안 지나온 이전 노드를 기록한다.

코드 7-4 node_from[]에서 실제 경로 복구하기

```
def path_to(node_from, src, target):          ❶
  if not target in node_from:
    raise ValueError('Unreachable')           ❼

  path = []
  v = target                                   ❷
  while v != src:
    path.append(v)                             ❸
    v = node_from[v]                           ❹

  path.append(src)                             ❺
  path.reverse()                               ❻
  return path                                  ❼
```

❶ node_from 구조는 src에서 모든 target으로 가는 경로를 복구하는 데 필요하다.

❷ 경로를 복구하기 위해 v를 target으로 설정한다.

❸ v가 src가 아니라면 v를 path에 추가하고, path는 src에서 target까지 경로의 역방향 리스트가 된다.

❹ node_from[v]에 기록된 이전 노드를 v로 설정해 역방향 이동을 계속한다.

❺ src에 도달하면 while 루프가 종료되며, 역방향 path를 완성하기 위해 src가 반드시 추가되어야 한다.

❻ src에서 target까지 알맞은 순서를 생성하기 위해 path의 역순을 반환한다.

❼ node_from[]이 target을 포함하지 않는다면 src에서 도달 가능하지 않다는 의미다.

path_to() 함수는 target에서 역방향으로 src를 만날 때까지 역순으로 일련의 노드를 계산한다. 그리고 나서 단순히 노드 순서를 뒤집어 알맞은 순서로 해결책을 생성한다. 도달할 수 없는 노드로의 경로를 복구하려 하면 path_to()는 ValueError를 일으킬 것이다.

깊이 우선 탐색은 목적지에서 단 하나의 노드만 떨어져 있다고 예상하고 임의의 방향으로 반복해서 탐색하는 것이다. 이제 좀 더 체계적인 탐색 전략을 살펴보자.

7.3 너비 우선 탐색으로 미로 풀기

너비 우선 탐색 Breadth First Search은 시작 노드와의 거리 순으로 노드를 탐색한다. 이전 절에서 사용한 미로를 다시 살펴보자. [그림 7-6]에서는 그래프의 각 칸을 시작 노드와의 최단 거리를 기준으로 식별하며, 보다시피 단 세 칸 길이의 경로를 찾는다. 사실 너비 우선 탐색은 방문한 간선 수를 기준으로 항상 그래프에서 최단 경로를 찾는다.

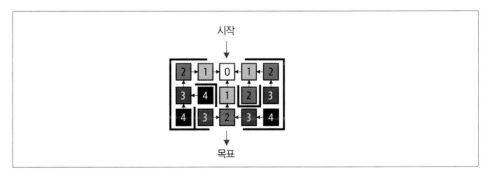

그림 7-6 너비 우선 탐색은 시작에서 도달 가능한 목표까지 가장 짧은 경로를 찾는다

[그림 7-6]을 통해 너비 우선 탐색에 관한 직관을 얻어보자. 미로의 시작에서 단 한 칸만 떨어진 노드는 세 개다. 그중에서 어떤 노드는 목표까지의 거리가 가장 짧은 경로로 이어지는데, 물론 어떤 노드인지는 아직 알 수 없다. 너비 우선 탐색은 세 노드 중 하나를 선택하지 않고, 각 노드마다 한 칸씩 나아가 두 칸 떨어진 노드를 찾는다. 이렇게 체계적인 접근 방식을 사용하면 그래프를 탐색하는 동안 성급한 결정을 내리지 않을 것이다.

낙관적인 깊이 우선 탐색과 달리 너비 우선 탐색은 시작 노드에서 한 칸 떨어진 노드를 모두 방문할 때까지 각 노드를 순차적으로 탐색한다. 시작에서 두 칸 떨어진 노드는 4개이며 [그림 7-6]에서 2로 표시되어 있다. 비슷한 방식으로 시작에서 두 칸 떨어진 노드를 모두 방문할 때까지 순서대로 탐색한다. 그다음 4개 노드는 시작에서 세 칸 떨어진 것이다. 이 과정은 시작 노드에서 도달 가능한 모든 노드를 방문할 때까지 계속된다.

너비 우선 탐색은 거리 d 내에 있는 노드를 모두 방문하기 전에 거리 d+1 내에 있는 노드를 탐색하지 않아야 하므로 노드를 추적할 수 있는 구조가 필요하다. 4장에서 다룬 큐 데이터 타입을 사용하면 이러한 순서로 노드를 처리할 수 있다. 그 이유는 값을 추가하고 삭제할 때 '먼저 들어간 것이 먼저 나온다'라는 선입 선출 정책을 사용하기 때문이다. [코드 7-5]는 **진행 중인 탐색 공간**을 저장하기 위해 큐를 사용한다는 점을 제외하고는 깊이 우선 탐색 코드와 거의 일치한다.

코드 7-5 지정된 시작 노드 src에서 시작해 그래프 너비 우선 탐색하기

```
def bfs_search(G, src):          ❶
  marked = {}                    ❷
  node_from = {}                 ❸

  q = Queue()
  marked[src] = True             ❹
  q.enqueue(src)

  while not q.is_empty():        ❺
    v = q.dequeue()
    for w in G[v]:
      if not w in marked:
        node_from[w] = v         ❻
        marked[w] = True         ❼
```

```
        q.enqueue(w)

return node_from                          ❽
```

❶ 시작 노드 src에서 시작해 그래프 G에 너비 우선 탐색을 수행한다.

❷ marked 사전 타입은 이미 방문한 노드를 기록한다.

❸ 탐색이 각 노드에 어떻게 도달했는지 기록한다. node_from[w]는 src로 역방향으로 향하는 이전 노드다.

❹ 탐색을 시작하기 위해 src 노드를 방문 처리하고 Queue에 넣는다. Queue의 첫 번째 노드는 다음으로 탐색할 노드를 나타낸다.

❺ 너비 우선 탐색이 아직 완료되지 않았다면 v는 다음으로 탐색할 노드가 된다.

❻ v와 인접하고 방문 처리되지 않은 노드 w에 대해, 탐색이 v에서 와서 w에 도달함을 기억한다.

❼ 큐의 끝에 마지막으로 탐색할 노드 w를 넣고 방문 처리해 여러 번 방문하지 않도록 한다.

❽ src에서 시작된 탐색의 이전 노드 v를 각각 기록한 **탐색의 구조**를 반환한다.

너비 우선 탐색은 시작에서 거리의 증가 순으로 노드를 탐색하므로, 그래프에서 모든 도달 가능한 노드로의 결과 경로[4]가 된다. src에서 도달 가능한 모든 노드까지 경로를 복구하는 데 같은 path_to() 함수를 사용할 수 있다. [그림 7-7]과 같이 너비 우선 탐색은 그래프를 체계적으로 탐색한다.

큐는 탐색 공간search space을 시작 노드와의 거리 순으로 유지한다([그림 7-7]에서 각 노드는 시작 노드와의 거리에 따라 음영 처리되었다). 막다른 곳에 도달할 때는 새로운 노드가 추가되지 않는다. 목표 노드 (2, 2)는 for 루프 내에서 큐에 추가되지만 그림은 외부 while 루프에서 꺼내어지는 순간을 나타낸다. 시작에서 두 칸보다 적게 떨어진 노드는 모두 처리되었으며 큐의 맨 마지막 노드는 시작에서 세 칸 떨어져 있다.

재미를 위해 세 번째 접근 방식도 알아보자. 노드가 목표에서 얼마나 떨어져 있는지를 고려해 직사각형 미로를 해결한다. 깊이 우선 탐색과 너비 우선 탐색은 모두 **맹목적 탐색**blind search이다. 즉, 인접 노드에 대한 지역적 정보만으로 탐색을 완료한다. 인공지능 분야에서는 애플리케이션 도메인에 관한 정보가 제공될 때 탐색을 더 효율적으로 완료하는 여러 경로 찾기 알고리즘이 개발되었다.

---

4   길이가 동일한 경로가 여러 개 있을 수 있지만, 너비 우선 탐색은 최단 경로 중 하나를 발견할 것이다.

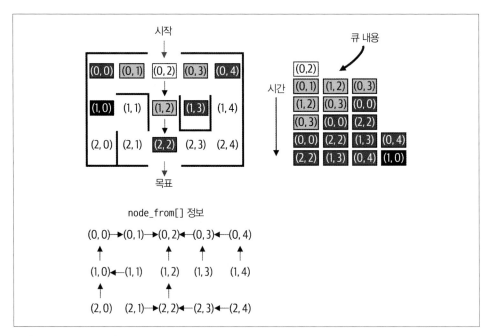

그림 7-7 너비 우선 탐색은 각 노드로의 최단 경로를 찾는다

유도 탐색 Guided Search은 목표까지 물리적 거리가 가장 짧은 순서로 노드를 탐색한다. 이 방법을 사용하려면 한 노드에서 목표 노드까지 얼마나 먼지 결정할 필요가 있다. 미로에서 두 칸 사이의 맨해튼 거리Manhattan distance[5]를 두 노드를 분리하는 열과 행의 개수의 합으로 정의하자. 예를 들어, 예제 미로의 왼쪽 하단 모서리에 있는 노드 (2, 0)은 노드 (0, 2)에서 네 칸 떨어져 있다. 두 행과 두 열만큼 떨어져 있기 때문이다.

유도 탐색에서 예제 미로의 시작 노드 (0, 2)와 인접한 노드가 주어지면, 목표인 (2, 2)까지 단 한 칸만 떨어진 (1, 2)를 먼저 탐색한다. 나머지 두 인접 노드는 맨해튼 거리를 사용하면 세 칸 떨어진 것이다. 이 방식이 동작하려면 탐색할 노드는 목표에서 가장 가까운 노드를 얻어오도록 허용하는 자료구조로 저장되어야 한다.

한 가지 일반적인 기술은 4장에서 소개한 최대 우선순위 큐를 사용하는 것이다. 이때 우선순위는 노드에서 목표까지의 맨해튼 거리에 음수를 취한 값으로 정의한다. 두 노드를 고려해보자.

---

5 이렇게 불리는 이유는 도로가 격자로 배치된 도시에서는 대각선으로 이동할 수 없고 위, 아래, 왼쪽 및 오른쪽으로만 이동할 수 있기 때문이다.

노드 u는 목표에서 열 칸 떨어져 있고 노드 v는 다섯 칸 떨어져 있다. 두 노드가 최대 우선순위 큐에 각각 (u, -10)과 (v, -5)로 저장된다면 v가 더 큰 우선순위를 가지게 되어 목표와 더 가까움을 의미한다. [코드 7-6]의 구조는 너비 우선 탐색 및 깊이 우선 탐색 코드와 동일하지만 탐색할 노드의 활성 탐색 공간을 저장하기 위해 우선순위 큐를 사용한다는 점이 다르다.

코드 7-6 탐색을 제어하기 위한 맨해튼 거리를 사용해 유도 탐색하기

```
def guided_search(G, src, target):              ❶
  from ch04.heap import PQ
  marked = {}                                   ❷
  node_from = {}                                ❸

  pq = PQ(G.number_of_nodes())                  ❹
  marked[src] = True
  pq.enqueue(src, -distance_to(src, target))    ❺

  while not pq.is_empty():                       ❻
    v = pq.dequeue()

    for w in G.neighbors(v):
      if not w in marked:
        node_from[w] = v                         ❼
        marked[w] = True
        pq.enqueue(w, -distance_to(w, target))   ❽

  return node_from                               ❾

def distance_to(from_cell, to_cell):
  return abs(from_cell[0] - to_cell[0]) + abs(from_cell[1] - to_cell[1])
```

❶ 시작 노드 src에서 알려진 target의 위치까지 그래프 G에서 유도 탐색을 수행한다.

❷ marked 사전 타입은 이미 방문한 노드를 기록한다.

❸ 각 노드에 어떻게 도달했는지 기록한다. node_from[w]은 이전 노드로, src로 역방향으로 향한다.

❹ 힙 기반 우선순위 큐를 사용하기 위해 잠재적으로 그래프의 모든 노드를 포함할 수 있는 충분한 공간을 미리 할당해야 한다.

❺ 탐색을 시작하기 위해 src 노드를 방문 처리하고 최대 우선순위 큐에 넣는다. 이때 우선순위는 target과의 거리에 음수를 취한 것이 된다.

❻ 유도 탐색이 아직 완료되지 않았다면 다음에 탐색할 노드로 target과 가장 가까운 노드를 선택한다.

❼ v와 인접하고 방문 처리되지 않은 각 노드 w에 대해, 탐색이 v에서 와서 w에 도달함을 기억한다.

❽ 맨해튼 거리의 음숫값을 우선순위로 해 우선순위 큐의 알맞은 위치에 w를 넣고 여러 번 방문하지 않도록 방문 처리한다.

❾ src에서 시작된 탐색의 이전 노드 v를 각각 기록한 **탐색의 구조**를 반환한다.

유도 탐색이 똑똑한 이유는 두 노드 간의 맨해튼 거리를 계산하는 distance_to() 함수에 있다.

유도 탐색은 최단 경로를 찾는다는 보장이 없고 검색을 유도하기 위한 단일 목적지를 미리 가정했으므로 너비 우선 탐색보다 성능이 좋지 않다. 너비 우선 탐색은 시작 노드에서 목적지 노드뿐 아니라 접근 가능한 모든 노드까지의 최단 경로를 확인할 수 있다. 하지만 이 과정에서 너비 우선 탐색은 더 많은 노드를 탐색하는데, 유도 탐색을 사용하면 미로 그래프에서 불필요한 탐색을 줄일 수 있다. [그림 7-8]은 같은 미로로 앞서 소개한 세 가지 탐색 알고리즘을 나란히 비교한 것이다.

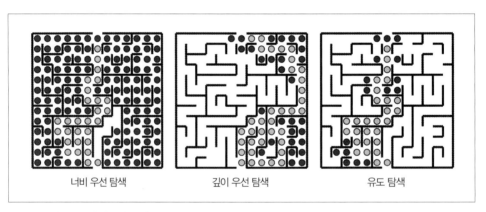

| 너비 우선 탐색 | 깊이 우선 탐색 | 유도 탐색 |

그림 7-8 너비 우선 탐색, 깊이 우선 탐색, 유도 탐색 비교

너비 우선 탐색은 알고리즘 특징에 따라 거의 모든 노드를 탐색한다. 최단 경로를 찾기 위한 깊이 우선 탐색은 제대로 된 방향을 추적하기 위해 가능성이 별로 없어도 방향을 반복해서 선택해봐야 한다. 유도 탐색은 시작과 목적지 간의 최단 경로를 계산한다는 보장은 없지만 [그림 7-8]과 같이 목적지를 향해 유도함으로써 부차적인 탐색을 줄인다.

세 탐색 알고리즘은 N개 노드 각각을 단 한 번씩만 방문하기 위해 marked 사전 타입 변수를 사용한다. 관측 결과는 각 알고리즘의 런타임 성능이 $O(N)$임을 나타내지만, 이 성능을 확인하기 위해 개별 연산의 성능을 반드시 검증해야 한다. Stack과 함께 수행되는 연산 push(), pop(), is_empty()는 상수 시간에 수행된다. 유일하게 남은 고려 사항은 v에 인접한 노드를 반환하는 for w in G[v] 루프의 효율성이다. 이 for 루프의 성능을 분류하기 위해 그래프가 간선을 저장하는 방식을 알아야 한다. [그림 7-9]는 두 가지 선택지를 보여주며 [그림 7-3]의 미로에 대한 **인접 행렬**adjacency matrix과 **인접 리스트**adjacency list를 나타낸다.

인접 행렬

인접 행렬은 불리언 엔트리 N^2개를 포함하는 2차원 N×N 행렬 M을 생성한다. 각 노드 u에는 0과 N-1 사이 정수 인덱스 u_{idx}가 할당된다. $M[u_{idx}][v_{idx}]$가 True이면 u에서 v까지 연결된 간선이 있다는 것이다. [그림 7-9]에서 검정색 박스는 간선이며, u는 행이고 v는 열이다. 인접 행렬에서는 노드 u의 인접 노드를 모두 가져오려면, 인접 노드가 실제로 몇 개인지에 상관없이 M에 있는 엔트리를 모두 확인해야 하므로 런타임 성능은 O(N)이다. while 루프가 N회 실행되고 내부 for 루프는 엔트리 N개를 확인하므로 O(N)이 되어, 해당 탐색 알고리즘은 $O(N^2)$으로 분류된다.

인접 리스트

인접 리스트는 각 노드 u에 대한 심볼 테이블을 사용하며 인접 노드는 연결 리스트로 관리한다. 노드 u의 모든 인접 노드를 가져오려면 노드 u의 차수 d나 u의 인접 노드 개수에 정비례하는 런타임 성능이 필요하다. 인접 리스트는 그래프에 간선이 추가된 방식에 기반한 것이므로 인접 노드에 대한 미리 결정된 순서가 없다. [그림 7-9]는 각 노드 u에 대한 연결 리스트를 시각화한다. 인접 리스트를 사용하면 일부 노드는 인접 노드가 적은 반면에 일부는 인접 노드가 아주 많을 수 있다.

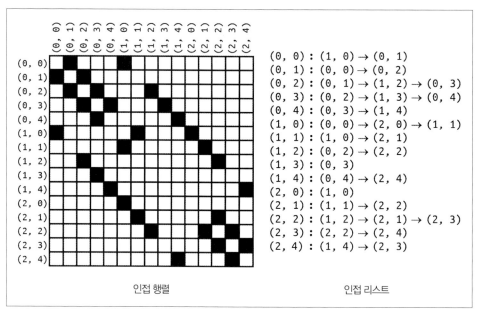

그림 7-9 인접 행렬과 인접 리스트 표현 비교

[코드 7-7]은 인접 리스트를 사용해 그래프를 표현했을 때, 깊이 우선 탐색의 런타임 성능은 그래프의 간선 개수인 E에 기반함을 보여준다. 처리할 노드의 수를 계산하는 대신에 처리할 간선의 수를 계산한다.

코드 7-7 간선 개수에 기반한 성능을 보여주는 코드 조각

```
while not stack.is_empty():
  v = stack.pop()
  for w in G[v]:
    if not w in marked:
      marked[w] = True
      stack.push(w)
      ...
```

앞서 각 노드 v는 스택에 단 한 번만 삽입될 수 있음을 보았다. 이는 if 문이 v에 인접한 모든 노드에 대해 단 한 번만 실행된다는 의미다. 노드가 u, v로 단 두 개이고 단일 간선 (u, v)을 가지는 그래프를 고려하면, if 문은 u에 인접한 노드를 처리할 때 한 번, v에 인접한 노드를 처리할 때 한 번 수행해 총 두 번 실행된다. 무향 그래프에서 if 문은 그래프의 간선 개수가 E일 때

2×E회 수행된다.

push()와 pop() 실행 N회와 if 문 실행 2×E회를 모두 합치면, 인접 리스트를 사용했을 때 해당 탐색 알고리즘의 런타임 성능은 O(N+E)다. 여기서 N은 노드 개수이고 E는 간선 개수다. 너비 우선 탐색도 마찬가지인데, 스택 대신에 큐를 사용하지만 같은 런타임 성능을 보인다.

어떤 면에서 이 결과는 실제로 호환이 된다. 특히 노드가 N개이고 무향 그래프에서 E는 N×(N−1)/2[6] 간선보다 작거나 같다. 그래프가 인접 행렬을 사용하든 인접 리스트를 사용하든 상관없이, 간선이 많은 그래프를 탐색하는 것은 N×(N−1)/2나 O(N²)에 비례하며 최악의 경우에 O(N²)이 된다.

하지만 유도 탐색은 지정된 목적지 노드에 가장 가까운 노드를 유지하기 위해 우선순위 큐에 의존한다. enqueue()와 dequeue() 연산은 최악의 경우 O(logN)이 된다. 해당 메서드는 N회 호출되므로 각 간선을 두 번씩 방문해 유도 탐색은 최악의 경우 성능이 O(NlogN+E)가 된다.

7.4 유향 그래프

그래프는 두 노드 간의 관계에 방향이 있는 문제를 모델링할 수도 있다. 이때 간선을 화살표로 사용하며, 방향이 있는 간선 (u, v)는 v가 u에 인접함을 의미하며, 간선 u가 v에 인접하지는 않는다. 이 간선에서 u는 **꼬리**[tail]이고 v는 **머리**[head]라고 한다. 화살표 머리가 v에 인접하므로 기억하기가 쉽다. [그림 7–10]의 그래프는 간선 (B3, C3)를 포함하지만 (C3, B3)는 포함하지 않는다.

---

6 옮긴이_ 삼각수가 다른 형태로 쓰였다. 삼각수는 1부터 시작하는 연속된 자연수의 합이라 공식이 N(N+1)/2가 되지만, N(N−1)/2로 변형되어 사용되었다는 의미로 해석된다.

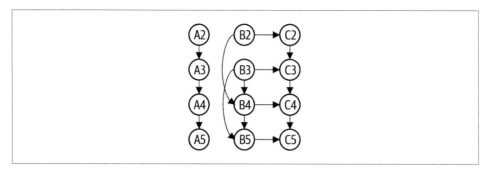

그림 7-10 노드가 12개이고 간선이 14개인 유향 그래프 예제

깊이 우선과 너비 우선 탐색은 유향 그래프에도 관련이 있다. 단 하나의 차이점은 간선 (u, v)가 있으면 v가 u에 인접하지만, 반대로 u가 v에 인접하려면 (v, u)가 있어야 한다는 점이다. 유향 그래프를 사용하면 많은 알고리즘이 [코드 7–8]과 같이 재귀를 사용할 때 단순화된다. 해당 코드는 재귀를 사용하지 않는 구현에서 나온 것들과 유사한 요소를 다수 포함한다.

코드 7-8 유향 그래프를 사용한 깊이 우선 탐색의 재귀 구현

```
def dfs_search(G, src):          ❶
  marked = {}                    ❷
  node_from = {}                 ❸

  def dfs(v):                    ❹
    marked[v] = True             ❺
    for w in G[v]:
      if not w in marked:
        node_from[w] = v         ❻
        dfs(w)                   ❼

  dfs(src)                       ❽
  return node_from               ❾
```

❶ 시작 노드 src에서 시작해 그래프 G에 깊이 우선 탐색을 수행한다.

❷ marked 사전 타입 변수는 이미 방문한 노드를 기록한다.

❸ dfs()에서 각 노드를 찾는 방법을 기록한다. node_from[w]는 이전 노드로, src로 역방향으로 동작한다.

❹ 방문 처리되지 않은 노드 v에서 탐색을 계속하기 위해 재귀 메서드를 선언한다.

❺ v를 방문했다는 표시를 한다.

❻ v와 인접하고 방문 처리되지 않은 노드 w에 대해, 탐색이 v에서 와서 w에 도달함을 기억한다.

❼ 재귀 조건에서는 방문 처리되지 않은 노드 w의 방향으로 탐색을 계속한다. 재귀 호출이 종료되면 w에 대한 for 루프를 계속한다.

❽ 시작 노드 src에 대한 초기 재귀 호출을 수행한다.

❾ src에서 시작된 탐색의 이전 노드 v를 각각 기록한 **탐색의 구조**를 반환한다.

재귀 알고리즘은 재귀 호출 스택을 사용해 일부 과정을 기억하므로 Stack 데이터 타입은 필요하지 않다.

재귀 호출 스택에서 모든 dfs(v)에 대한 노드 v는 활성 탐색 공간의 부분이 된다. dfs(v)의 종료 조건은 노드 v가 방문 처리되지 않은 인접 노드가 없어 더는 수행할 것이 없는 경우다. 재귀 조건에서는 방문 처리되지 않은 인접 노드 w 각각에 대해 재귀 dfs(w)가 수행된다. 재귀 호출이 반환되면 dfs()로 탐색해 추가적인 방문 처리되지 않은 노드의 인접한 v를 찾기 위해 w에 대한 for 루프를 계속 진행한다.

> **NOTE_** 앞서 언급했듯 파이썬은 재귀의 깊이를 1,000으로 제한하므로 일부 알고리즘에서 큰 문제 인스턴스에 대한 동작이 어렵다. 예를 들어, 50×50 정사각형 미로에는 2,500개 칸이 있는데, 깊이 우선 탐색은 해당 미로를 해결하기 위해 재귀 제한을 넘어설 것이다. 대신에 Stack 데이터 타입을 사용해 탐색 과정[7]을 저장할 수 있다. Stack 데이터 타입을 이용한 코드는 이해하기가 더 복잡하므로 이 장의 나머지 부분에서는 재귀를 이용한 깊이 우선 탐색을 사용한다.

유향 그래프는 다양한 문제를 해결하기 위한 애플리케이션 도메인을 모델링할 수 있다. [그림 7-11]은 작은 스프레드시트 비즈니스 애플리케이션을 나타내는데 각 셀은 열과 행으로 고유하게 식별된다. 셀 B3는 상수 1을 포함하며 이는 B3의 값이 1이라는 의미다. [그림 7-11]의 왼쪽 그림은 사용자에게 제공되는 내용을 보여준다. 가운데 그림은 공식을 포함한 각 셀의 실제 내용을 보여준다. 셀 내용은 다른 상수를 참조하는 공식이나 다른 공식에서 계산된 값일 수도 있다. 해당 공식은 6장에서 학습한 중위 표현으로 나타낸다. 예를 들어, 셀 A4의 내용은 공식 "=(A3+1)"이며 셀 A3의 내용은 공식 "=(A2+1)"이다. A2의 값이 0이므로 A3는 1로 계산된다. 즉 A4는 2로 계산된다는 의미다. 해당 샘플 스프레드시트 애플리케이션을 위한 코드는 저장소에서 찾아볼 수 있다.

---

7 ch07.search의 스택 기반 깊이 우선 탐색은 깃허브에서 찾을 수 있다.

	A	B	C
1	N	FibN	Sn
2	0	0	0
3	1	1	1
4	2	1	3
5	3	2	4
6	4	3	7
7	5	5	12
8	6	8	20

	A	B	C
1	N	FibN	Sn
2	0	0	=B2
3	=(A2+1)	1	=(B3+C2)
4	=(A3+1)	=(B2+B3)	=(B4+C3)
5	=(A4+1)	=(B3+B4)	=(B5+C4)
6	=(A5+1)	=(B4+B5)	=(B6+C5)
7	=(A6+1)	=(B5+B6)	=(B7+C6)
8	=(A7+1)	=(B6+B7)	=(B8+C7)

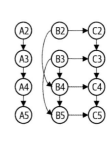

그림 7-11 기본 유향 그래프를 이용한 샘플 스프레드시트

[그림 7-11] 스프레드시트의 A열은 값이 1씩 증가하며 B열은 첫 7개 피보나치 수[8]를 포함한다. C열은 첫 N개 피보나치 수의 누적 합을 포함한다(예를 들어, 셀 C7의 12는 0+1+1+2+3+5를 계산한 값이다). 오른쪽 그림은 셀 간의 관계를 포착한 유향 그래프를 보여준다. 예를 들어 A2에서 A3로 향하는 간선이 있는데, 이는 A2 값이 변경될 때 A3 값에도 반영된다는 의미다. 다르게 표현하면 A3 값을 계산하기 전에 A2 값을 반드시 알아야 한다는 것이다.

스프레드시트에서 셀 C2가 공식 "=B2"를 포함하고 셀 B2가 공식 "=C2"를 포함한다면, 두 셀이 서로 참조해 **순환 참조**circular reference가 되며 이는 오류다. 유향 그래프의 용어를 사용하면 이러한 상황은 노드 n에서 시작하고 n에서 반환되는 일련의 방향이 있는 간선인 **순환**cycle이 된다. 모든 스프레드시트 프로그램은 셀이 오류 없이 알맞게 계산되도록 순환을 확인한다. [그림 7-11]을 다시 보면 상수를 포함하는 셀은 어떤 계산도 필요하지 않다. A3 값은 A4 값을 계산하기 전에 먼저 계산해야 한다(이후에 A5를 계산할 때는 A4 값이 필요하다). B와 C 셀 간의 관계는 더 복잡해서 순환이 존재하는지 여부는 제쳐두고라도 셀을 어떤 순서로 계산해야 하는지 알기가 더 어렵다.

안전하게 수행하기 위해, 스프레드시트 애플리케이션은 셀 간의 의존성을 기록하도록 셀 간의 참조를 유향 그래프로 유지한다. 사용자가 셀 내용을 변경할 때, 스프레드시트는 해당 셀에 공

---

8 5장 내용을 상기하면 피보나치 수는 앞선 두 숫자를 더하며 계산해 0, 1, 1, 2, 3, 5, 8 순으로 나타난다.

식이 포함되어 있는 경우에는 그래프에서 간선을 제거해야 한다. 변경된 셀이 새로운 공식을 도입했다면 스프레드시트는 공식에서 새롭게 생긴 의존성을 연결하기 위해 간선을 추가한다. 예를 들어 [그림 7-11]에 주어진 스프레드시트에서 사용자가 실수로 셀 B2를 공식 "=C5"가 되도록 변경하면 순환이 생긴다. 이런 변경으로 새로운 간선 C5 → C2가 유향 그래프에 추가되고 여러 순환을 만들게 된다. 그중 하나는 [B2, B4, B5, C5, B2]다.

유향 그래프가 주어지면, 깊이 우선 탐색은 그래프 내 순환의 존재 여부를 결정할 수 있다. 직관은 깊이 우선 탐색이 **여전히 활성 탐색 공간의 일부**인 방문 처리된 노드를 찾으면 순환이 존재한다는 것이다. dfv(v)가 반환되면 v에서 도달 가능한 노드가 모두 방문 처리되었고 v는 더는 활성 탐색 공간의 일부가 아니다.

TIP 노드가 단 3개인 유향 그래프를 탐색하는 깊이 우선 탐색은 순환이 없는 그래프에서 marked인 노드를 다시 방문할 수 있다. a 노드에서 dfs()를 초기화하면 b를 먼저 탐색하고 마지막으로 막다른 c 노드를 방문한다. 탐색이 a의 남은 인접 노드를 처리하기 위해 반환되면 비록 c가 marked이지만 순환은 없는 것이다.

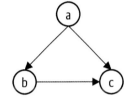

이러한 순환 검출 알고리즘은 탐색을 시작하는 초기의 전용 시작 노드가 없으므로 이 장에서 다룬 다른 알고리즘과는 다르다. 문제는 그래프 내 어디든 순환이 존재할 수 있는지 여부이며 알고리즘은 [코드 7-9]와 같이 잠재적으로 그래프 내 모든 노드를 조사해야 한다.

코드 7-9 깊이 우선 탐색을 사용해 유향 그래프에서 순환 검출하기

```
def has_cycle(DG):
  marked = {}
  in_stack = {}

  def dfs(v):                              ❶
    in_stack[v] = True                     ❷
    marked[v] = True                       ❸

    for w in DG[v]:
      if not w in marked:
        if dfs(w):                         ❹
          return True
      else:
        if w in in_stack and in_stack[w]:  ❺
```

```
        return True

    in_stack[v] = False                    ❻
    return False

for v in DG.nodes():                       ❼
  if not v in marked:
    if dfs(v):                             ❽
      return True
return False
```

---

❶ v에서 시작해 그래프 DG에 깊이 우선 탐색을 수행한다.

❷ in_stack은 재귀 호출 스택 내에 있는 노드를 기록한다. v를 표시하면 이제 재귀 호출의 일부에 있다는 의미다.

❸ marked 사전 타입 변수는 이미 방문한 노드를 기록한다.

❹ v와 인접한 각 방문 처리되지 않은 노드 w에 대해 w로 재귀 dfs()를 시작하고, True가 반환되면 순환이 검출되었다는 의미이므로 해당 함수는 True를 반환한다.

❺ 노드 w가 방문 처리되었다면 여전히 호출 스택 내에 있으며 순환이 검출되었다는 의미다.

❻ dfs()의 재귀 호출이 끝날 때, v가 더는 호출 스택에 있지 않으므로 in_stack[v]를 False로 설정하는 것도 중요하다.

❼ 유향 그래프에서 방문 처리되지 않은 노드를 각각 조사한다.

❽ 노드 v에 dfs(v)를 수행해 순환이 검출되면 즉시 True를 반환한다.

dfs()가 재귀 호출을 수행함에 따라 결국 각 노드가 간선이 없더라도 방문 처리될 때까지 계속해서 그래프를 탐색한다.

실제 순환을 계산하려면 이 장 마지막에 있는 연습 문제를 해결해보자. 유향 그래프에서 첫 번째로 검출된 순환을 계산하고 반환하기 위해 has_cycle()을 수정하는 문제다. [그림 7-12]는 dfs()의 재귀적 실행을 시각화한다. 발견된 노드는 결국 방문 처리되지만 in_stack[]이 True인 **활성 탐색 공간**에 있는 노드만 재귀가 진행되며, 재귀에서 복귀되는 경우에 검정색 바탕으로 강조 표시했다. 그림은 재귀에서 순환 [a, b, d, a]가 검출될 때의 순간을 보여준다. d에 인접한 노드를 탐색할 때 방문 처리된 노드 a를 만났지만 순환이 발생했다는 의미는 아니다. 알고리즘은 순환의 존재를 확인하기 위해 in_stack[a]가 True인지 여부를 반드시 확인한다.

dfs(d)의 마지막 재귀 호출이 아직 끝나지 않았으므로 in_stack[d]가 여전히 True다. 요약 하자면 재귀적 dfs() 함수가 방문 처리되었고 in_stack[n]이 True인 노드 n을 만나면 순환 이 발견된 것이다.

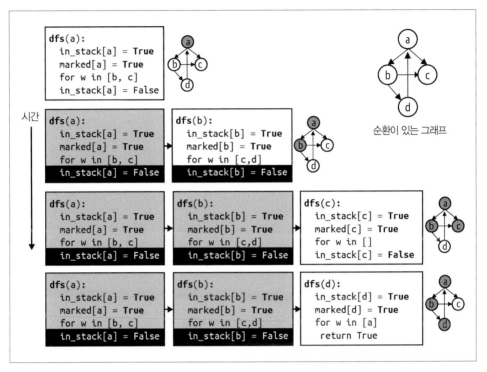

그림 7-12 순환 검출을 위한 깊이 우선 탐색 실행의 시각화

스프레드시트가 순환 참조를 포함하지 않는다면 각 셀이 어떤 순서로 계산되어야 할까? [그림 7-11] 스프레드시트로 돌아가면, A1과 같이 값이 상수인 셀은 어떤 계산에도 포함되지 않으 므로 중요치 않다. 셀 B4 공식은 B2와 B3 모두에 직접 의존하므로 두 셀은 B4 전에 반드시 계 산되어야 한다. 다음은 동작하는 선형 순서 예시다.

• B2, C2, B3, C3, B4, C4, B5, C5, A2, A3, A4, A5

위 순서는 [코드 7-10]에 나온 topological_sort()에서 나올 수 있는 결과 중 하나다. 이 알 고리즘의 구조는 이전에 설명한 순환 검출 알고리즘과 동일한데, 그래프를 탐색할 때 재귀적 깊이 우선 탐색에 의존한다. dfs(v)가 재귀 호출에서 복귀할 때 v에서 도달 가능한 노드는 모두 방문 처리되어 있다. 이는 dfs()가 v에 종속된 하위 노드를 모두 이미 방문했다는 의미이므로 종속성이 처리된 노드의 리스트(역순)에 v를 추가한다.

코드 7-10 유향 그래프의 위상 정렬

```
def topological_sort(DG):
  marked = {}
  postorder = []              ❶

  def dfs(v):                 ❷
    marked[v] = True          ❸
    for w in DG[v]:
      if not w in marked:
        dfs(w)                ❹
    postorder.append(v)       ❺

  for v in DG.nodes():
    if not v in marked:       ❻
      dfs(v)

  return reversed(postorder)  ❼
```

❶ 리스트를 사용해 처리할 노드를 선형 순서로 저장한다.

❷ v에서 시작해 그래프 DG에 깊이 우선 탐색을 수행한다.

❸ marked 사전 타입 변수는 이미 방문한 노드를 기록한다.

❹ v에 인접한 각 방문 처리되지 않은 노드 w에 대해 재귀적으로 dfs(w)로 탐색한다.

❺ dfs(v)가 이 단계에 도달하면, v에 (재귀적으로) 종속적인 노드를 모두 완전히 탐색했으므로 v를 postorder에 추가한다.

❻ 방문 처리되지 않은 노드가 모두 방문되도록 한다. dfs(v)를 실행할 때마다 다른 (그래프 DG의) 하위 세트가 탐색된다.

❼ 리스트에는 노드가 선형 역순으로 저장되어 있으므로 반전해 반환한다.

해당 코드는 in_stack[] 대신에 postorder 구조를 유지하는 것을 제외하면 순환 검출 알고리즘과 거의 동일하다. 비슷하게 런타임을 분석하면 각 노드는 dfs()로 한 번씩 탐색되고 내부 if 문은 그래프에서 모든 방향이 있는 간선에 대해 한 번만 수행된다. 리스트에 추가append하는 성능은 상수 시간이므로(표 6–1) 위상 정렬Topology sort의 런타임 성능은 O(N+E)를 보장한다
(N은 노드 개수이고 E는 간선 개수이다).

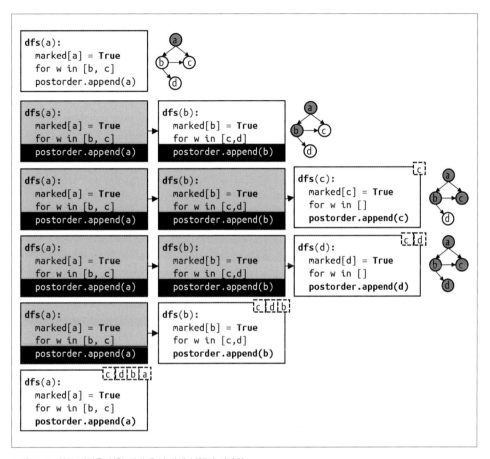

그림 7-13 위상 정렬을 위한 깊이 우선 탐색 실행의 시각화

[코드 7–10]에서 각 dfs()가 수행을 완료하면 [그림 7–13]에서 볼 수 있듯 postorder는 종
속성을 만족하는 노드를 순서대로 가지게 된다(점선 박스로 표시). 해당 리스트는 역순이고
topological_sort()의 마지막에 반환된다. 스프레드시트 애플리케이션은 스프레드시트 문
서를 불러올 때 위상 정렬로 결정된 순서로 셀을 재계산할 수 있다.

7.5 가중치 그래프

일부 애플리케이션 도메인은 일반적으로 각 간선에 연관된 숫자 값이 있는 그래프를 사용해 모델링하며, 이 값을 간선의 가중치weight라고 한다. 이러한 간선 가중치는 유향 그래프에서도, 무향 그래프에서도 나타날 수 있다. 지금은 모든 간선 가중치가 0보다 큰 양수라고 가정한다.

NOTE_ Stanford Large Network Dataset Collection(https://oreil.ly/hXqcg)은 소셜 네트워크에 대한 대형 데이터 세트를 포함한다. 컴퓨터 과학자들은 수십 년간 '외판원 문제'Traveling salesman problem'를 연구해왔으며 현재 수많은 관련 데이터 세트를 사용할 수 있다(TSPLIB – https://oreil.ly/MdMWm). 대형 고속도로 데이터 세트는 Travel Mapping Graph Data(https://oreil.ly/qWYsr)에서 사용 가능하다. 매사추세츠 고속도로 데이터 세트(https://oreil.ly/wlEy2)를 제공해준 제임스 테레스코James Teresco에게 감사한다.

매사추세츠 고속도로 단편 데이터 세트를 사용해, 각 노드를 (위도, 경도) 값의 쌍으로 표현해 **경유지**를 나타내는 그래프를 생성해보자. 예를 들어, 한 경유지는 보스턴에 있는 I-90과 I-93의 교차로이며 위도 값 42.34642(적도 북쪽에 있다는 의미)와 경도 값 -71.060308(영국 그리니치 서쪽에 있다는 의미)로 식별된다. 두 노드 사이의 간선은 고속도로 단편을 나타낸다. 간선의 가중치는 고속도로 단편의 길이를 마일 단위로 나타낸다. 서로 다른 도로가 해당 경유지를 연결해 [그림 7-14]와 같은 고속도로 인프라를 형성한다.

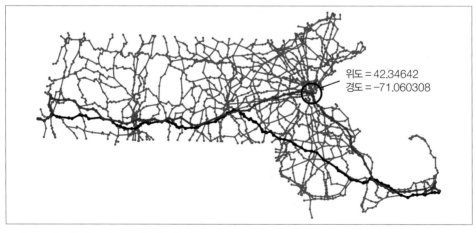

위도 = 42.34642
경도 = -71.060308

그림 7-14 매사추세츠 고속도로 인프라 모델링

매사추세츠주의 서쪽 끝(뉴욕 경계)에서 동쪽 끝 고속도로(코드곶[9])까지 최단 경로를 결정하기 위해, 너비 우선 탐색을 사용해 236.5마일을 계산한다([그림 7-14]에 표시된 경로). 해당 99-간선 경로는 보스턴의 I-90/I-93 고속도로 위에 식별된 경유지를 통과하고 **총 간선 개수** 측면에서 최단 경로(시작에서 목적지까지)가 된다. 하지만 간선의 가중치를 고려할 때 누적된 마일은 최단 경로라고 할 수 있을까? 답은 그렇지 않다는 것이다.

우리는 깊이 우선 탐색이 경로의 길이를 보장하지 않음을 알고 있다. [그림 7-15]는 깊이 우선 탐색으로 생성된 267개 간선으로 485.2마일을 이동한 것을 보여준다. 유도 탐색 알고리즘은 여정 초기에 잘못된 결정을 내려(그림에는 나타나지 않는다) 141개 간선, 245.2마일을 계산한다. [그림 7-14]에서 또 다른 경로는 남동쪽 방향으로 진행하며 128개 간선을 포함하고 210.1마일만을 필요로 한다. **다익스트라 알고리즘**Dijkstra algorithm은 이 해결책으로 계산하는 방법을 보여준다.

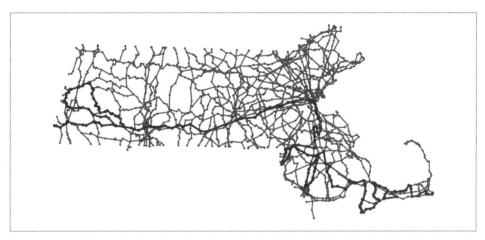

그림 7-15 깊이 우선 탐색의 결과인 비효율적 경로

7.6 다익스트라 알고리즘

네덜란드 과학자인 에츠허르 다익스트라Edsger Dijkstra는 컴퓨터 과학 분야의 지적인 설립자 중 한 명이며 그의 알고리즘은 통찰력만큼이나 우아하다. 다익스트라는 가중 그래프에서 지정된

---

9 편집자_ 미국 매사추세츠주 동남쪽에 있는 곳.

시작 노드에서 모든 도달 가능한 노드까지 **누적된 간선 가중치**의 최단 거리를 계산하는 알고리즘을 개발했다. 이 문제는 **단일 시작점 최단 경로**single-source shortest path 문제로 알려져 있다. 각 간선에 연관된 양수 가중치가 있는 유향(혹은 무향) 그래프 G가 주어지면 다익스트라 알고리즘은 dist_to[]와 edge_to[] 구조를 계산하는데, dist_to[v]는 시작 노드에서 v까지 최단 누적 경로의 길이고, edge_to[]는 실제 경로를 복구하는 데 사용된다.

[그림 7-16]은 가중치가 있는 유향 그래프의 예를 보여준다. 간선 (a, b)는 가중치 값이 6이다. a에서 c까지의 간선은 가중치가 10이지만, 경로 a에서 b를 거쳐(가중치 6) c로(가중치 2) 가는 경로는 누적 가중치가 8이므로 더 짧은 경로가 된다. 따라서 a에서 c까지 최단 경로는 두 간선을 포함하며 총 가중치는 8이다.

그래프에 방향이 있다면 두 노드 간 경로를 구성하는 것이 불가능할 수도 있다. b에서 c까지의 최단 거리는 2이지만 b에서 a까지는 그래프에 있는 간선으로 경로를 구성할 방법이 없어 최단 거리가 무한의 값이 된다.

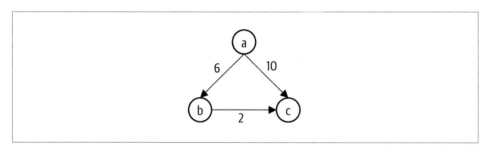

그림 7-16 a에서 c까지 최단 경로의 총 가중치는 8이다

다익스트라 알고리즘은 그래프 알고리즘에 동작하도록 설계된 **인덱스 최소 우선순위 큐**indexed min priority queue라는 추상 데이터 타입을 필요로 한다. 인덱스 최소 우선순위 큐는 4장에서 소개한 우선순위 큐 데이터 타입을 확장한 것이다. 최소 우선순위 큐는 그래프에서 처리할 노드 개수 N에 기반한 초기 저장 공간으로 구성된다. dequeue() 수행은 4장에서 소개한 최대 우선순위 큐와는 반대로 우선순위가 가장 작은 값을 제거한다.

가장 중요한 수행은 value의 우선순위를 더 낮은 우선순위로 효율적으로 줄이는 decrease_priority(value, lower_priority)다. 사실상 decrease_priority()는 기존 값의 우선순위를 조정해 우선순위 큐 내 다른 값보다 앞서도록 옮길 수 있다. 앞서 기술한 우선순위 큐의 구현은 우선순위가 변경된 값의 위치를 찾으려면 O(N)으로 전체 우선순위 큐를 탐색해야 하므로 효율적인 decrease_priority() 함수를 제공할 수 없다.

> **NOTE_** 인덱스 최소 우선순위 큐는 배열에서 데이터를 저장하고 접근하기 용이하도록 0에서 N−1 사이 정숫값만 사용할 수 있다. 이런 제한을 피하기 위해 파이썬 사전 타입을 사용한다.

[코드 7-11]을 보면 IndexedMinPQ의 구조와 기능은 4장에서 소개한 힙 기반 최대 우선순위 큐와 거의 비슷하다. IndexedMinPQ는 Entry 객체를 저장하는 대신 두 리스트를 저장한다. values[n]은 힙 내 n번째 항목의 값을 저장하고 priorities[n]은 연관된 우선순위를 저장한다. swim()과 sink() 메서드는 힙 기반 우선순위 구현([코드 4-2], [코드 4-3] 참조)과 동일하므로 이번에는 생략한다. 주요 변경은 location 사전 타입 변수인데, 이는 IndexedMinPQ의 각 값으로 해당 리스트에 있는 인덱스 위치를 저장한다. 이 추가 정보는 해싱(3장에서 논의) 결과를 사용해 상각 상수 O(1) 시간에 힙 내에 있는 값의 위치를 결정하도록 해준다.

swap()에 대한 변경 사항은 힙 내에서 두 항목이 교체될 때마다 location에 해당 항목이 업데이트되도록 한다. 이런 방법으로 IndexedMinPQ는 우선순위 큐에서 어떤 값이든 효율적으로 찾는다.

코드 7-11 인덱스 최소 우선순위 큐의 구조

```
class IndexedMinPQ:
  def less(self, i, j):                                              ❶
    return self.priorities[i] > self.priorities[j]

  def swap(self, i, j):
    self.values[i],self.values[j] = self.values[j],self.values[i]    ❷
    self.priorities[i],self.priorities[j] = self.priorities[j],self.priorities[i]

    self.location[self.values[i]] = i                                ❸
    self.location[self.values[j]] = j

  def __init__(self, size):
    self.N         = 0
    self.size      = size
    self.values    = [None] * (size+1)                               ❹
    self.priorities = [None] * (size+1)
```

```
    self.location    = {}                                       ❺

  def __contains__(self, v):                                    ❻
    return v in self.location

  def enqueue(self, v, p):
    self.N += 1

    self.values[self.N], self.priorities[self.N] = v, p         ❼
    self.location[v] = self.N                                   ❽
    self.swim(self.N)
```

❶ 최소 우선순위 큐이므로 항목 i의 우선순위 숫자가 항목 j의 우선순위 숫자보다 크면 i의 우선순위가 더 낮다.

❷ swap()은 항목 i와 j에 대한 값과 우선순위를 교환한다.

❸ swap()은 항목 i와 j에 대한 위치를 업데이트한다.

❹ values는 n번째 항목의 값을 저장하고 priorities는 n번째 항목의 우선순위를 저장한다.

❺ location은 큐에 들어간 각 값에 대한 values와 priorities의 인덱스 위치를 반환하는 사전 타입 변수다.

❻ 전통적인 우선순위 큐와 달리 인덱스 최소 우선순위 큐는 값이 우선순위 큐에 저장되어 있는지 여부를 상각 $O(1)$ 시간에 결정하기 위해 location을 조사할 수 있다.

❼ (v, p) 엔트리를 큐에 삽입하기 위해, 다음 가용한 버킷 N으로 values[N]에 v를 넣고 priorities[N]에 p를 넣 는다.

❽ enqueue()는 힙 순서 속성을 보장하기 위해 swim()을 수행하기 전에 v를 새로운 인덱스 위치와 연결해야 한다.

힙에서 예상할 수 있듯 enqueue()는 먼저 값 v 및 그 값과 연관된 우선순위 p를 각각 values[]와 priorities[] 리스트의 끝에 저장한다. IndexedMinPQ에 대한 의무를 이행하기 위해 값 v가 인덱스 위치 N에 저장되어 있다는 것도 기록한다(힙은 코드를 이해하기 용이하도록 1에서 시작하는 인덱스를 사용함을 기억하자). IndexedMinPQ에 대한 힙 순서 속성을 보장하기 위해 swim()을 실행한다.

IndexedMinPQ는 location[] 배열을 통해 힙에 저장된 모든 값의 위치를 찾을 수 있다. [코드 7-12]의 decrease_priority() 메서드는 IndexMinPQ의 어느 값이든 우선순위 큐의 앞쪽에 더 가깝게 이동시킬 수 있다. 단 한 가지 제약은 우선순위 숫자 값을 감소만 할 수 있다는 점이다(해당 값은 더 중요해진다).

```
def decrease_priority(self, v, lower_priority):
    idx = self.location[v]                         ❶
    if lower_priority >= self.priorities[idx]:     ❷
        raise RuntimeError('...')

    self.priorities[idx] = lower_priority          ❸
    self.swim(idx)                                 ❹
```

❶ 힙에서 v에 대한 idx 위치를 찾는다.

❷ lower_priority가 priorities[idx]의 기존 우선순위보다 크다면 RuntimeError를 발생시킨다.

❸ 값 v의 우선순위를 더 낮은 우선순위로 변경한다.

❹ 필요시 값을 위로 끌어올려 힙 순서 속성을 만족하도록 한다.

dequeue()는 우선순위 값이 가장 작은 값(가장 중요하다는 의미)을 제거한다. IndexedMinPQ 구현은 [코드 7-13]과 같이 location 사전 타입 변수를 알맞게 유지해야 하므로 더 복잡하다.

코드 **7-13** IndexedMinPQ에서 우선순위가 가장 높은 값 제거하기

```
def dequeue(self):
    min_value = self.values[1]                             ❶

    self.values[1] = self.values[self.N]                   ❷
    self.priorities[1] = self.priorities[self.N]
    self.location[self.values[1]] = 1

    self.values[self.N] = self.priorities[self.N] = None   ❸
    self.location.pop(min_value)                           ❹

    self.N -= 1                                            ❺
    self.sink(1)
    return min_value                                       ❻
```

❶ 우선순위가 가장 높은 값을 min_value에 저장한다.

❷ N번째에 있는 항목을 최상위 단계 위치 1로 이동시키고 해당 값의 새로운 인덱스 위치를 location에 기록한다.

❸ 삭제될 이전 min_value의 모든 추적을 제거한다.

❹ location 사전 타입 변수에서 min_value 엔트리를 제거한다.

❺ 힙 순서 속성을 만족하도록 sink(1)를 실행하기 전에 전체 엔트리 수를 하나 감소한다.

❻ 우선순위가 가장 높은 엔트리와 연관된 값을 반환한다(가장 작은 값).

IndexedMinPQ 자료구조는 v가 우선순위 큐에 저장된 값인 경우 불변을 보장하고, location[v]는 인덱스 위치 idx를 가리키므로 values[idx]는 v이고 priorities[idx]는 v의 우선순위인 p가 된다.

다익스트라 알고리즘은 그래프에 지정된 src 노드에서 모든 노드까지 최단 경로 길이를 계산하는 데 IndexedMinPQ를 사용한다. 사전 타입 변수 dist_to[v]를 사용해 그래프의 src에서 각 v까지 알려진 최단 계산 경로의 길이를 기록한다. 이 값은 src에서 도달 가능하지 않은 노드에 대해서는 무한의 값이 된다. 다익스트라 알고리즘은 그래프를 탐색할 때 가중치가 wt인 간선으로 연결된 두 노드 *u*와 *v*를 찾는다(dist_to[u] + wt < dist_to[v]와 같이). 즉, src에서 v까지 거리는 src에서 u까지의 경로를 찾은 뒤에 간선 (u, v)를 따라 v로 가는 편이 더 짧다.

다익스트라 알고리즘은 이와 같이 특별한 간선을 체계적으로 찾는 방법을 보여주며, 이는 너비 우선 탐색에서 src와 각 노드 간의 거리를 기반으로(간선 개수를 중심으로) 노드를 탐색하기 위해 큐를 사용하는 방식과 비슷하다. dist_to[v]는 활성 탐색의 결과를 요약하고 IndexedMinPQ는 우선순위에 따라 탐색할 남은 노드를 구성한다(우선순위는 src에서 각 노드까지 최단 경로의 누적 길이로 정의된다). 알고리즘이 시작될 때 dist_to[src]는 시작 노드이므로 0이고 나머지 거리는 모두 무한의 값을 가진다. 그리고 나서 모든 노드가 IndexedMinPQ에 추가되는데 우선순위는 0(시작 노드 src)이나 무한의 값(나머지 노드)이다.

최소 우선순위 큐는 탐색할 활성 노드만 포함하므로 다익스트라 알고리즘은 노드에 방문 여부를 표시할 필요가 없다. 알고리즘은 최소 우선순위 큐에서 총 누적 거리가 가장 작은 노드부터 차례대로 제거한다.

코드 7-14 다익스트라 알고리즘으로 단일 시작점 최단 경로 문제 해결하기

```
def dijkstra_sp(G, src):
  N = G.number_of_nodes()
```

```
inf = float('inf')                          ❶
dist_to = {v:inf for v in G.nodes()}
dist_to[src] = 0

impq = IndexedMinPQ(N)                      ❷
impq.enqueue(src, dist_to[src])
for v in G.nodes():
  if v != src:
    impq.enqueue(v, inf)

def relax(e):
  n, v, weight = e[0], e[1], e[2][WEIGHT]   ❺
  if dist_to[n] + weight < dist_to[v]:      ❻
    dist_to[v] = dist_to[n] + weight        ❼
    edge_to[v] = e                          ❽
    impq.decrease_priority(v, dist_to[v])   ❾

edge_to = {}                                ❸
while not impq.is_empty():
  n = impq.dequeue()                        ❹
  for e in G.edges(n, data=True):
    relax(e)

return (dist_to, edge_to)
```

---

❶ src를 제외한 모든 노드의 값이 무한이 되도록 dist_to 사전 타입 변수를 초기화한다(src는 0).

❷ while 루프를 준비하기 위해 노드 N개를 모두 impq에 넣는다.

❸ edge_to[v]는 탐색 동안 찾은 v에 종료되는 간선을 기록한다.

❹ src에서 경로가 최단으로 계산된 노드 n을 찾는다. v에 대한 새로운 최단 경로가 발견되었는지 확인하기 위해 간선 (n, v, weight)를 탐색한다. networkx는 간선 가중치를 얻기 위해 data = True를 요구한다.

❺ 간선 (n, v)에서 n, v, weight를 꺼낸다.

❻ v에 대한 간선 가중치에 n까지의 거리를 더한 경우가 현재까지 v로 가는 최단 경로보다 짧다면 또 다른 최단 경로를 찾은 것이다.

❼ v까지 알려진 최단 경로를 업데이트한다.

❽ 새로운 최단 경로를 따라 다익스트라 알고리즘으로 방문한 v로 향하는 간선 (u, v)를 기록한다.

❾ 가장 중요하게, imqp의 우선순위를 새로운 최단 거리로 줄이면 while 루프는 경로가 최단으로 계산된 노드를 가져온다.

[그림 7-17]은 [코드 7-14]의 while 루프를 통한 처음 세 반복 시점을 보여준다. Indexed MinPQ는 최단으로 계산된 거리 dist_to[n]을 우선순위로 사용해(그림에서 점선 박스로 표시) 각 노드 n을 저장한다. while 루프를 통해 각 노드를 지날 때마다 노드 n이 impq에서 제거되어, 해당 노드의 간선을 통해 (src에서 v까지의) 새로운 최단 경로로 이어지는지 확인한다(src → n → v와 같은 경로로). 이 과정을 **간선 완화**relaxing an edge[10]라 한다. IndexedMinPQ는 어떤 노드를 먼저 탐색할지 지정하며, 이를 통해 다익스트라 알고리즘은 시작 노드에서 impq에서 꺼내어진 각 노드까지의 경로가 최단 경로임을 보장한다.

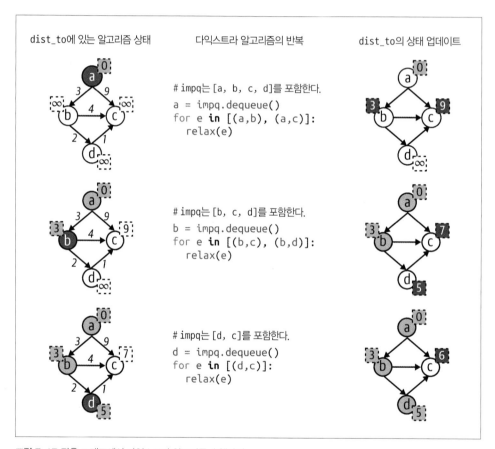

그림 7-17 작은 그래프에서 다익스트라 알고리즘 수행하기

---

10 옮긴이_ 최단 경로 추정 값을 유지하면서 업데이트하는 과정에서 최단 경로에 도달하면 더는 업데이트에 대한 부담이 없어진다는 의미에서 완화(relaxation)라는 용어를 사용한다.

다익스트라 알고리즘의 런타임 성능은 다음과 같은 요소에 기반한다.

노드 N개를 모두 추가하는 비용

가장 먼저 추가되는 src는 우선순위가 0이고, 나머지 노드 N-1개는 우선순위가 무한의 값이다. 무한은 impq에 이미 있는 모든 값보다 크거나 같으므로 swim()은 아무것도 하지 않아 성능이 $O(N)$이다.

impq에서 N개 노드를 가져오는 비용

다익스트라 알고리즘은 impq에서 각 노드를 꺼낸다. impq는 이진 힙으로 저장되어 있으므로 dequeue()의 성능은 $O(logN)$이다. 이는 최악의 경우에 모든 노드를 제거하기 위한 총 시간은 $O(NlogN)$이라는 의미다.

G에 있는 모든 간선에 접근하는 비용

그래프의 구조는 for e in G.edges() 루프에서 모든 간선을 얻어오는 런타임 성능을 결정한다. 그래프가 인접 행렬을 사용해 간선을 저장한다면 모든 간선의 접근은 $O(N^2)$의 성능을 요구한다. 반면에 그래프가 인접 리스트를 사용해 간선에 접근한다면 모든 간선을 가져오는 데 단지 $O(E+N)$의 시간이 필요하다.

간선 E개를 모두 완화하는 비용

relax() 함수는 그래프 내 모든 간선에 호출되는데, 각각은 어떤 노드에 대해 계산된 최단 경로를 줄일 수 있으므로 decrease_priority()는 E개만큼 있을 수 있다. 해당 함수는 swim() 이진 힙 함수에 의존하며 런타임 성능은 $O(logN)$이다. 누적 시간은 $O(ElogN)$의 런타임 성능을 보일 것이다.

그래프가 인접 리스트를 사용해 간선을 저장했다면 다익스트라 알고리즘은 $O((E+N)logN)$ 성능으로 분류된다. 반면에 그래프가 인접 행렬을 사용했다면 성능은 $O(N^2)$이 된다. 그래프가 클 때 행렬 표현을 사용하면 비효율적이다.

다익스트라 알고리즘은 두 구조를 계산한다. dist_to[v]는 src에서 v까지 누적 간선 가중치에 따라 최단 경로의 길이를 포함하는 반면에 edge_to[v]는 src에서 v까지 실제 최단 경로상 마지막 간선 (u, v)를 포함한다. [코드 7-15]와 같이 src에서 각 v까지의 전체 경로는 [코드 7-4]와 매우 유사하게 복구될 수 있다. 다만 이번에는 edge_to[] 구조를 역으로 추적한다.

코드 7-15 edge_to[]에서 실제 경로 복구하기

```
def edges_path_to(edge_to, src, target): ❶
  if not target in edge_to:
    raise ValueError('Unreachable')      ❼

  path = []
  v = target                             ❷
  while v != src:
    path.append(v)                       ❸
    v = edge_to[v][0]                    ❹

  path.append(src)                       ❺
  path.reverse()                         ❻
  return path
```

❶ edge_to[] 구조는 src에서 모든 target까지 경로를 복구하기 위해 필요하다.

❷ 완전 경로를 복구하기 위해 target에서 시작한다.

❸ v가 src가 아닐 때까지 v를 path에 넣으면, src에서 target까지 찾은 노드의 역방향 리스트가 된다.

❹ edge_to[v]에서 꺼낸 (u, v)에서 u 노드를 v로 설정한다. 즉 역방향으로 노드를 추적해간다.

❺ src를 만나면 while 루프가 종료되며, path가 완전해지도록 src를 추가해야 한다.

❻ src에서 target까지 모든 노드가 알맞은 순서로 보이도록 리스트를 뒤집는다.

❼ target이 edge_to[]에 있지 않다면 src에서 도달 가능하지 않다는 것이다.

다익스트라 알고리즘은 모든 간선 가중치가 양수가 될 때까지 동작한다. 그래프는 음수 간선을 가질 수 있는데, 예를 들면 금융 거래에서 환불을 나타낼 수 있다. 간선이 음수 가중치를 가진다면 다익스트라 알고리즘은 제대로 동작하지 않는다(그림 7-18).

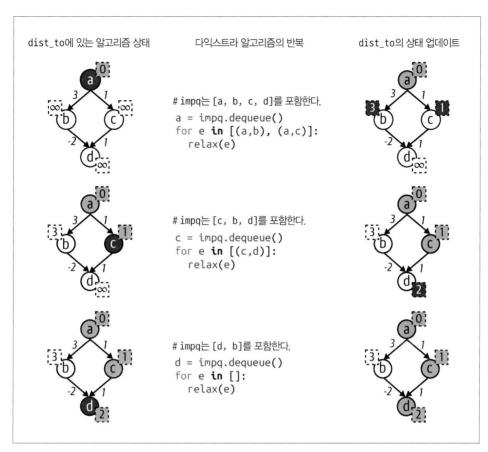

그림 7-18 음수 간선 가중치로 인한 다익스트라 알고리즘의 실패

[그림 7–18]에서 다익스트라 알고리즘은 `impq`에 b만 남을 때까지 노드 3개를 처리한다. 마지막 행에서 볼 수 있듯 다익스트라 알고리즘은 a에서 d로 가는 현재까지의 최단 경로를 계산했다. `while` 루프의 마지막 단계에서(그림에는 나오지 않는다) 다익스트라 알고리즘은 `impq`에서 노드 b를 삭제하고 간선 (b, d)를 완화한다. 불행히도 간선은 갑자기 d에 대한 더 짧은 경로를 밝힐 수도 있다. 하지만 다익스트라 알고리즘은 이미 `impq`에서 노드 d를 제거해 최단 경로 계산을 마무리했다. '되돌아갈' 수 없고 최단 경로를 조정할 수 없으므로 동작은 실패한다.

다익스트라 알고리즘은 간선 가중치가 음성이면 실패할 수 있다. 이는 새로운 간선으로 기존 경로를 확장하면 시작점과의 총 거리가 증가하거나 유지될 것이라고 가정했기 때문이다.

벨먼-포드 Bellman-Ford 알고리즘은 그래프에 src에서 다른 노드까지의 음의 간선 가중치도 허용해 최단 총 거리를 계산한다. 한 가지 예외 사항으로 그래프에 음의 순환이 존재하면 최단 경로의 개념이 적용되지 않는다. [그림 7-19] 왼쪽 그래프에는 두 개의 음수 간선이 있지만 음의 순환은 없다. 간선 (a, b)를 사용하는 a에서 b까지의 최단 경로는 1이다. 더 긴 경로인 a → b → d → c → b로 이동할 경우 총 누적 간선 가중치 거리는 2이므로 여전히 a에서 b까지 최단 경로 길이는 1이다. 하지만 오른쪽 그래프에는 b, d, c 간에 음의 순환이 있다. 즉, 시계 방향으로 b → d → c → b로 이동한다면 총 누적 간선 가중치는 −2가 된다. 해당 그래프에서 a와 b 간의 최단 거리는 의미가 없다. b → d → c → b 루프를 여러 번 순환해 거리 값을 음의 홀수로 만드는 경로를 구성할 수 있다. 예를 들어, a → b → d → c → b → d → c → b에 대한 누적 간선 가중치는 −3이 된다.

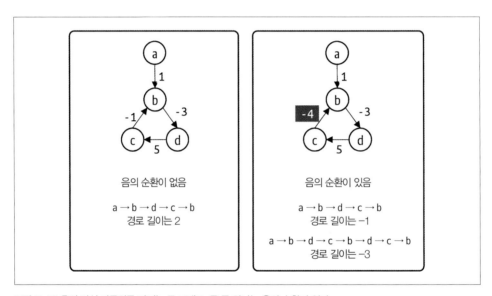

그림 7-19 음의 간선 가중치를 가지는 두 그래프. 둘 중 하나는 음의 순환이 있다.

벨먼-포드 구현은 동일한 단일 시작점 최단 경로 문제를 해결하는 데 완전히 다른 접근을 제공하며, 음의 가중치를 가지는 간선이 있을 때도 동작한다. [코드 7-16]은 벨먼-포드 구현을 보여주는데, 많은 요소가 다익스트라 알고리즘과 유사하다. 좋은 소식은 이 장에서 앞서 본 위상 정렬에서처럼 그래프에서 음의 순환에 대한 검색을 할 필요가 없다는 것이다. 벨먼-포드가 실행되면서 음의 순환의 존재를 검출하고 응답으로 런타임 예외를 발생시킨다.

```
def bellman_ford(G, src):
  inf = float('inf')
  dist_to = {v:inf for v in G.nodes()}              ❶
  dist_to[src] = 0
  edge_to = {}                                      ❷

  def relax(e):
    u, v, weight = e[0], e[1], e[2][WEIGHT]
    if dist_to[u] + weight < dist_to[v]:            ❺
      dist_to[v] = dist_to[u] + weight              ❻
      edge_to[v] = e                                ❼
      return True                                   ❽
    return False

  for i in range(G.number_of_nodes()):              ❸
    for e in G.edges(data=True):                    ❹
      if relax(e):
        if i == G.number_of_nodes()-1:              ❾
          raise RuntimeError('Negative Cycle exists in graph.')

  return (dist_to, edge_to)
```

❶ dist_to 사전 타입 변수에 모든 노드에 대한 가중치를 무한의 값으로 초기화한다. src는 예외로 0으로 설정한다.

❷ edge_to[v]는 탐색 동안 발견한 v로 끝나는 간선을 기록한다.

❸ 그래프에 N회 루프를 수행한다.

❹ 그래프 내 모든 간선 e = (u, v)에 대해 다익스트라 알고리즘과 동일한 relax() 개념을 사용한다. e는 src에서 u를 통해 v까지의 기존 최단 경로보다 짧은 거리를 가지는지 확인한다.

❺ v에 대한 간선 가중치에 n까지의 거리를 더한 것이 현재까지 v로 가는 최단 경로보다 짧다면 또 다른 최단 경로를 찾은 것이다.

❻ v까지 알려진 최단 경로를 업데이트한다.

❼ 새로운 최단 경로를 따라 알고리즘을 v로 가져온 간선 (u, v)를 기록한다.

❽ relax()가 True를 반환하면 v로 가는 새로운 최단 경로를 찾은 것이다.

❾ 벨먼-포드는 모든 간선을 따라 N회 진행한다. 만약 루프의 마지막임에도 간선 e가 src에서 어떤 v로 경로의 길이를 여전히 줄일 수 있음을 파악했다면 그래프에 음의 순환이 있다는 의미다.

이 알고리즘이 왜 동작할까? 노드가 N개인 그래프를 관찰해보면 그래프에 존재할 수 있는 가장 긴 경로는 간선이 N–1개보다 많을 수 없다. i에 대한 for 루프가 그래프에서 모든 간선을 완화하기 위해 N–1회 반복을 시도하고 나면 그래프에서 가장 긴 경로가 처리되어 그 시점에 최단 총 거리를 완화하는 간선이 더는 남아 있지 않아야 한다. 이런 이유로 for 루프는 N회 반복한다. 루프의 마지막에서 알고리즘이 간선을 완화할 수 있다면 해당 그래프는 음의 순환을 포함한다.

7.7 모든 쌍의 최단 경로 문제

이 장에서 설명한 탐색 알고리즘은 지정된 시작 노드에서 탐색을 시작한다. 그 이름에서 알 수 있듯 **모든 쌍의 최단 경로**all-pairs shortest paths는 그래프에서 두 노드 u와 v 간의 누적된 간선 가중치의 가능한 최단 경로를 계산하는 문제다. 무향 그래프에서 u에서 v까지 최단 경로는 v에서 u까지의 최단 경로와 동일하다. 무향 그래프와 유향 그래프 모두 노드 v에서 u까지 도달하지 못하는 경우에는 최단 경로 거리가 무한대가 된다. 유향 그래프에서는 u에서 v까지 도달하지 못하더라도 v에서 u까지는 도달 가능할 수 있다.

탐색은 어떤 u와 v 간의 실제 최단 경로를 복구할 수 있도록 정보를 반환해야 하지만 이는 매우 어려운 일이다. [그림 7-20]과 같이 작은 유향 그래프가 주어질 때, 가능한 모든 노드 쌍은 말할 것도 없이 d와 c 간의 최단 경로를 결정하는 데조차 시간이 걸린다. d에서 c로 이어지는 간선은 가중치가 7인 한편, 경로 d → b → a → c는 총 누적 거리가 6으로 더 짧다.

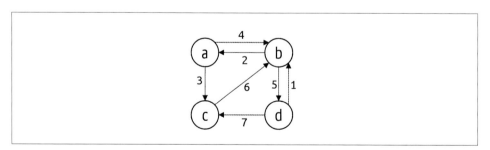

그림 7-20 모든 쌍의 최단 경로에 대한 예제

이 문제를 해결하는 알고리즘을 자세히 알아보기에 앞서 알고리즘이 결과로 반환해야 할 것이 무엇인지 고려해보자. 다익스트라 알고리즘을 비롯한 이전 탐색 알고리즘에 대해 알아봤던 것과 유사하다.

- dist_to[u][v]는 모든 u, v 노드 쌍 간의 최단 경로 값을 갖는 2차원 배열이다. u에서 v까지 경로가 존재하지 않는다면 dist_to[u][v]는 무한의 값을 가진다.
- node_from[u][v]는 두 노드 u, v 간의 실제 최단 경로를 계산하기 위한 정보를 포함하는 2차원 구조다.

다음은 해결책을 이끌어내는 데 도움이 된다.

먼저 dist_to[u][v]를 u에서 v로 가는 간선의 가중치로 초기화한다. 그래프에 간선이 없다면 dist_to[u][v]는 무한의 값으로 설정된다. 또한 node_from[u][v]를 u로 초기화해 u에서 v까지의 최단 경로에서 마지막 노드가 u라는 것을 기록한다. [그림 7-21]은 [그림 7-16]의 그래프를 이용해 값들을 초기화한 node_from[][]과 dist_to[][]를 보여준다.

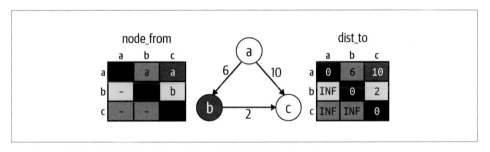

그림 7-21 모든 쌍의 최단 경로 문제에 대한 표현

이제 k = b로 선택한다고 가정하고 u에서 k로, k에서 v로의 경로가 dist_to[u][v]의 최선으로 알려진 계산된 최단 거리보다 짧은 두 노드 u, v를 찾을 수 있는지 확인하자. 위의 작은 예제에서 dist_to[a][b]는 6이고 dist_to[b][c]는 2이다. 이는 a에서 c까지 최단 거리는 이제 b를 거쳐갈 것이고 값은 총 8임을 의미한다. 그리고 앞서 확인한 내용을 기록하기 위해 node_from[a][c]에 b를 설정한다. 이 상황은 다익스트라 알고리즘의 핵심인 완화 계산과 비슷하다.

이제 node_from[u][v]를 명확히 설명할 수 있다. 이 변수는 노드 u에서 v까지의 **최단 경로상**

마지막 노드를 저장한다. 비록 조금 더 복잡해졌지만 이전 탐색 알고리즘에 의해 계산된 node_from[] 변수에 적용되는 값과 유사하다.

k를 그래프의 각 노드로 하나씩 설정하고 이전 문단의 로직을 사용해 최단 경로 거리를 줄이는 u, v 노드 쌍을 찾아보자. dist_to[u][v] + dist_to[k][v]가 dist_to[u][v]보다 짧음을 알게 되면 dist_to[u][v]를 더 짧은 값으로 업데이트할 수 있다. 또한 node_from[u][v]를 node_from[k][v]와 동일하게 설정할 수 있다.

다시 말해 dist_to[k][v]가 이미 계산되었으므로 node_from[k][v]가 k에서 v까지의 최단 경로상 마지막 노드임을 알고 있으며, u에서 v까지의 경로에서 k를 지나가므로 node_from[u][v]를 node_from[k][v]와 동일하게 설정한다. 완전 경로를 재구성하기 위해 v에서 k까지 역으로 동작해, node_from[u][k]는 u까지의 최단 경로상 이전 노드를 포함한다.

이러한 개념은 추상적이기 때문에 어렵다. 모든 u, v 간 최단 경로를 계산하고 저장하지는 않으며, 나중에 계산하기 위해 경로에 대한 일부 세부 정보를 저장한다. [그림 7-22]는 [그림 7-20]의 그래프가 주어질 때 알고리즘이 계산한 결과를 나타낸다. dist_to[][] 구조는 두 노드 간의 계산된 최단 거리를 포함한다. 예를 들어 dist_to[a] 행은 그래프의 a 노드부터 다른 모든 노드까지 계산된 최단 거리를 포함한다. 특히, a에서 c까지 최단 경로는 총 거리 3인 (a, c) 간선을 따라가므로 dist_to[a][c]는 값이 3이다. a에서 d까지 최단 경로인 dist_to[a][d]는 누적 총 거리가 9인 a → b → d가 된다.

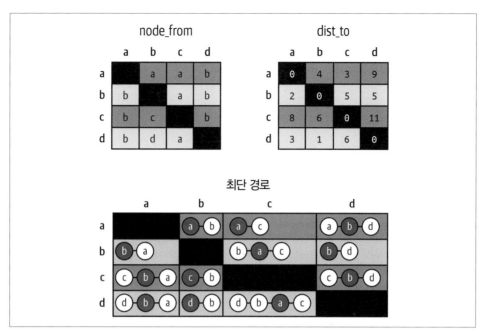

그림 7-22 [그림 7-20]의 그래프에 대한 dist_to, node_from 및 실제 최단 경로

모든 쌍의 최단 경로 문제의 해결책에는 node_from[][]과 dist_to[][] 계산이 필요하다. node_from[][]의 값을 설명하기 위해 [그림 7-22]는 각 노드 쌍 u, v 간의 최단 경로 결과를 보여준다. u, v 쌍의 최단 경로 각각에 대해 마지막에서 두 번째 노드가 음영 처리되어 있다. 해당 노드는 node_from[u][v]에 바로 대응되는 노드다.

d에서 c까지 최단 경로를 고려해보면 d → b → a → c 경로가 된다. 해당 경로를 d에서 a까지의 경로와 a에서 c까지의 간선으로 분해하면 두 2차원 구조에 숨겨진 재귀 해결책을 볼 수 있다. node_from[d][c]가 a와 같은 것은 d에서 c까지 최단 경로상 마지막 노드가 a임을 의미한다. 다음으로, d에서 a까지 최단 경로는 b를 통해 가므로 node_from[d][a]는 b와 같다.

7.8 플로이드-워셜 알고리즘

이제 모든 쌍의 최단 경로 문제에 익숙해졌으니 **플로이드-워셜**Floyd-Warshall 알고리즘을 알아보자. 이 알고리즘의 핵심은 u에서 v까지 갈 때 k를 거치면 경로가 짧아지도록 하는 세 노드 u, v, k를 찾는 능력이다.

[코드 7-17]에서 플로이드-워셜은 초기 그래프에 제공된 간선 정보만으로 node_from[][]과 dist_to[][]를 초기화한다. [그림 7-23]은 이러한 초기값을 보여준다.

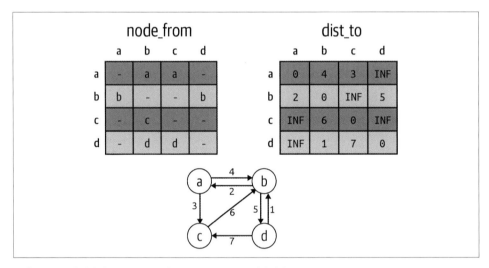

그림 7-23 G에 기반해 dist_to[][]와 node_from[][] 초기화하기

node_from[u][v] 엔트리는 엔트리의 행을 반영하기 위해 None(대시로 표현)이나 u가 된다. dist_to[u][v]는 u와 v가 같다면 0이고, u와 v가 다를 때는 u에서 v로 연결되는 간선의 가중치이거나 u와 v 간에 간선이 없는 경우 무한의 값(INF로 표시)이 된다.

코드 7-17 플로이드-워셜 알고리즘

```
def floyd_warshall(G):
  inf = float('inf')
  dist_to   = {}                    ❶
  node_from = {}
  for u in G.nodes():
```

```
    dist_to[u]   = {v:inf for v in G.nodes()}      ❷
    node_from[u] = {v:None for v in G.nodes()}     ❸

    dist_to[u][u] = 0                              ❹
    for e in G.edges(u, data=True):                ❺
      v = e[1]
      dist_to[u][v] = e[2][WEIGHT]
      node_from[u][v] = u                          ❻

  for k in G.nodes():
    for u in G.nodes():
      for v in G.nodes():
        new_len = dist_to[u][k] + dist_to[k][v]    ❼
        if new_len < dist_to[u][v]:
          dist_to[u][v] = new_len                  ❽
          node_from[u][v] = node_from[k][v]

  return (dist_to, node_from)                      ❾
```

❶ dist_to와 node_from은 2차원 구조가 될 것이다. 각각은 사전 타입 변수이며, 하위 사전 타입 값으로 dist_to[u]와 node_from[u]를 포함한다.

❷ 각 u 행에 대해, dist_to[u][v]를 무한의 값으로 초기화해 각 노드 v는 초기에 도달 가능하지 않음을 반영한다.

❸ 각 u 행에 대해, node_from[u][v]를 None으로 초기화해 u에서 v까지 경로가 없음을 반영한다.

❹ dist_to[u][u] = 0으로 설정해 u에서 자기 자신으로 가는 거리는 0임을 반영한다.

❺ dist_to[u][v] = e의 가중치로 설정해 u에서 각 간선 e = (u, v)에 대해 u에서 v까지 최단 거리는 e의 간선 가중치임을 반영한다.

❻ u에서 v까지 최단 경로상 마지막 노드가 u임을 기록한다. 사실 u는 간선 (u, v)만 포함하는 경로상 유일한 노드다.

❼ 3개 노드 k, u, v를 선택하고 new_len을 계산한다(u에서 k까지 총 경로 길이와 k에서 v까지 경로 길이를 더한다).

❽ new_len이 u에서 v까지 최단 경로의 계산된 길이보다 작다면 최단 거리를 기록하기 위해 dist_to[u][v]를 new_len으로 설정하고, u에서 v까지 최단 경로상 마지막 노드는 k에서 v까지 최단 경로상 마지막 노드임을 기록한다.

❾ 계산된 dist_to[][]와 node_from[][] 구조를 반환함으로써 두 노드 간의 실제 최단 경로를 계산할 수 있다.

알고리즘이 node_from[][]과 dist_to[][]를 초기화하고 나면 코드는 꽤 간결하다. 가장 바깥에 있는 k에 대한 for 루프는 노드 u, v를 찾는데, 먼저 u에서 k로 이동한 뒤 k에서 v로 이동할 경우 최단 경로가 더 짧아지는 두 노드를 찾는다. k가 더 많은 노드를 탐색함에 따라 결국 가능한 개선을 모두 시도하고 궁극적으로 올바른 최종 결과를 계산한다.

k가 a일 때 u와 v에 대한 내부 for 루프는 u = a와 v = c에 대해, b에서 c까지 노드 a를 통해 지나가는 경우 더 짧은 경로가 존재함을 알아낸다. dist_to[b][a] = 2이고 dist_to[a][c] = 3으로 총 5가 되어 무한의 값보다 작다([그림 7-23]에서 현재 계산된 dist_to[b][c]의 값). dist_to[b][c]가 5로 설정될 뿐 아니라 node_from[b][c]는 a로 설정되어 새로 발견한 최단 경로 b → a → c로의 변경을 반영한다. b에서 c까지 최단 경로상 마지막에서 두 번째 노드가 a이기 때문에 node_from[b][c]에 설정되는 것이다.

알고리즘이 동작하는 이유를 설명할 또 다른 방법은 dist_to[u][v]에 들어갈 값을 계산하는 것이다. k에 대한 for 루프의 첫 번째 순회 전에 dist_to[u][v]는 u와 v 외의 노드를 포함하지 않는 u에서 v까지의 최단 경로 길이를 기록한다. 첫 k 순회가 k = a로 끝나면, dist_to[u][v]에 대해 a도 포함하는 u에서 v까지의 최단 경로 길이를 기록한다. b에서 c까지 최단 경로는 b → a → c다.

for 루프를 통해 두 번째 순회를 하는 동안 k가 b일 때, u에서 v까지의 경로가 b를 지나는 경우에 더 짧아지는 노드 쌍 다섯 개를 찾는다. 예를 들어, d에서 c까지의 최단 경로는 그래프 간선 (d, c)이므로 7이 된다. 하지만 이제, 알고리즘은 b를 포함하는 더 짧은 경로를 찾기 위해 d에서 b로 이동(거리 1)한 다음 b에서 c로 이동(거리 5)해 누적된 경로의 길이는 6으로 더 짧아진다. dist_to[][]와 node_from[][]의 최종 값은 [그림 7-24]와 같다.

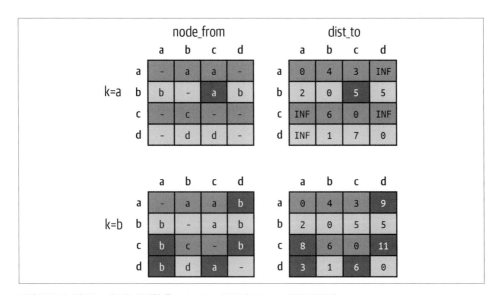

그림 7-24 k 값으로 a와 b를 처리한 후 node_from[][]과 dist_to[][]의 변화

TIP 플로이드–워셜에서 k, u, v가 각각 별개의 노드임을 검증하지 않는다는 점에 놀랐을 것이다. dist_to[u][u] 는 0으로 초기화되므로 검증할 필요가 없다. 더욱이 그러한 검증을 하면 코드가 복잡해지고 불필요한 로직 검증이 늘어난다.

플로이드–워셜 알고리즘은 놀랍게도 진보된 자료구조를 사용하지 않지만 체계적으로 총 N^3개 의 (k, u, v) 노드를 확인한다.

- 플로이드–워셜은 node_from[][]과 dist_to[][]를 초기화할 때, 단일 간선만 포함하는 u와 v 간의 최단 경로를 모두 계산한다.
- k의 첫 번째 순회 후에 알고리즘은 간선을 2개까지 포함하는 u와 v 간의 최단 경로를 모두 계산했다(u, v 및 노드 a로 제한).
- k의 두 번째 순회 후에 알고리즘은 간선을 3개까지 포함하는 u와 v 간의 최단 경로를 모두 계산했다(u, v 및 노드 a와 b로 제한).

k에 대한 외부 for 루프가 N개 노드 처리를 완료했으면, 플로이드–워셜은 간선을 N+1개까지 포함하는 u와 v 간의 최단 경로를 계산했다(그래프 내 모든 노드 포함). N개 노드에 대한 경로 는 간선을 N−1개만 가질 수 있으므로, 이는 플로이드–워셜이 그래프 내 모든 u와 v 간의 최단 경로 거리를 정확하게 계산함을 의미한다.

[코드 7–18]은 실제 최단 경로를 복구하는 코드를 보여준다. 2차원 node_from[][] 구조를 처리한다는 것만 제외하면 [코드 7–4]와 거의 동일하다.

코드 7-18 플로이드–워셜로 계산해 최단 경로를 복구하는 코드

```
def all_pairs_path_to(node_from, src, target):     ❶
  if node_from[src][target] is None:
    raise ValueError('Unreachable')                ❼

  path = []
  v = target                                       ❷
  while v != src:
    path.append(v)                                 ❸
    v = node_from[src][v]                           ❹

  path.append(src)                                  ❺
  path.reverse()                                    ❻
  return path
```

❶ node_from[][] 구조는 src에서 모든 target까지 경로를 복구하는 데 필요하다.

❷ 완전 경로를 복구하기 위해 target에서 시작한다.

❸ v가 src가 아닐 때까지 v를 path에 넣으면, src에서 target까지 찾은 노드의 역방향 리스트가 된다.

❹ node_from[src][v]에 기록된 대로 v가 이전 노드가 되도록 설정한다.

❺ v가 src와 같다면, while 루프는 종료하고 path가 완전해지도록 src를 추가한다.

❻ src에서 target까지 알맞은 순서로 나타나도록 리스트를 뒤집는다.

❼ node_from[target]이 None이면 target은 src에서 도달 가능하지 않다는 것이다.

7.9 요약

그래프는 지리 정보에서 소셜 네트워크의 관계 정보까지 다양한 애플리케이션 도메인을 모델링할 수 있다. 그래프의 간선은 방향이 있거나 없을 수 있고, 간선은 숫자 가중치를 저장할 수 있다. 그래프가 주어지면 자연스럽게 여러 흥미로운 질문들이 생긴다.

- 그래프가 연결되어 있는가? 깊이 우선 탐색을 사용해 그래프 내 모든 노드가 방문되었는지 확인해보자.

- 유향 그래프는 순환을 포함할 수 있는가? 깊이 우선 탐색을 사용해 순환 유무를 검출하기 위해 탐색하는 동안 추가 상태를 관리해보자.

- 그래프의 두 노드 u와 v가 주어지면, 포함하는 간선 개수 측면에서 u에서 v까지의 최단 경로는 무엇일까? 너비 우선 탐색을 사용해 문제를 해결해보자.

- 가중 그래프와 시작 노드 s가 주어지면, 간선의 누적 가중치 측면에서 s에서 모든 다른 노드 v까지 최단 경로는 무엇일까? 다익스트라 알고리즘을 사용해 s에서 도달 가능한 v까지 실제 경로를 복구하기 위한 edge_to[] 구조와 해당 거리를 계산해보자.

- 그래프에 음의 간선 가중치가 있다면(음의 순환은 없다), 간선의 누적 가중치 측면에서 시작 노드 s와 모든 다른 노드 u 간의 최단 경로를 여전히 결정할 수 있는가? 벨먼-포드를 사용해보자.

- 가중 그래프가 주어지면, 간선의 누적 가중치 측면에서 두 노드 u와 v 간의 최단 경로는 무엇인가? 플로이드-워셜을 사용해 실제 경로를 복구하기 위한 node_from[][] 구조와 거리를 계산해보자.

그래프를 표현하기 위해 자신만의 자료구조를 구현하지 말자. NetworkX와 같은 기존 서드파티 라이브러리를 사용하면 라이브러리에서 제공하는 많은 알고리즘의 이점을 즉시 누릴 수 있다.

7.10 연습 문제

1. 깊이 우선 탐색은 재귀적으로 코딩할 수 있지만 대형 그래프를 탐색할 때는 약점이 있다 (파이썬은 재귀가 약 1,000회로 제한되기 때문이다). 작은 미로에 대해서는 search를 수정해 재귀적 탐색을 사용할 수 있다. 재귀적으로 깊이 우선 탐색을 수행하기 위한 [코드 7-19]의 스켈레톤 코드skeleton code를 수정하자. 스택을 사용해 제거하고 처리할 방문 노드를 저장하는 대신, 방문 노드에 dfs()만을 수행하고 선택하지 않은 경로를 찾기 위해 재귀 풀기를 진행한다.

코드 7-19 깊이 우선 탐색에 대한 재귀적 구현을 완성하자

```
def dfs_search_recursive(G, src):
  marked = {}
  node_from = {}

  def dfs(v):
    """이 재귀 함수를 채우자."""

  dfs(src)
  return node_from
```

2. 너비 우선 탐색과 깊이 우선 탐색에 대한 경로를 계산하는 path_to() 함수는 재귀적으로 구현될 수 있다. src에서 target까지 순서대로 노드를 생성하는 파이썬 제너레이터인 path_to_recursive(node_from, src, target)을 구현하자.

3. 순환이 존재하면 이를 검출하고 반환하는 recover_cycle(G) 함수를 설계하자.

4. 벨먼-포드를 보강하는 recover_negative_cycle(G)를 설계하자. 그래프에서 발견된 음의 순환을 저장하는 RuntimeError를 확장해 사용자 정의 NegativeCycleError 클래스를 생성한다. 완화해야 하는 문제가 있는 간선에서 시작하고 해당 간선을 포함하는 순환을 찾자.

5. 노드가 5개인 유향 가중 그래프 예제를 구성하자. 지정된 시작 노드에서 최단 경로를 올바르게 계산하려면 벨먼-포드에 의해 4회 반복이 필요하도록 구성한다. 단순화를 위해 각 간선의 가중치는 1로 할당하자. 힌트는, 최단 경로는 간선이 그래프에 추가되는 방식에 종속적이라는 점이다. 특히 벨먼-포드는 G.edges()가 간선을 반환하는 순서대로 처리된다.

6. 임의로 구성된 N×N 미로에 대해, 지정된 목표에 도달하는 깊이 우선, 너비 우선 및 유도 탐색의 효율을 계산하자. 각 알고리즘을 다시 확인해 다음을 만족하도록 수정하자.

- 목표에 도달하면 중지한다.
- marked 사전 타입 변수에 있는 총 노드 개수를 보고한다.

4와 128 사이 2의 거듭제곱수인 N에 대해 임의 그래프 512개를 생성하고, 각 탐색 기술을 사용할 때 방문 처리된 노드의 평균 수를 계산하자. 유도 탐색이 가장 효율적이고 너비 우선 탐색이 가장 비효율적임을 보여야 한다.

이제 너비 우선 탐색만큼 많이 수행하도록 강제하는 유도 탐색에 대한 최악의 경우 문제 인스턴스를 구성하자. [그림 7-25]의 15×15 예제 미로에는 출구로 가는 경로를 막는 'U'자 벽이 있다. 유도 탐색은 출구로 향하는 원형 경로를 찾기 위해 간선 중 하나로 '넘어가기' 전에 내부에 있는 $(N-1)^2$개 칸 전체를 탐색해야 한다. Maze 내에 있는 initialize() 메서드가 도움이 될 것이다. 해당 모양을 생성하기 위해 남쪽과 동쪽의 벽을 수동으로 제거해야 한다.

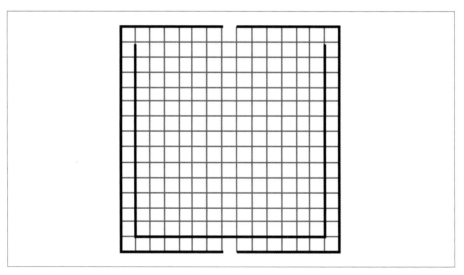

그림 7-25 유도 탐색에 대한 최악의 경우인 미로

7. 순환이 없는 유향 그래프 DG는 유향 비순환 그래프^{directed acyclic graph}, 혹은 짧게는 DAG라 한다. 최악의 경우 다익스트라의 알고리즘은 $O((E+N)\log N)$으로 분류되지만 DAG의 경우 단일 시작점 최단 경로는 $O(E+N)$으로 계산할 수 있다. 먼저, 노드의 선형 순서를 생성하기 위해 위상 정렬을 적용한다. 그리고 선형 순서 내에 각 노드 n을 처리하고 n에서 나오는 간선을 완화한다. 우선순위 큐는 사용할 필요가 없다. 각 간선의 가중치가 1인 임의의 격자 그래프에서 런타임 동작을 확인하자. [그림 7-26]의 격자 그래프에서 노드 1에서 16까지 최단 거리는 6이다.

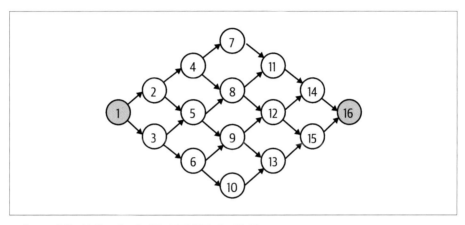

그림 7-26 유향 비순환 그래프의 단일 시작점 최단 경로 최적화

8. 일부 운전자는 매사추세츠주에서 I-90과 같은 유료 도로를 피해 가기를 선호한다. 매사추세츠 고속도로를 위해 구성된 그래프가 주어졌을 때 u와 v 모두에 대한 레이블이 'I-90'을 포함한다면 간선 (u, v)는 I-90의 일부다. 원래 간선 2,826개 중 51개는 I-90의 일부다. 그래프에서 해당 간선을 제거하고 매사추세츠주 가장 서쪽 지점에서 보스턴 시내까지 최단 거리를 계산하자. 레이블([그림 7-14]에 원으로 표시)은 고속도로 6개가 만나는 것을 나타내는 문자열 `I-90@134&I-93@20&MA3@20(93)&US1@I-93(20)`이다. 아무런 제약이 없다면 경로에는 72개 간선이 있고 총 거리는 136.2마일이 된다. 하지만 I-90을 피하려 한다면 104개 간선이 있고 총 거리는 139.5마일이 된다. 이 결과를 생성하고 변경된 경로를 보여주는 이미지 파일을 만드는 코드를 작성하자.

정리

이 책의 목표는 기초 알고리즘과 컴퓨터 과학의 기본 데이터 타입을 소개하는 것이었다. 코드의 성능을 최대화하려면 다음과 같은 데이터 타입을 효율적으로 구현하는 방법을 알아야 한다.

백

연결 리스트는 값을 추가할 경우에 $O(1)$의 성능을 보장한다. 배열을 사용하고자 한다면, 배열 크기를 확장하기 위해 기하학적 크기 재조정을 도입할 필요가 있어 평균적인 사용에서 거의 $O(1)$의 성능을 보장한다(드물게 크기 재조정 이벤트가 발생하면 런타임 성능이 $O(N)$이 된다). 백은 일반적으로 값 제거를 허용하지 않으며 중복 값이 추가되는 것을 방지하지도 않는다.

스택

연결 리스트는 스택에 값을 저장할 수 있는데 push()와 pop()은 $O(1)$ 런타임 성능을 보인다. 스택은 값을 삽입하고 제거하기 위해 스택의 최상단을 기록한다.

큐

연결 리스트는 효율적으로 큐를 저장할 수 있는데 enqueue()와 dequeue()는 $O(1)$의 런타임 성능을 보인다. 큐는 연결 리스트의 first와 last 노드를 기록해 효율적으로 큐에서 값을 제거하거나 추가한다.

심볼 테이블

심볼 테이블에 대한 개방 주소법 접근은 (키, 값) 쌍을 분배하기 위한 알맞은 해시 함수를 가지고 효율적으로 운영된다. 저장 공간의 크기를 두 배로 늘리는 재조정 이벤트를 적게 할 수 있도록 기하학적 크기 재조정이 필요하다.

우선순위 큐

힙 자료구조는 O(logN) 런타임 성능으로 enqueue()와 dequeue()를 지원하기 위해 (값, 우선순위) 쌍을 저장한다. 대부분의 경우 저장할 값의 최대 개수 N은 미리 알고 있다. 그렇지 않다면 크기 재조정 이벤트 수를 최소화하기 위해 기하학적 크기 재조정 전략을 사용할 수 있다.

인덱스 최소 우선순위 큐

이 데이터 타입을 구현하는 데는 힙 안에 있는 각 값의 인덱스 위치를 저장하는 분리된 심볼 테이블과 힙 자료구조가 함께 사용된다. 그래프 알고리즘은 일반적으로 0에서 N − 1 사이인 정수 노드 레이블만 저장한다. 여기서 N은 인덱스 최소 우선순위 큐에 저장되는 값의 최대 개수다. 이 경우에는 매우 효율적인 조회를 위해, 분리된 심볼 테이블이 배열로 구현될 수 있다. O(logN) 런타임 성능으로 enqueue(), dequeue(), decrease_priority()를 지원한다.

그래프

인접 행렬 구조는 그래프에 가능한 모든 간선이 존재할 때 적합하며, 이는 최단 거리를 계산하는 알고리즘의 일반적인 사용 사례다. 0에서 N − 1 사이 정수를 사용해 노드를 표현한다면 2차원 배열을 사용해 인접 행렬을 저장할 수 있다. 하지만 대부분의 경우 인접 리스트 구조가 그래프를 저장하는 데 더 적합하며 심볼 테이블은 각 노드에 대한 인접 노드의 백[bag]과 연결하기 위해 사용된다(혹은 대안으로 인접한 간선의 백). 자체 구현한 그래프는 오랫동안 운영하기에는 충분치 않다. 효율적으로 그래프를 표현하려면 NetworkX(혹은 이외의 기존 서드 파티 라이브러리)를 사용하자.

책 서문에는 앞서 정리한 각 데이터 타입을 요약하는 그림이 있다. 책 전반에 걸쳐 다양한 자료구조가 효율적으로 데이터 타입을 구현하는 방법을 살펴보고 성능을 분류했다(표 8-1).

표 8-1 데이터 타입의 성능

데이터 타입	연산	분류	논의
백	size()	O(1)	연결 리스트의 맨 앞에 값을 추가하는 것은 상수 시간 연산
	add()	O(1)	이므로 백에 값을 저장하기 위해 연결리스트를 사용한다.
	Iterator()	O(N)	
스택	push()	O(1)	스택을 위해 연결 리스트를 사용해 연결 리스트의 맨 앞에
	pop()	O(1)	새로운 값을 추가하고 맨 앞에서 값을 제거한다. 저장 공간
	is_empty()	O(1)	으로 배열을 사용한다면 상수 시간 성능이 가능하지만 배열은 가득 찰 수도 있다.
큐	enqueue()	O(1)	큐를 위해 연결 리스트를 사용해 first와 last 노드의
	dequeue()	O(1)	참조를 저장한다. dequeue는 first가 바라보는 첫 번째 값을 꺼내고 enqueue는 last 뒤에 값을 추가한다. 저
	is_empty()	O(1)	장 공간으로 배열을 사용한다면 4장에서 설명한 원형 버 퍼 기술로 상수 시간 성능이 가능하지만 여전히 가득 찰 수 있다.
심볼 테이블	put()	O(1)	상각 상수 시간에 N개의 (키, 값)을 저장하기 위해 M개 연
	get()	O(1)	결 리스트의 배열을 사용한다. 더 많은 쌍이 추가되면 기하 학적 크기 재조정을 사용해 크기를 M의 두 배로 늘려 효율
	iterator()	O(N)	성을 높인다. 개방 주소법으로 충돌을 해결하기 위해 선형
	is_empty()	O(1)	조사를 사용해 단일 연속 배열에 모든 쌍을 저장한다. 반복 자는 모든 키 혹은 값을 반환할 수 있다. 또한 정렬된 순서 로 키를 꺼내고 싶다면 각 노드가 (키, 값) 쌍을 저장하는 이 진 탐색 트리를 사용할 수 있지만, put()와 get()의 성능 은 O(logN)이 된다.
우선순위 큐	add()	O(log N)	힙 자료구조는 (값, 우선순위) 쌍으로 저장할 수 있고, 저장
	remove_max()	O(log N)	공간이 가득 차면 기하학적 크기 재조정을 사용한다. 4장 에서 본 swim()과 sink() 기술은 O(logN)의 성능을 보
	is_empty()	O(1)	장한다.
인덱스 최소 우선순위 큐	add()	O(log N)	힙 자료구조에서 시작해, O(1) 시간에 힙 내 값의 위치를
	remove_min()	O(log N)	조회할 수 있는 추가 심볼 테이블을 운영한다. 심볼 테이블
	decrease_priority()	O(log N)	을 사용해 해당 연산은 O(logN)의 성능을 보인다.
	is_empty()	O(1)	

8.1 파이썬 내장 데이터 타입

파이썬 구현은 오랫동안 사용되면서 고도로 조정되고 최적화되었다. 인상적이게도 파이썬 인터프리터 설계자는 업데이트마다 성능이 약간이라도 향상되도록 끊임없이 새로운 방법을 찾는다. 파이썬의 **설계와 역사 FAQ**[1]는 읽어볼 가치가 있다.

파이썬에는 네 가지 내장 컨테이너 타입으로 tuple, list, dict, set이 있다.

tuple 데이터 타입

tuple은 생성 후 요소의 값이나 튜플의 크기를 변경하지 못한다는 점을 제외하고 list처럼 사용 가능한 불변한 일련의 값이다. 함수에서 여러 값을 반환하는 데 튜플을 사용한다.

list 데이터 타입

내장 list 데이터 타입은 파이썬에서 지배적인 자료구조로 매우 다재다능하다. 이는 특히 파이썬의 슬라이스 문법이 프로그래머가 별다른 노력을 들이지 않아도 처리를 위해 list의 하위 범위를 선택하고 순회하도록 하기 때문이다. list는 다른 값에 대한 참조의 연속 배열을 사용하는 가변 길이 배열로 구현되는 범용 구조체다.

dict 데이터 타입

내장 dict 데이터 타입은 키와 값을 매핑하는 심볼 테이블을 나타낸다. 3장의 모든 개념이 계속해서 적용된다. 파이썬 구현은 키 간의 충돌을 해결하기 위해 개방 주소법을 사용하며 저장소 배열 크기 M은 2의 거듭제곱으로 사용한다. 이는 대부분의 해시 테이블이 구성되는 방식과는 다르다. 각 dict 내부 저장 공간은 적어도 M=8인 공간을 가지므로 크기 재조정을 발생시키지 않고 5개 엔트리를 저장할 수 있다(M 값이 더 작으면 크기 재조정이 너무 자주 필요할 수 있다). 또한 대부분의 저장 배열이 비어 있는 희소 해시 테이블을 처리하도록 최적화되어 있다. dict는 2/3의 부하 요소load factor에 따라 자동으로 크기가 조정된다.

파이썬은 오픈 소스이므로 언제든지 내부 구현을 조사할 수 있다.[2] 3장에서 설명한 선형 조사를 사용하는 대신에, 해시 코드 hc에서 충돌이 나면 다음 인덱스로 $((5 \times hc)+1) \% 2^k$를 선택

---

1 *https://docs.python.org/ko/3/faq/design.html*

2 예를 들어 dict의 구현은 *https://oreil.ly/jpI8F*에서 찾을 수 있다.

한다. 여기서 2^k는 M이나 저장 배열의 크기가 된다. 구현은 hc에 더해지는 **perturb** 값을 사용해 키 분배의 또 다른 계층을 추가한다. 이는 해시 코드 계산의 작은 수학적 개선이 어떻게 구현의 효율성을 향상할 수 있는지 보여준다. 파이썬은 다른 탐색 기술을 사용하기 때문에 해시 테이블 크기가 2의 거듭제곱일 수 있으므로 해시 코드를 계산할 때 모듈러modulo 연산을 제거할 수 있다. 파이썬 인터프리터는 2의 거듭제곱 모듈러 계산을 수행하기 위해 **비트 마스킹**bit masking이라는 기술을 사용하므로 속도를 크게 높일 수 있다.

특히 비트 단위 **and**(&) 연산을 사용하면 $N\%2^k$가 $N\&(2^k-1)$와 같다. [표 8-2]는 10,000,000회 계산 시 시간 차이를 보여준다. 파이썬 인터프리터 내에서 개선이 두드러지는데, 비트 단위 **and** 연산이 모듈러 연산을 사용할 때보다 5배 이상 빠르다.

표 8-2 2의 거듭제곱 모듈러 연산은 비트 연산 and에서 더 빠르다(M은 2^k이고 M_less는 M-1이다)

프로그래밍 언어	계산	성능(초)
파이썬	1989879384 % M	0.6789181
파이썬	1989879384 & M_less	0.3776672
C	1989879384 % M	0.1523320
C	1989879384 & M_less	0.0279260

set 데이터 타입

set 컬렉션은 고유한 해시 가능한 객체[3]를 포함한다. 꽤 일반적으로 심볼 테이블에서 각 키를 1이나 True와 같은 값으로 단순히 매핑해 set처럼 동작하도록 사용한다. 내부 파이썬 구현은 dict 접근에 기반하지만 set의 사용 사례는 dict와 상당히 다르다. 특히 set은 값이 어떤 세트에 포함되어 있는지 여부를 확인하기 위한 멤버십 테스트에 자주 사용되며, 코드는 히트(값이 세트에 있는 경우)와 미스(값이 세트에 없는 경우) 모두를 처리하기 위해 최적화되어 있다. 대조적으로 dict로 작업할 때 키가 dict 내에 있는 것이 훨씬 더 일반적이다.

---

3 소스 코드는 *https://oreil.ly/FWttm*에서 찾을 수 있다.

8.2 스택 구현하기

파이썬 list는 새로운 값을 리스트의 마지막에 넣는 append() 함수를 제공해 스택을 표현할 수 있다([표 6-1]를 보면 알 수 있듯 리스트의 마지막에 값을 추가하면 효율적이다). list 타입은 list의 마지막 값을 반환하고 제거하는 pop() 메서드를 실제 가지고 있다.

파이썬은 '후입 선출(LIFO)' 동작(일반 스택의 방식)과 '선입 선출(FIFO)' 동작(큐의 방식)을 모두 지원하는 **다중 생산자, 다중 소비자** 스택을 구현하는 queue 모듈을 제공한다. queue.LifeQueue(maxSize = 0) 생성자 호출은 값의 최대 개수를 저장하는 스택을 반환한다. 이 스택은 동시에 사용될 수 있으며, 이는 가득 찬 스택에 값 넣기를 시도하면 값이 꺼내어질 때까지 실행을 중지한다는 의미다. 값은 put(value)로 넣고 get()으로 꺼낸다. 다음과 같은 일련의 명령을 수행하면 파이썬 인터프리터가 멈추고, 당신은 강제로 인터프리터를 중지해야 할 것이다.

```
>>> import queue
>>> q = queue.LifoQueue(3)
>>> q.put(9)
>>> q.put(7)
>>> q.put(4)
>>> q.put(3)
... 강제 종료 전까지 멈춤
```

앞서 본 바와 같이 가장 빠른 구현은 '양방향 큐'를 의미하는 컬렉션 모듈의 deque다. 이 데이터 타입은 양쪽 끝에 값을 추가(또는 제거)할 수 있다. LifoQueue의 성능은 deque보다 약 30배 느리지만 둘 다 O(1) 런타임 성능을 보인다.

8.3 큐 구현하기

파이썬 list는 리스트 끝에 새로운 값을 추가하기 위한 append() 함수를 제공해 큐로도 사용할 수 있다. list의 0번째 인덱스 요소 제거를 요청하기 위한 pop(0)를 사용해 list에서 첫 번째 요소를 지울 수 있다. 이와 같은 방식으로 list를 사용하면 [표 6-1]에서 본 것처럼 심각하게 비효율적일 수 있으므로 반드시 피해야 한다.

queue.Queue(maxSize = 0) 함수는 maxSize를 통해 큐에 넣을 수 있는 개수와 함께 큐를 구성하지만, 기본 큐의 구현과는 연관이 없어야 한다. 해당 큐는 다중 생성자, 다중 소비자 동작을 제공해야 한다. 이는 가득 찬 큐에 값을 추가하려고 시도하면 값이 꺼내어질 때까지 실행을 중지한다는 의미다. 값은 put(value)로 추가하고 get()으로 꺼낸다. 다음과 같은 일련의 명령을 수행하면 파이썬 인터프리터가 멈추고, 당신은 강제로 인터프리터를 중지해야 할 것이다.

```
>>> import queue
>>> q = queue.Queue(2)
>>> q.put(2)
>>> q.put(5)
>>> q.put(8)
... 강제 종료 전까지 멈춤
```

간단한 큐 구현이 필요하다면 간소화된 인터페이스로 큐의 동작을 제공하는 queue.SimpleQueue()[4] 함수를 사용할 수 있다. 큐의 마지막에 value를 추가하려면 put(value)를 사용하고 큐의 맨 앞에 있는 값을 꺼내려면 get()을 사용한다. 해당 큐는 스레드-세이프[5] 동시성 코드뿐 아니라 재진입 동시성 코드와 같이 더 복잡한 상황도 처리하는데, 이런 추가 기능은 성능 저하를 수반하므로 큐는 대부분의 개발자의 요구보다 강력한 기능을 제공한다. 큐에 동시 접근이 필요하다면 queue.SimpleQueue()를 사용해야 한다.

deque는 여기에서 가장 빠른 구현이다. 원시 속도를 위해 특별히 코딩되었으며 속도가 중요한 경우에 선택해야 하는 구현이다. [표 8-3]은 최상의 구현을 제공하는 deque 구현을 보여준다. 또한 값을 꺼낼 때 list가 $O(N)$ 런타임 성능을 제공함을 보여준다. 다시 말하면 list를 제외한 모든 큐의 구현이 $O(1)$ 런타임 성능을 제공하므로 큐로 일반적인 list를 사용하는 것을 피해야 한다.

---

4 해당 기능은 파이썬 3.7에 추가되었다.

5 https://ko.wikipedia.org/wiki/스레드_안전

N	list	deque	SimpleQueue	Queue
1,024	0.012	0.004	0.114	0.005
2,048	0.021	0.004	0.115	0.005
4,096	0.043	0.004	0.115	0.005
8,192	0.095	0.004	0.115	0.005
16,384	0.187	0.004	0.115	0.005

파이썬에서 제공하는 기본 데이터 타입은 유연하고 다양한 방법으로 사용 가능하지만 가장 효율적인 코드를 만들기 위해서는 알맞은 자료구조를 선택할 필요가 있다.

8.4 힙과 우선순위 큐 구현

파이썬은 4장에서 설명한 최소 이진 힙을 지원하기 위한 heapq 모듈을 제공한다. 이 모듈은 4장에서 사용한 1에서 시작하는 인덱스 전략과 달리 0에서 인덱스가 시작한다.

heapq.heapify(h) 함수는 힙에 놓을 초기값을 포함하는 리스트 h에서 힙을 구성한다. 또는 h를 빈 리스트 []로 설정하고 heapq.heappush(h, value)를 실행해 힙에 value를 추가한다. 힙에서 최솟값을 제거하는 데는 heapq.heapop(h) 함수를 사용한다. 해당 힙 구현에는 특별한 함수 두 개가 있다.

heapq.heappushpop(h, value)
힙에 value를 추가한 다음 힙에서 가장 작은 값을 제거하고 반환한다.

heapq.heapreplace(h, value)
힙에서 가장 작은 값을 제거하고 반환하며 힙에 새로운 value도 추가한다.

두 함수는 매개변수 h에 바로 적용되어 기존 코드와 통합하기 쉽다. h의 내용은 4장에서 기술했듯 힙의 배열 기반 저장 공간에 반영된다.

queue.PriorityQueue(maxSize=0) 메서드[6]는 put(item) 함수 호출로 엔트리를 추가하는 최소 우선순위 큐를 생성하고 반환한다. 이때 item은 (priority, value) 튜플로 넘겨진다. 또한 get() 함수를 사용해 우선순위가 가장 낮은 값을 가져온다.

파이썬 내장 데이터 타입으로 인덱스 최소 우선순위 큐는 제공되지 않는다. 그 이유는 다익스트라 알고리즘(8장에서 설명)과 같이 특별한 그래프 알고리즘에만 필요하기 때문이다. 필자가 개발한 IndexedMinPQ 클래스는 효율적인 decrease_priority() 함수를 만들기 위해 서로 다른 자료구조를 함께 구성하는 방법을 보여준다.

8.5 이후 학습

이 책은 엄청나게 풍부한 알고리즘 분야에서 일부만을 다뤘을 뿐이다. 이외에도 다양한 애플리케이션 도메인 및 알고리즘 접근 방식을 비롯해 많은 것을 학습해볼 수 있다.

계산 기하학

많은 실생활 문제는 2차원 혹은 더 높은 차원의 데이터 집합을 포함한다. 이러한 애플리케이션 도메인 내에서 많은 알고리즘이 이 책에서 소개한 표준 기술(분할 정복 등)로 구축되고, 자체 자료구조를 사용해 문제를 효율적으로 해결한다. 가장 널리 사용되는 자료구조에는 k-d 트리, 쿼드트리Quadtree(2차원 공간 분할용), 옥트리Octree(3차원 공간 분할용) 및 인덱싱 다중 차원 데이터 집합을 위한 R 트리R-tree 등이 있다. 보다시피 이진 트리의 필수 개념은 다양한 애플리케이션 도메인에서 반복적으로 탐구되었다.

동적 프로그래밍

플로이드-워셜은 단일 시작점 최단 경로 문제를 해결하기 위해 적용된 동적 프로그래밍의 예다. 이외에도 많은 알고리즘이 동적 프로그래밍의 이점을 취한다. 오라일리에서 출간한 『Algorithms in a Nutshell』(*https://oreil.ly/1lXRF*)에서 다양한 동적 프로그래밍에 관한 내용을 배울 수 있다.

---

6 *https://oreil.ly/sUiZd*

병렬 및 분산 알고리즘

이 책에서 설명한 알고리즘은 기본적으로 단일 스레드이며 결과를 얻기 위해 단일 컴퓨터에서 실행된다. 종종 문제는 독립적이며 병렬로 실행되는 여러 구성으로 분리될 수 있다. 제어 구조는 더 복잡해지지만 병렬 처리를 통해 놀라운 속도 향상을 달성할 수 있다.

근사 알고리즘

많은 실제 시나리오에서는 매우 어려운 문제에 대한 대략적인 해답을 효율적으로 계산하는 알고리즘에 만족할 수도 있다. 이는 정확한 답을 내는 알고리즘에 비해 계산 비용이 많이 저렴하다.

확률 알고리즘

정확히 같은 입력이 주어졌을 때 정확히 같은 결과를 만드는 대신에, 확률 알고리즘은 로직 내에 임의성을 도입하고 동일한 입력이 주어졌을 때 다른 결과를 만든다. 이렇게 덜 복잡한 알고리즘을 여러 번 실행함에 따라 전체 실행의 평균이 실제 결과에 수렴할 수 있으며, 그렇지 않으면 엄청난 계산 비용을 들여야 할 것이다.

한 권의 책으로 넓은 알고리즘 분야를 다 다룰 수는 없다. 1962년, 컴퓨터 과학의 저명한 인물인 도널드 커누스Donald Knuth는 12장으로 구성된 『The Art of Computer Programming』(Addison-Wesley)[7]이라는 책을 쓰기 시작했다. 약 60년이 지난 오늘날까지 세 권의 책이 출간되었고 2011년에는 네 번째 책의 첫 번째 파트가 출간되었다. 이어서 세 권이 더 출간될 예정이며 프로젝트는 아직 끝나지 않았다!

알고리즘 연구를 계속할 방법은 무수히 많다. 이러한 지식이 소프트웨어 애플리케이션의 성능을 향상하는 데 도움이 되길 바란다.

---

7 편집자_ 현재까지 완성된 1, 2, 3, 4A 편은 전권 한빛미디어에서 번역서로 출간했다. 『The art of computer programming 1: 기초 알고리즘』(2006), 『The art of computer programming 2: 준수치적 알고리즘』(2007), 『The art of computer programming 3: 정렬과 검색』(2008), 『The Art of Computer Programming 4A 컴퓨터 프로그래밍의 예술: 조합적 알고리즘』(2013, 이상 한빛미디어)을 참고하자.

INDEX

INDEX

INDEX